Mondi fantastici

IL MONDO DEI CELTI

Sono usciti nella stessa collana:

Le creature della notte
di Eddie Lenihan e Carolyn Eve Green

Il libro dei draghi
di Ditte e Giovanni Bandini

Il fantastico mondo degli elfi e delle fate
di Ditte e Giovanni Bandini

Il fantastico mondo dei nani
di Ditte e Giovanni Bandini

Il popolo del bosco
di Marjorie Johnson

Le fate, sogno o realtà?
di Ditte e Giovanni Bandini

A cura di

Bob Curran

Il Mondo dei Celti

Armenia

ISBN: 88-344-1916-2

Titolo originale dell'opera:
Celtic Lore & Legend
Traduzione di Maria Elisabetta Craveri

Via Valtellina, 63 - Milano

e-mail: armenia@armenia.it
sito web: www.armenia.it

Stampato da Print Duemila S.r.l.
per conto del Gruppo Editoriale Armenia S.p.A.

DEDICA

A Mary, per il suo incrollabile e sofferto sostegno nella stesura di questo libro; e a Michael e Jennifer, per la fiducia dimostrata verso il loro papà.

Ringraziamenti

Desidero ringraziare Derek Bryce e la Llanerch Press per avermi permesso di utilizzare la loro traduzione inglese dei due racconti bretoni «L'Ankou» e «I danzatori della notte». Vorrei anche ringraziare Michael Pye della New Page Books per il suo aiuto e il suo incoraggiamento nel corso della stesura di questo libro.

INTRODUZIONE

I Celti, affermava Giulio Cesare, non misero quasi nulla per iscritto. Vi era un ottimo motivo per questo: se il materiale scritto fosse caduto in mani nemiche avrebbe potuto rivelare i loro punti di forza e le loro debolezze, i loro problemi e le loro incertezze, e il loro modo di concepire il mondo. Avrebbe, in breve, potuto renderli facile preda dei conquistatori. Quindi, anche se i Celti possedevano di fatto un linguaggio scritto, la loro fu principalmente una tradizione orale. Informazioni, storia e percezioni culturali vennero trasmesse di generazione in generazione appunto per via orale, e andarono a confluire in un corpus di leggende e di folklore che si mantenne vivo anche quando le popolazioni celtiche divennero stanziali.

Tra i Celti, inoltre, vi erano personaggi deputati alla custodia della tradizione: cantastorie e poeti, noti come *bardi* e *fili*. Si trattava di uomini (e di donne) che richiamavano alla memoria del popolo i grandi re che avevano governato, gli eventi misteriosi e inspiegabili che si erano abbattuti sulla loro comunità, oltre alle genealogie delle famiglie che dominavano la regione. Erano loro ad offrire in un insieme unico storia, tradizione e interpretazione attraverso l'utilizzo della narrazione orale. Essi venivano trattati con deferenza e rispetto perché erano i depositari della tradizione e della cultura che avevano dato forma alla società. In alcune zone un tempo abitate dai Celti questa tradizione orale sopravvive ancora oggi grazie ai *seanachie*, i cantastorie locali.

Le storie tramandate da una generazione all'altra – il corpus di tradizioni della comunità – narravano di dei e di antichi re, di grandi eroi, di mostri spaventosi e di amori appassionati sullo sfondo di un destino avverso. Man mano che i secoli passavano e un cantastorie succedeva ad un altro, i racconti si arricchivano di particolari o subivano correzioni, e ciò permetteva loro di acquisire un pathos sempre maggiore e divenire sempre più splendidi o terrificanti, oppure di adattarsi meglio al contesto culturale in cui venivano narrati. Le storie, quindi, cambiavano ambientazione, i personaggi si modificavano, e venivano aggiunti dettagli; e il tutto era lavorato e plasmato secondo l'arte del cantastorie. Nonostante cambiamenti e modifiche, questi racconti conservavano intatte le percezioni, le tradizioni e le speranze della razza celtica.

Di quando in quando si organizzavano grandi feste comunitarie, come l'*Ard Feis* in Irlanda o l'*Eisteddfod* nel Galles, non solo allo scopo di celebrare l'unità, l'abilità e la forza del popolo celtico, ma anche la maestria dei suoi cantastorie. Qui i bardi davano spettacolo, esibendo al massimo la loro immaginazione e il loro talento narrativo. Benché questi eventi rappresentassero occasioni di incontro collettivo spesso utilizzate per giurare fedeltà al capo della nazione, non erano questi gli unici momenti in cui i Celti celebravano la loro tradizione. In alcune regioni vi erano luoghi di ritrovo di dimensioni più ridotte, molti dei quali sono sopravvissuti quasi fino ai giorni nostri nell'Irlanda rurale con il nome di «case dei *ceilidh*», cioè case in cui la gente del luogo si incontrava per poter cantare, recitare poesie e raccontare storie. Sfortunatamente, con l'avvento della televisione e di altre forme di intrattenimento, questi luoghi sono praticamente scomparsi.

La maggior parte dei racconti narrati in tali occasioni aveva una forte impronta locale e riguardava aspetti familiari al pubblico che assisteva alla loro esposizione. Parlavano della vita di tutti i giorni: il lavoro, l'amore, i rapporti con i vicini e il paesaggio circostante. Come per le leggende epiche che li avevano preceduti, queste narrazioni erano trasmesse oralmente di generazione in generazione. Man mano che nuove tendenze culturali iniziarono a diventare predominanti tra i Celti, molte di queste vecchie storie parvero perdere la loro immediatezza e il loro significato e caddero gradualmente nell'oblio. Parte della tradizione celtica è quindi svanita. E la tradizione orale continua a dissolversi ancora oggi, man mano che gli ultimi rappresentanti delle vecchie generazioni spariscono.

All'inizio non vi fu alcun tentativo di dare forma scritta a questi racconti. I Celti erano di per sé un popolo legato in prevalenza alla tradizione orale, con scarso interesse a registrarla formalmente per iscritto. (Giulio Cesare sembra suggerire che vi fosse un'espressa interdizione a scrivere da parte dei *druidi*, o sacerdoti, per paura che tali testi potessero cadere in mani estranee). Ironicamente fu proprio la decadenza dello stile di vita pagano a portare alla nascita di molte storie e fu l'arrivo della nuova religione – il cristianesimo – che permise di conservare di fatto le tradizioni del passato. Furono i monaci del nuovo ordine a mettere per iscritto per primi queste antiche narrazioni al fine di inserirle a margine dei loro sacri commentari e delle vite dei santi e rendendo così i propri insegnamenti più accettabili ad un pubblico un tempo pagano. Le storie che essi tramandarono erano le leggende epiche dell'antica tradizione: racconti di eroi e di feroci combattenti, di magia e di battaglie, di mostri e di guerrieri, che facevano parte delle tradizioni orali che i bardi avevano un tempo cantato. Queste leggende vennero riunite in raccolte che formarono la base dei grandi cicli mitologici, alcuni dei quali sono giunti fino ai giorni nostri. Anche se in origine il loro numero era probabilmente maggiore, solo due di questi cicli sopravvivono ancora: quello irlandese e quello gallese. Altre epopee furono probabilmente trasmesse in raccolte minori, cantate dai *seanachie*, ossia i diretti successori dei bardi.

Il termine *seanachie* è di origine irlandese, e viene tradotto solitamente con «uomo di conoscenza» (nonostante il fatto che tra loro vi fossero anche donne). È una parola eccellente, poiché racchiude l'essenza del cantastorie tradizionale. Egli (o ella) era il depositario di tutta la saggezza e dell'esperienza della comunità, che erano giunte sino a lui attraverso i secoli ed era colui (o colei) che rivelava tale saggezza e la interpretava utilizzando il piacevole strumento del racconto e la memoria. L'«uomo di conoscenza» offriva un'interpretazione del paesaggio circostante, a volte permeandola di storia locale, a volte di immaginazione.

Un tempo, nell'Irlanda rurale quasi ogni distretto possedeva il suo proprio *seanachie*. E lo stesso avveniva in diverse zone sparse nelle altre parti del mondo celtico. Come già accennato in precedenza, questi cantastorie erano parte integrante delle comunità in cui vivevano. Grazie a loro, i racconti avevano acquisito un carattere più familiare ed autoctono. Principalmente le loro storie non parlavano di grandi divinità, di re e di eroi, ma narravano di personaggi localmente conosciuti, di creature fatate, fantasmi e del mondo soprannaturale. Erano racconti sussurrati davanti al focolare ad amici e vicini che si erano riuniti tra le mura domestiche nelle serate buie e fredde. Erano racconti che tenevano insieme la comunità e ne costituivano l'identità. Di fatto era attraverso tali narrazioni che era possibile attribuire forma alla società, darne una spiegazione, un'interpretazione.

Nonostante questa coesione tradizionale, con il passare dei secoli le società iniziarono a sgretolarsi e a dividersi e altre forme di interazione sociale divennero dominanti. Le tradizioni e le storie locali iniziarono ad essere viste come frutto di una mentalità troppo provinciale oltre che come totalmente aliene rispetto allo sviluppo del mondo moderno. La televisione, con la sua cultura di importazione, iniziò ad invadere le cucine in cui un tempo il cantastorie aveva regnato sovrano. Il cinema offrì meraviglie che si diceva eguagliassero le migliori imprese dei più abili cantastorie. A poco a poco i *seanachie* e gli uomini di conoscenza iniziarono a scivolare sullo sfondo, mentre altre forme di intrattenimento salivano alla ribalta. Benché vi fossero ancora dei raduni presso le case dei *ceilidh* in Irlanda e in altre zone del mondo celtico nel corso degli anni '50 e '60 del ventesimo secolo, questi sparirono completamente a partire dagli anni '80. E con essi smisero di essere tramandate le storie e le leggende.

I racconti, però, non scomparvero del tutto. Rendendosi conto di ciò che stava accadendo, alcuni studiosi di folklore tentarono fattivamente di conservare per la posterità almeno una parte delle storie e delle concezioni di un tempo. Le narrazioni vennero riprodotte sia per iscritto sia in formato audio, e in tal modo fu possibile creare degli archivi. E, ovviamente, vi sono i testi scritti dei grandi cicli mitologici che erano stati tramandati nel corso dei secoli. Ma bisogna anche dire che la maggior parte degli antichi racconti andò persa a seguito della scomparsa degli individui che erano i depositari di tali conoscenze.

Eppure, le loro storie non sparirono *del tutto*. Essendo strettamente intrecciate alle percezioni e alle esperienze delle popolazioni celtiche, la loro influenza continuò a ribollire al di sotto della superficie della società, ed esse iniziarono a migrare nelle forme artistiche più diffuse. Scrittori, pittori, drammaturghi, musicisti e poeti le cui radici personali affondavano nel mondo celtico erano a conoscenza di queste leggende e nelle loro opere si servirono di esse e dei temi da esse suggerite. Anche se non si tratta delle saghe dei grandi eroi e degli dei né delle tradizionali fiabe narrate davanti al caminetto, le opere moderne devono molto al sapere e al linguaggio di queste storie, che i Celti avevano creato nel corso dei secoli e che trovano adesso una nuova modalità di espressione. L'influsso, la percezione e la visione dei Celti permeano ancora tali creazioni. La cultura e le leggende che rappresentavano le fondamenta degli antichi racconti sono presenti nelle opere più moderne e continuano ad esserlo fino ai giorni nostri.

Questo libro rappresenta una celebrazione di quel sapere e di quei miti. Il suo scopo primario consiste nell'esplorare le antiche narrazioni giunte sino a noi attraverso i secoli per capire in che modo esse hanno modellato e definito le nostre concezioni della cultura celtica.

Per fare ciò ho seguito la struttura cronologica che ho già esposto. La prima sezione, relativa ai racconti mitologici, prende in esame alcune delle storie che compaiono nei grandi cicli mitologici – quelle che narrano di dei ed eroi. Dal momento che, come già fatto notare, il ciclo irlandese e quello gallese sono di fatto gli unici esistenti, molte delle storie da essi tratte sono già comparse più e più volte in altri volumi. Questa raccolta seleziona alcune delle narrazioni meno note e le offre al lettore per suo divertimento e interesse.

La seconda sezione, «Racconti davanti al camino», contiene storie di un periodo cronologico più tardo, benché le due sezioni non si escludano necessariamente a vicenda. Si tratta di racconti che riflettono le speranze, gli ideali, le paure e le opinioni dei popoli celtici di un'epoca successiva, trasmessi dai *seanachie* che si riunivano attorno al fuoco nelle cucine comunitarie di tutto il mondo celtico. Sono storie che parlano di streghe, di fantasmi, di folletti e di creature affini, la cui presenza era vissuta come un pericolo imminente e ben definito dai nostri antenati celtici.

La sezione finale, «Racconti di fantasia», dimostra come le antiche tradizioni abbiano influenzato autori di epoca moderna. Le tematiche comuni a molte delle vecchie storie, accanto ai loro aspetti più soprannaturali, hanno esercitato un forte influsso sugli scrittori – specialmente su quelli di racconti di orrore e di fantasmi – spingendoli a incentrare in parte le proprie opere su tali argomenti. Anche in produzioni odierne di tipo visivo (film e albi a fumetti) come *Slaine* e *Hellboy*, l'influenza di alcune tradizioni celtiche è evidente. Di fatto il creatore di *Hellboy*, Mike Mignola, sembra ispirarsi direttamente alla mitologia e al folklore celtico per alcuni dei suoi lavori. Sarebbe quindi un'omissione *non* includere tale materiale in questo volume.

Nell'ambito della cultura occidentale l'influsso delle tradizioni e delle leggende celtiche occupa una gamma ampia e diversificata, che va dai primi bardi cantastorie ai moderni illustratori di fumetti e cineasti. Il contributo celtico al nostro modo di pensare, di leggere e di usare l'immaginazione è incalcolabile; è quindi opportuno che questo libro celebri tale contributo. Le scelte sono state fatte in modo da riflettere l'ampiezza e l'estensione del punto di vista e della sensibilità dei Celti. I testi provengono da un gran numero di fonti diverse e da tutti i paesi che facevano parte del mondo celtico occidentale: Irlanda, Galles, Scozia, Bretagna e Isola di Man. In tal modo, spero, il libro rispecchia sia l'unità sia la diversità dell'esperienza celtica. Sfogliate quindi queste pagine e leggete. Ammirate un mondo posto al di là della vostra percezione mortale, un mondo invisibile che si sta forse allontanando da noi sempre più con il passare degli anni e man mano che nuovi punti di vista prendono piede, ma che era un tempo assai reale per i nostri lontani antenati: il mondo delle leggende e della cultura dei Celti.

RACCONTI MITOLOGICI

INTRODUZIONE

Le prime narrazioni celtiche venivano trasmesse oralmente. Con grande probabilità erano recitate dai guerrieri e dagli anziani attorno ai falò degli accampamenti. Come avviene per gran parte dei racconti della tradizione, riflettevano il mondo che queste popolazioni conoscevano. Erano racconti di grandi battaglie, di atti straordinari compiuti da eroi e da sovrani, e di luoghi a loro familiari. Queste storie, in parte, potevano essere ricordi personali, ma altre erano certamente state tramandate per via orale da una generazione alla successiva.

L'arte della narrazione era tenuta in altissimo conto presso i Celti: le storie che giungevano a loro attraverso i secoli recavano con sé il senso di identità e di peculiarità di queste popolazioni. Ben presto tra loro iniziarono ad emergere cantastorie e narratori professionisti. Si trattava dei *bardi*, un gruppo specifico nell'ambito della società celtica incaricato di preservare la memoria delle imprese dei re e degli uomini valorosi, accanto agli eventi notevoli accaduti all'interno delle loro rispettive comunità. Questi uomini (e donne) godevano di una posizione di enorme prestigio nell'ambito della società, ma ciò comportava il compito gravoso di dover ricordare e raccontare con vivezza le grandi imprese che caratterizzavano la cultura specifica di quel nucleo umano. Più o meno ogni tre anni si tenevano delle grandi celebrazioni pubbliche nel corso delle quali i narratori recitavano i loro racconti mettendo a confronto la complessità e la vivacità delle loro narrazioni, molte delle quali erano in versi per facilitarne la memorizzazione. In Irlanda, ad esempio, raduni di questo tipo erano conosciuti con il nome di Ard Feis. Questa festività aveva anche un significato politico, poiché riuniva in sé la recitazione dei racconti, dimostrazioni di forza fisica e imprese simili, con il giuramento di fedeltà al monarca supremo da parte di tutti i capi clan e dei vassalli. Al giorno d'oggi questa tradizione sopravvive nel Galles nella festa dell'Eisteddfod, o il Grande Raduno dei Bardi. Per avere la meglio sugli avversari e aiutare la propria memoria ciascun bardo arricchiva i suoi racconti, aggiungendo alla struttura di base elementi prodotti dalla sua immaginazione. In tal modo, partendo dall'episodio di base che costituiva la trama della narrazione, i bardi intessevano un racconto meraviglioso e fantastico che incantava ed eccitava gli ascoltatori.

Questi racconti venivano recitati basandosi direttamente sul ricordo: un'impresa notevole in assoluto, considerando la lunghezza e la complessità delle storie e il fatto che nessuna di queste era messa per iscritto. Ciò avvenne solo molto più tardi, quando il cristianesimo iniziò a diffondersi nel mondo celtico. I monaci, gli eruditi dell'epoca, iniziarono lentamente e sistematicamente a registrare in forma scritta alcune di queste antiche storie. Probabilmente le avevano udite narrare dai cantastorie locali. All'inizio alcune leggende vennero semplicemente giustapposte come abbellimento a testi di carattere più religioso, come postilla alla fine della vita di un santo. A poco a poco, tuttavia, i monaci amanuensi cominciarono a compilare delle raccolte di racconti. All'incirca intorno al X e all'XI secolo, alcune di queste antologie iniziarono a circolare in tutto il mondo celtico, dando vita, di fatto, ad alcune delle più antiche collezioni di materiale mitologico del mondo occidentale. Si trattava dei grandi cicli mitologici: storie di eroi e di sovrani leggendari che si combattevano l'un l'altro e che erano in rapporto con entità e razze soprannaturali, come i Sidhe, e di strani luoghi al di là della conoscenza dei mortali.

Solo parte di questa letteratura sopravvive ed è giunta sino a noi in forma frammentaria. Le vestigia principali dei cicli mitologici si trovano in Irlanda e in Galles, dove opere come il *Tain Bo Cuailnge* («La razzia del bestiame di Cooley») e il *Mabinogion* si sono ben conservate. Tuttavia, quasi tutta la restante letteratura è andata perduta. Si ritiene, ad esempio, che un tempo la Scozia vantasse un ricco e vibrante ciclo mitologico, che andò in gran parte distrutto durante le vicende storiche di quel turbolento paese e nel corso della Riforma scozzese. Altri frammenti isolati dei cicli mitologici compaiono in regioni come la Cornovaglia e l'Isola di Man, ma si tratta solo di brandelli minuti di una tradizione di cantastorie un tempo superba.

Quando leggiamo alcune delle antiche leggende dobbiamo ricordare, inoltre, che gli eruditi monaci che le misero per iscritto e le ricopiarono non erano del tutto imparziali. Com'era avvenuto con i cantastorie pagani dei tempi antichi, essi modellarono i racconti in base al proprio punto di vista, introducendo elementi di moralità e di giustizia che forse non erano presenti nelle narrazioni originali. Eppure la tradizione pagana risplende con tutta la sua forza, dando ai racconti una profondità e un indubbio alone di antichità. Si tratta delle più arcaiche fantasie dei popoli celtici, nate all'alba della loro civiltà e ancora vivide e vibranti proprio come quando vennero raccontante per la prima volta millenni fa attorno ai falò degli accampamenti militari.

CRUACHAN: LA DIMORA DEI SIDHE

Per gli antichi Celti la terra possedeva un significato quasi magico. Credevano di essere emersi dalla terra e che questa fosse parte di loro. Essa dava loro sostegno e plasmava la loro identità. Ed era piena di spiriti e di forze che tenevano continuamente d'occhio gli esseri umani – spiriti che, se ne avevano voglia, potevano aiutarli oppure aggredirli. Queste forze abitavano le rocce, gli alberi, le sorgenti e le colline e vivevano accanto al genere umano sin dalla creazione del mondo. Si trattava dei Sidhe, il «Popolo dei Tumuli», e le loro dimore erano a volte identificate con gli antichi tumuli e i terrapieni realizzati dai popoli che avevano precedentemente vissuto nella terra abitata dai Celti.

Le popolazioni celtiche tentavano spesso di ingraziarsi queste forze in modo da poter contare sulla loro benevolenza, e per questo molti antichi re costruirono fortezze e roccaforti nei pressi dei luoghi dove si pensava abitassero i Sidhe. Ciò si adattava bene al loro forte senso di appartenenza e metteva in relazione alcuni capi clan con aree del territorio ritenute magiche o che possedevano una qualche connotazione soprannaturale. Si sperava che le antiche potenze del luogo potessero in qualche modo influire sulla forza del capo e del suo clan. Vi erano delle località, quindi, che ricoprivano un significato speciale nella mente dei Celti. Si trattava delle dimore delle creature fatate, manifestazioni fisiche di quelle forze antiche e pericolose.

Il brano seguente è tratto dal *Cuchulain of Muirthemne* (Cuchulain di Muirthemne) di Lady Augusta Gregory (1902). Lady Gregory (1852-1932), contemporanea e amica di W. B. Yeats, era una celebre cultrice di racconti e storie popolari e delle leggende appartenenti al grande ciclo mitologico irlandese. Le sue storie di Cuchulain, il Cane dell'Ulster, sono tra gli esempi meglio conservati degli antichi miti. Il passo citato racconta del palazzo reale incantato di Cruachan e della Collina dei Sidhe. Il linguaggio usato è ricco di particolari stravaganti, tipici dello stile poetico delle antiche leggende celtiche, e rappresenta un esempio eccezionalmente raffinato dell'arte del cantastorie.

Tratto da Cuchulain of Muirthemne

di Lady Augusta Gregory

Ora, per quanto concerne Cruachan, la dimora di Ailell e Maeve è situata sulla piana di Magh Ai nella provincia del Connaught.

Ed ecco come la piana assunse il suo nome. In un tempo lontano, vi era un re che si chiamava Conn. Egli possedeva il potere dei druidi, e quando i Sidhe in persona si mossero contro di lui fu in grado di difendersi servendosi di incantesimi potenti quanto i loro. E una volta egli marciò contro di loro, distrusse le loro dimore e portò via il loro bestiame e infine, per evitare che lo inseguissero, ricoprì l'intera provincia di una fitta coltre di neve.

I Sidhe allora si recarono a consultare Dalach, il fratello del re, che possedeva la sapienza druidica in grado ancora più elevato, e questi disse loro di uccidere trecento vacche bianche dalle orecchie rosse e spargerne il fegato su una certa pianura. E quando ebbero così fatto, egli pronunciò un incantesimo e i vapori emanati dai fegati sciolsero la neve sull'intera pianura e sull'intera provincia; a seguito di ciò, la pianura prese il nome di Magh Ai, la Piana dei Fegati.

Ailell era figlio di Ross Ruadh, re di Leinster e Maeve era figlia di Eochaid, re d'Irlanda, e i suoi fratelli erano i Tre Gemelli dalla Bionda Chioma che si sollevarono contro il padre e si scontrarono con lui presso Druim Criadh. E in quella battaglia vennero sconfitti e fuggirono oltre lo Sionnan [Shannon] ma furono raggiunti e abbattuti e le loro teste riportate al padre, che si afflisse per loro sino alla fine dei suoi giorni.

Sette figli ebbero Ailell e Maeve, e il nome di ognuno

di essi fu Maine. Vi era Maine Milscothach, come sua madre, e Maine Athremail, come suo padre, e Maine Mo Erpert il Loquace, e Maine Milscothach, Colui che ha parole di miele, e Maine Andoe lo Svelto, e Maine Mingor, il Riguardoso, e Maine Morgar, l'Ossequioso. Ciascuno regnava su un popolo, e ciascuno aveva una sua dimora.

Così appariva Cruachan, il palazzo reale di Ailell e di Maeve, che alcuni chiamavano Cruachan dei Poeti; la dimora era divisa in sette parti con divani che correvano lungo le pareti, e ogni parte aveva un camino; ogni parte, all'entrata, aveva una facciata di bronzo e di legno di tasso rosso ornato da intagli; e ogni parte aveva sette fasce di bronzo che correvano dalle fondamenta al tetto. La casa era costruita con legno di quercia ed il tetto era ricoperto di travi anch'esse di quercia; vi erano sedici finestre chiuse da vetri, ognuna con imposte di bronzo e ogni imposta era attraversata da una sbarra di bronzo. Nel centro della casa vi era un luogo rialzato per Ailell e Maeve, con frontoni d'argento e fasce di bronzo che ne limitavano il perimetro, quattro pilastri di ottone e una verga d'argento a lato, e con questa Ailell e Maeve potevano percuotere l'asta centrale e chiamare a raccolta la loro gente.

E all'esterno del palazzo reale, su un'altura, si ergeva la fortezza dalle possenti mura, edificata da Brocc, figlio di Blar, che aveva una grande porta; ed è là che si trovavano anche le dimore dove erano alloggiati gli stranieri di passaggio.

E oltre a queste cose, vi era a Cruachan la Collina dei Sidhe, o come alcuni la chiamavano, la Caverna di Cruachan. È là che un tempo Midhir portò Etain, ed è là che viveva il popolo dei Sidhe; ma solo raramente gli esseri umani avevano il potere di vederli.

È da quella collina che un tempo si alzò in volo uno stormo di uccelli bianchi, e tutto ciò che essi toccarono nella terra d'Irlanda avvizzì fino a quando infine gli uomini dell'Ulster non li uccisero con le loro fionde. E un'altra volta dalla collina uscirono dei maiali incantati, e ovunque passassero, in quel luogo non germogliava più né grano né erba né foglia prima che fossero trascorsi sette anni e nessuna arma riusciva a ferirli. Ma quando venivano contati, o qualcuno cercava di contarli, i maiali non si fermavano in quel luogo e si spostavano in un altro. Ma per quanto la gente del paese cercasse di contarli, non vi erano due persone in grado di accordarsi sullo stesso numero, e uno gridava: «Ci sono tre maiali», e un altro «No, ce ne sono sette» e un altro diceva che ve n'erano undici, e un altro tredici, e in tal modo se ne perdeva il conto. Un tempo, persino Maeve e Ailell cercarono di contarli sulla pianura, ma mentre lo facevano uno dei maiali con un balzo raggiunse il carro dove si trovava Maeve. Tutti gridarono: «Il maiale ti è addosso, Maeve!».

«No», ella disse, e subito afferrò il maiale per la gamba, ma non appena lo fece la pelle dell'animale si squarciò all'altezza della testa e la bestia riuscì a fuggire. E a causa di ciò questo luogo venne chiamato Maghmucrimha, la Piana della Conta dei Maiali.

Un'altra volta a Cruachan giunse Fraech, figlio di Idath, del popolo del Connaught, e figlio della sorella di Boann, Befind, del popolo dei Sidhe. Era il più bello degli uomini d'Irlanda o di Alban ma la sua vita fu breve. Fu per chiedere in moglie Findabair che egli si recò a Cruachan, e prima di partire i suoi gli dissero: «Manda un messaggio al popolo di tua madre affinché ti inviino le vesti dei Sidhe». Quindi egli si recò da Boann che si trovava a Magh Breagh e si fece dare cinquanta mantelli azzurri, ciascuno ornato con quattro spighe nere e una spilla di oro rosso, e altrettante tuniche bianche sulle quali erano ricamati animali d'oro; e cinquanta scudi d'argento con bordi lavorati; e ciascuno degli uomini del suo seguito recava in mano una candela proveniente dalla dimora del re, con la base di rubino e la punta ornata di pietre preziose. Illuminavano la notte come se fossero stati i raggi del sole.

Ed egli aveva con sé sette trombettieri che recavano trombe d'oro e d'argento; essi avevano vesti variopinte e serici capelli dorati e indossavano mantelli colorati; e tre arpisti, ciascuno dei quali aveva l'aspetto di un re; ogni arpista, infatti, indossava una bianca pelle di daino e un mantello di stoffa bianca e portava una borsa di pelle di lontra.

In cima alla fortezza la sentinella li vide quando essi raggiunsero la Pianura di Cruachan.

« Vedo una gran folla», disse, «che viene verso di noi. Da quando Ailell è re e Maeve regina non giunse mai né mai giungerà un corteo più bello e più imponente di questo. Mi sento inebriato alla loro vista, mentre la brezza li sfiora».

Poi gli uomini di Fraech lasciarono andare i cani, e questi scovarono sette cervi e sette volpi e sette lepri e sette cinghiali, e li inseguirono fino a Rath Cruachan, e là li uccisero sul prato davanti alla fortezza.

Quindi Ailell e Maeve diedero loro il benvenuto e li fecero entrare in casa, e mentre si apprestava un banchetto Maeve si sedette per giocare a scacchi con Fraech. La scacchiera era magnifica, tutta di bronzo bianco, con i pezzi d'oro e d'argento, e una candela ornata di pietre preziose li illuminava.

Poi Ailell disse: «Lascia che i tuoi arpisti suonino per noi mentre si appresta il banchetto».

«Che suonino», disse Fraech.

Quindi gli arpisti iniziarono a suonare, e mancò poco che i presenti non morissero tutti per il pianto e il dolore. Gli arpisti avevano suonato «Le Tre Melodie di Uaithne», generate all'inizio da Uaithne, l'arpa del Dagda, in occasione della nascita dei figli di Boann. La prima era una canzone di dolore per le sofferenze da lei patite durante le doglie, la seconda un canto di gioia per la nascita dei bambini e la terza una ninnananna per farli addormentare dopo la nascita.

E forse per la musica degli arpisti, forse per la luce che emanava dalle pietre preziose e illuminava la casa, non si resero conto che era giunta la notte, fino a quando Maeve balzò in piedi e disse:

«Abbiamo compiuto un grave affronto lasciando questi giovani senza cibo».

«Perché tu sei più interessata al gioco degli scacchi che ad occuparti di loro», disse Ailell. «Adesso quindi interrompiamo ogni melodia», disse, «finché il cibo non sia portato in tavola».

Quindi il cibo venne servito. Il compito di dividere la carne fu assegnato a Lothar che con la sua mannaia, seduto per terra, non si interruppe mai, non toccando cibo dal momento in cui iniziò a fare le porzioni.

E poi Fraech fu condotto nella sala delle udienze, e i suoi ospiti gli chiesero per quale motivo fosse giunto fin là.

«Per farvi visita», egli disse, ma non accennò per nulla a Findabair. Essi quindi gli diedero il loro benvenuto ed egli si fermò presso di loro per un po'; ogni giorno andavano a caccia insieme e la gente giungeva da ogni parte del Connaught per ammirarli.

Ma per tutto il tempo Fraech non riuscì a trovare l'occasione per parlare con Findabair, finché un mattino egli scese per lavarsi al fiume dove Findabair e le sue ancelle si erano recate prima di lui. Ed egli le prese la mano e disse: «Rimani qui a parlare con me, perché è per te che son giunto. Vorresti fuggire con me in segreto?».

«In segreto non lo farò», ella rispose, «poiché sono figlia di un re e di una regina».

Quindi lo lasciò, ma gli diede un anello affinché non si scordasse di lei. Era un anello che le aveva regalato la madre.

Allora Fraech si recò presso la sala delle udienze da Ailell e Maeve.

«Volete darmi vostra figlia in moglie?» domandò.

«Lo faremo se ci porterai la dote che chiediamo», disse Ailell, «e cioè sessanta cavalli grigio scuro con morsi e briglie dorati, e dodici vacche da latte ciascuna con un vitello bianco dalle orecchie rosse; e dovrai presentarti a noi con tutte le tue milizie e tutti i tuoi musicisti ogniqualvolta scenderemo in guerra nell'Ulster».

«Giuro sul mio scudo e sulla mia spada che non lo farei mai, nemmeno per la mano della stessa Maeve», egli disse, e uscì dalla casa.

Ma Ailell aveva notato l'anello di Findabair al dito di Fraech, e disse quindi a Maeve:

«Se parte portando con sé nostra figlia, perderemo il sostegno di molti re d'Irlanda. Seguiamolo e sbarazziamoci di lui prima che abbia il tempo di danneggiarci».

«Sarebbe un peccato», rispose Maeve, «e su di noi ricadrebbe un grande biasimo».

« Su di noi non ricadrà alcun biasimo se gestirò io la faccenda», egli replicò. E Maeve acconsentì, poiché provava una forte irritazione per il fatto che fosse Findabair quella che Fraech voleva, e non lei stessa. Si recarono quindi nel palazzo e Ailell disse: «Andiamo a vedere i cani cacciare fino a mezzogiorno». E così fecero, e a mezzogiorno erano tutti stanchi e andarono a bagnarsi al fiume. Fraech stava nuotando nel fiume e quindi Ailell gli disse: «Non tornare indietro senza avermi portato un ramo di quell'albero di sorbo laggiù, con le sue magnifiche bacche». Poiché sapeva che vi era una profezia che affermava che Fraech avrebbe trovato la morte in un fiume.

Quindi Fraech andò e spezzò un ramo dell'albero e lo riportò indietro nuotando. Egli appariva bellissimo sull'acqua scura, con il corpo senza difetti e il volto perfetto in cui risaltavano i suoi occhi grigi, tenendo il ramo con le bacche rosse tra la gola e il volto chiaro. E gettò il ramo fuori dall'acqua ai loro piedi.

«Le bacche sono mature e magnifiche», disse Ailell, «portacene ancora».

Quindi Fraech ritornò dove si trovava l'albero, ma il mostro acquatico che lo custodiva lo afferrò.

«Lanciatemi una spada», gridò, ma nessuno sulla terra osò dargliene una, per paura di Ailell e Maeve. Findabair allora saltò in acqua stringendo tra le mani un pugnale d'oro, ma Ailell scagliò una lancia appuntita dall'alto infilzando la sua treccia e impedendole di proseguire; Findabair però lanciò il coltello a Fraech, che tagliò la testa al mostro e la portò a terra, pur ricevendone una profonda ferita. Quindi Ailell e Maeve fecero ritorno a casa.

«Abbiamo compiuto un atto terribile», disse Maeve.

«È veramente molto grave ciò che abbiamo fatto a quel giovane», disse Ailell. «Facciamogli preparare un bagno di guarigione, adesso», disse, «con il midollo dei maiali e di una giovenca». Fraech perciò venne immerso nel bagno, e i trombettieri suonarono per lui una dolce musica e gli venne preparato un letto.

Quindi a Cruachan risuonò un doloroso pianto, e si videro delle donne, in numero di tre volte cinquanta, con gonne purpuree e i capelli coperti di verdi veli e bracciali d'argento ai polsi; un messaggero allora fu inviato per chiedere loro per chi stessero piangendo. «Per Fraech, figlio di Idath», risposero, «il ragazzo caro al re dei Sidhe d'Irlanda».

E quando Fraech udì il loro lamento disse: «Sollevatemi da questo letto, perché questo è il lamento di mia madre e delle donne di Boann». Lo sollevarono, quindi, e le donne lo circondarono e lo portarono con sé nella Collina di Cruachan.

Il giorno dopo egli ne uscì, ed era perfettamente guarito, e con lui vi erano cinquanta donne, e tutte avevano l'aspetto delle donne dei Sidhe. Lo lasciarono alla porta della fortezza, alzando nuovamente il loro lamento, e chiunque le udiva non poteva non provare dolore. È così che i musicisti d'Irlanda appresero il triste lamento delle donne dei Sidhe.

E quando egli entrò nel palazzo, tutti i presenti si alzarono davanti a lui e gli diedero il benvenuto, come se fosse uscito da un altro mondo. E vi fu vergogna e pentimento da parte di Ailell e di Maeve per avere tentato di fargli del male, ma venne stipulata una pace ed egli ritornò a casa sua.

E in seguito egli accorse in aiuto di Ailell e di Maeve, e fu in quell'occasione che incontrò la morte in un fiume, come era stato predetto, all'inizio della guerra per il Toro Bruno di Cuailgne.

E in un'altra occasione la Collina fu saccheggiata

dagli uomini di Cruachan ed ecco come avvenne:

Una notte, a Samhain, Ailell e Maeve si trovavano nel loro palazzo di Cruachan, dove la servitù era in fermento per la preparazione di un grande banchetto.

Due prigionieri erano stati impiccati per loro ordine il giorno prima e Ailell disse: «Chiunque legherà una corda attorno al piede di uno dei due uomini sulla forca, otterrà da me una ricompensa». Era una notte molto scura e cose terribili erano solite accadere nella notte di Samhain, così ogni uomo che usciva per tentare l'impresa rientrava velocemente in casa.

«Ci andrò io se mi ricompenserai», disse allora Nera.

«Ti darò questa spada dall'elsa d'oro», disse Ailell.

Quindi Nera uscì e legò la fune attorno al piede di uno degli uomini che erano stati impiccati. E allora l'uomo gli parlò.

«Hai veramente un grande coraggio», disse. «Portami con te in un luogo in cui io possa bere, poiché avevo molta sete quando mi hanno impiccato». Quindi Nera lo portò in un luogo in cui poté bere, e poi lo rimise sulla forca e si pose in cammino per fare rientro a Cruachan.

Ma giunto là vide l'intero palazzo come se fosse in fiamme e le teste degli abitanti sparse al suolo, e poi credette di vedere un esercito entrare nella Collina di Cruachan e lo seguì.

«C'è un uomo sulle nostre tracce», disse l'ultimo soldato.

«Sulle nostre tracce il cammino sarà per lui faticoso», disse il soldato che gli stava accanto, e ciascuno ripeté queste parole, dall'ultimo fino al primo. Quindi entrarono nella Collina di Cruachan, e dissero al loro re:

«Cosa dobbiamo fare dell'uomo che è entrato qui?».

«Lasciate che giunga fino a me affinché io gli parli»,

disse il re. Quindi Nera arrivò e il re gli chiese chi lo avesse condotto fin lì.

«Sono entrato insieme al tuo esercito», rispose Nera.

«Recati in quella casa laggiù», gli ingiunse il re. «Vi è una donna che ti darà il benvenuto. Dille che sono io in persona ad averti mandato da lei. E ritorna ogni giorno alla mia dimora», egli disse, «con un carico di legna da ardere».

Quindi Nera andò dove gli era stato indicato e la donna disse: «Ti do il mio benvenuto se è stato il re a mandarti». Ed egli si fermò in quel luogo e prese la donna in moglie. Ed ogni giorno per tre giorni portò un carico di legna da ardere alla dimora del re, e ogni giorno vedeva un cieco che portava sulla schiena uno storpio uscire dal palazzo prima di lui. Essi camminavano fino ad arrivare sull'orlo del pozzo che si trovava davanti alla collina.

«C'è ancora?», chiedeva il cieco.

«C'è ancora, invero», rispondeva lo storpio. «Andiamocene», diceva poi lo storpio.

E alla fine dei tre giorni, come egli credeva, Nera volle sapere dalla donna il perché di tutto ciò.

«Perché il cieco e lo storpio si recano tutti i giorni al pozzo?» chiese.

«Vi si recano per sapere se la corona che è nel pozzo è ancora al sicuro. È là infatti che è tenuta la corona del re».

«E perché ci vanno proprio quei due?» si informò Nera.

«Ciò è facile da capire», ella disse, «il re si fida solo di loro per fare visita alla corona, poiché uno lo ha accecato lui stesso e l'altro lo ha azzoppato. E un'altra cosa», ella disse, «vai ad avvertire il tuo popolo di fare attenzione nella prossima notte di Samhain, a meno che non decidano di attaccare la collina proprio allora, poiché solo a Samhain», ella disse, «gli eserciti dei Sidhe possono uscire, essendo quello il tempo in cui tutte le colline dei Sidhe d'Irlanda rimangono aperte. Ma se giungeranno, prometto loro questo, che la corona da Briun cadrà nelle mani di Ailell e di Maeve».

«Ma come posso portare loro questo messaggio», disse Nera, «se ho visto l'intera fortezza di Cruachan in fiamme e distrutta, e tutta la sua gente distrutta insieme ad essa?».

«Non lo hai visto realmente», ella disse. «È stato il popolo dei Sidhe a porre quella sembianza davanti ai tuoi occhi. Ritorna da loro adesso», ella disse, «e li troverai seduti come li avevi lasciati attorno allo stesso paiolo, con la carne ancora sul fuoco».

«E come potrò convincerli di essere stato nella Collina?» chiese Nera.

«Porta con te i fiori dell'estate», rispose la donna. Egli quindi recò con sé aglio selvatico, primule e felci.

Nera quindi fece ritorno al palazzo e trovò la sua gente attorno allo stesso paiolo, e raccontò loro tutto quello che gli era accaduto; gli venne data allora la spada ed egli rimase con la sua gente per un anno intero.

Al termine dell'anno, Ailell disse a Nera: «Abbiamo intenzione di marciare contro la Collina dei Sidhe, ma ti lasceremo farvi ritorno», egli disse, «nel caso tu voglia recuperare qualcosa a te caro». Egli quindi tornò indietro per vedere la donna ed ella gli diede il benvenuto.

«Vai subito», ella disse, «e porta un carico di legna da ardere al re, poiché io stessa mi sono recata da lui tutti i giorni nel corso di quest'ultimo anno con il carico sulle spalle, dicendo che tu eri molto malato». Egli quindi fece come ella gli aveva detto.

E poi gli uomini del Connaught e le nere schiere degli esiliati dell'Ulster marciarono contro la Collina e ne fecero razzia e portarono via la corona di Briun, figlio di Smetra, forgiata dal fabbro di Angus, figlio di Umor, ed essa fu nascosta nel pozzo di Cruachan per tenerla al riparo dalla Morrigu. E Nera fu lasciato nella collina insieme al suo popolo, e da essa non ha mai più fatto ritorno, né mai lo farà fino alla fine dei tempi.

E vi fu un tempo in cui la Morrigu prelevò una vacca dalla Collina di Cruachan per farla accoppiare con il Toro Bruno di Cuailgne, e quando ve la riportò le nacque un vitello. E un giorno il vitello uscì dalla Collina e muggì tre volte. A quell'epoca Ailell e Fergus stavano giocando a dama, poiché era avvenuto che Fergus fosse giunto nel Connaught in esilio dall'Ulster a causa dell'uccisione dei figli di Usnach; essi quindi udirono il muggito del vitello nella pianura. E Fergus disse:

«Non mi piace il suono del muggito di quel vitello. Vi saranno vitelli senza vacche», disse, «quando il re si metterà in marcia».

Ma avvenne che Finbanach, il Toro dalle Bianche Corna di Ailell, incontrò il vitello nella pianura di Cruachan e combatté con lui e lo vinse; il vitello allora muggì.

«Che cosa significa il muggito del vitello?» chiese Maeve al suo mandriano Buaigle.

«Io lo so, padrone mio, Fergus», disse Bricriu. «Ha muggito una canzone che tu cantavi qualche tempo fa». Allora Fergus si girò e lo colpì con un pugno in testa, così che cinque pezzi degli scacchi che egli teneva in mano si conficcarono nel capo di Bricriu, provocandogli una lesione permanente.

«Adesso dimmi, Buaigle, che cosa significa il muggito del vitello?» disse Maeve.

«Significa, invero», disse Buaigle, «che se suo padre, il Toro Bruno di Cuailgne combattesse con il Toro dalle Bianche Corna, non farebbe più ritorno dalla piana di Ai, ma verrebbe sconfitto e le sue membra sparse per tutta la piana». Ed ecco che cosa disse Maeve:

«Giuro per gli dei onorati dal mio popolo, che non mi sdraierò sul mio letto di piume, né berrò vino rosso o bianca birra fino a quando non vedrò con i miei occhi quei due tori combattere».

Pietre magiche

Nessuna raffigurazione del primitivo panorama celtico sarebbe completa senza i suoi cerchi megalitici o le pietre isolate erette. Di fatto, le pietre rappresentano per noi tutto ciò che identifichiamo come celtico sul territorio e con il tempo si sono legate così strettamente alla mitologia celtica che sarebbe una grande negligenza omettere dei riferimenti ad esse da questa selezione.

Inoltre, per i Celti primitivi i megaliti avevano un valore simbolico. Molti di loro erano dei residui della Grande Era Glaciale. Per la mentalità celtica essi parlavano di antichi giganti che avevano abitato la terra prima di loro. Le grandi pietre erano le dimore di spiriti feroci che coesistevano con gli stessi Celti, e dovevano essere trattati con venerazione.

Non è chiaro se i grandi cerchi megalitici che dominavano un tempo il territorio celtico debbano essere attribuiti direttamente agli stessi Celti o a un popolo precedente. In molti casi si fa riferimento ad essi come a «cerchi druidici», ma non è certo che questa definizione sia rigorosamente esatta. Si riteneva fossero luoghi rituali, non solo per i Celti ma anche per i popoli che erano giunti prima di loro. Quindi erano siti dall'enorme potere soprannaturale. Di certo i druidi, i sacerdoti celtici, se ne servirono per i loro scopi, aumentandone in tal modo il significato occulto.

Probabilmente il più famoso cerchio megalitico oggi conosciuto è Stonehenge, nella pianura di Salisbury, in Inghilterra, che attrae turisti e visitatori da tutto il mondo. Esso è certamente il più imponente di tutte le grandi strutture megalitiche. Ma in tempi più arcaici dovette essere solo uno dei tanti monumenti dello stesso genere sparsi in tutto il mondo celtico. Ovviamente si credeva che Stonehenge fosse stato trasportato per magia dall'Irlanda (dov'era conosciuto come la «Danza dei Giganti») al tempo di Vortigern, uno dei primi sovrani celtici. Vi erano altri grandi cerchi megalitici in Scozia, il più famoso dei quali era l'Anello di Kingussie nella valle superiore della Spey ai piedi dei monti Cairngorm, che si suppone venisse usato come tribunale dall'infame Lupo di Badenoch nel XIV secolo.

Anche la Cornovaglia era piena di cerchi megalitici e di pietre erette. Alcune di esse sono ancora visibili nelle brughiere e nelle remote colline del paese. Il brano seguente è tratto dal saggio di Robert Hunt (1807-1887) *Romances of the Rocks* (La favolosa storia delle rocce), scritto intorno al 1880. È un chiaro tentativo di fornire una qualche spiegazione «scientifica» della presenza di queste rocce e delle leggende (molte delle quali d'origine assai remota) che le circondano, collegandole a un passato e a tradizioni mitologiche di grande antichità.

Tratto da Romances of the Rocks
di Robert Hunt

È credenza comune tra la gente di campagna di ogni parte della Cornovaglia che nessuna potenza umana possa rimuovere una sola di quelle pietre, che la tradizione ha reso sacre e avvolto in un alone di leggenda. Molte volte mi è stato riferito che alcune pietre venivano spostate durante il giorno, ma che ritornavano alla loro posizione originaria nel corso della notte e che coloro che avevano osato manomettere queste sacre pietre erano stati puniti in un modo o nell'altro. Quando lo sconsiderato comandante di una lancia della polizia tributaria era sbarcato con il suo equipaggio e aveva abbattuto la Roccia di Logan per provare l'insensatezza della superstizione dominante, non era riuscito a scacciare quell'antica credenza e si era dimostrato uno sciocco per la grande fatica compiuta.

Desidererei, per la conservazione di gran parte delle nostre rovine celtiche, che potessimo inculcare nelle classi colte un'analoga venerazione per i pochi ruderi giunti sino a noi che ci ha lasciato un popolo antico e particolare, della cui storia sappiamo così poco e i cui resti e le cui rocce incise potrebbero, dopo uno studio attento, insegnarci molto. Quelle pietre perfettamente in equilibrio e quelle rocce lavorate devono appartenere ad un tempo arcaico, dal momento che già gli Anglosassoni emanarono delle leggi per impedire ai Britanni di attendere alle loro antiche pratiche pagane.

Il geologo, osservando le pietre di Logan e altri ammassi rocciosi dalla forma curiosa, scaccia subito dalla propria mente l'idea che questi possano essere stati prodotti dalla mano dell'uomo e accantona rapidamente la tradizione che vuole che un tempo i druidi se ne servissero o che i

Celti dell'antichità guardassero queste rocce con venerazione. Non può esservi dubbio che molti enormi massi di granito si trovino, per cause atmosferiche, nella medesima condizione che permise la formazione della Roccia di Logan. È quindi *possibile* che, in alcuni casi, l'esposizione agli agenti atmosferici abbia scavato in modo tanto uniforme attorno ad una roccia da porla in equilibrio con una tale esattezza che il tocco di un bambino basterebbe a far vacillare un masso di molte tonnellate di peso.

Il risultato, tuttavia, delle mie personali osservazioni, condotte con grande curiosità e notevole attenzione, mi ha convinto che nella stragrande maggioranza dei casi l'erosione della roccia, per quanto generale attorno ad una linea di giunzione orizzontale tra la roccia e il terreno, si sia verificata in modo rapido sul lato esposto all'azione degli agenti atmosferici, mentre il lato opposto sia stato eroso solo leggermente; di conseguenza, le pietre hanno la tendenza ad essere infossate nel terreno verso l'estremità più riparata. Con un po' di fatica, l'uomo poteva correggere questo difetto naturale e con un po' di abilità dare alla pietra una base d'appoggio più esigua. Abbiamo prove incontrovertibili che alcune pietre di questo tipo siano state considerate per lunghi periodi di tempo oggetti sacri. Che queste pietre venissero usate dai druidi, oppure che il volgo ignorante le ritenesse dotate di virtù particolari, poco importa. I primi abitanti della Cornovaglia, probabilmente Celti, erano assolutamente convinti che queste pietre fossero connesse con i misteri dell'esistenza; e da padre in figlio, per secoli, nonostante l'introduzione del cristianesimo, queste pietre hanno mantenuto il loro *carattere sacro*. Possiamo quindi dedurre che anche i capi del popolo si servissero di questo sentimento; e trovando molte rocce di dimensioni gigantesche sulle quali la natura aveva iniziato un'opera di erosione, la completarono, utilizzando questi massi imponenti e impressionanti per suscitare il terrore – il principio in base al quale governavano – nelle menti incolte, ma molto sensibili all'aspetto fantastico della vita, del loro popolo. Il dottor Borlase è stato schernito per avere scoperto pietre concave e per voler identificare l'opera dei druidi in ogni ammasso granitico. Al contempo coloro che lo scherniscono non si sono preoccupati di esaminare questi ammassi rocciosi in modo attento e senza pregiudizi, errando quindi in modo altrettanto notevole quanto l'antiquario della Cornovaglia, ma nella direzione opposta. Centinaia di depressioni si sono generate per l'azione del vento e della pioggia sulle superfici delle rocce granitiche. Queste formazioni non hanno mai tratto in inganno il druido o il suo popolo. Ma vi sono numerose cavità visibili all'interno di grandi rocce piatte che sono state indubbiamente, se non interamente, prodotte, almeno in parte, dalla mano dell'uomo. La Roccia del Sacrificio, o Carn Brea, è un esempio notevole di quanto detto. Le lunghe cavità della Men-rock a Costantina, diversi avvallamenti nel gruppo della Roccia di Logan e a Cran Boscawen possono essere indicati come esempi ulteriori. Fatte queste osservazioni intendo adesso procedere alla descrizione di alcuni dei più notevoli ammassi rocciosi ai quali la tradizione associa alcune leggende.

La Roccia di Logan o Loging Rock

[*Nota del curatore*: Hunt afferma che sono stati fatti molti studi riguardo alle origini del nome di questo ammasso roccioso a Trereen Dinas. La pietra centrale che si trova in equilibrio – la Roccia di Logan – sembra essere instabile, e Hunt suggerisce che il nome derivi da un termine locale della Cornovaglia, «to log», che significherebbe muoversi in modo instabile o «barcollare come un ubriaco».]

Modred, nel *Caractacus*, la tragedia classica di William Mason, rivolgendosi a Vellinus e a Ellidurus, dice:

Giovani, dico a voi,
rivolgete i vostri occhi attoniti; osservate quella enorme
e grezza sfera di vivente diamante,
che, magicamente in equilibrio, poggia il suo peso centrale
su quella puntuta roccia – dalla quale sembra,
tale è la sua strana e virtuosa qualità,
muoversi obbediente al tocco gentile
di colui il cui spirito è puro, ma di fronte a un traditore,
benché il suo braccio sia guidato dalla maestria del gigante,
rimane salda come lo Snowdon.

Questo brano comunica fedelmente l'idea tradizionale dello scopo specifico di questa notevole roccia.

Fino al momento in cui il Tenente Goldsmith, l'8 aprile del 1824, fece scivolare la roccia dal suo sostegno per provare la falsità dell'affermazione del dottor Borlase, che «è virtualmente impossibile che qualsiasi leva, o forza, per quanto applicata in maniera meccanica, possa spostarla dalla sua posizione attuale», si riteneva che la Roccia di Logan potesse guarire i bambini che venivano cullati sopra di essa in determinate stagioni; ma l'incantesimo è ormai spezzato, benché la roccia sia stata rimessa a posto.

[*Nota del curatore*: La pietra venne ricollocata nel suo sito originario sempre dal Tenente Goldsmith, a seguito del «grande turbamento» della gente del luogo. Un certo signor Davies Gilbert convinse l'Ammiragliato ad imprestare al Tenente Goldsmith il macchinario necessario per riportare la roccia nella sua precedente posizione.]

Mincamber, Main-Amber o Pietra di Ambrogio

Una pietra imponente, simile alla Roccia di Logan, venne messa in equilibrio e benedetta da Ambrogio Merlino nei pressi di Penzance. [*Nota del curatore*: In alcune parti della Cornovaglia, a Merlino, il grande mago del ciclo arturiano, viene a volte attribuito il nome cristiano di Ambrogio, presumibilmente per conformarsi meglio alla leggenda cristiana. Alcuni «incantatori» della Cornovaglia, o stregoni locali, adottarono anch'essi questo nome. Non è chiaro dal resoconto di Hunt a chi egli stia facendo riferimento.] Essa è «così enorme», dice Drayton nel suo *Polyolbion*, «che la forza congiunta di molti uomini non riesce a spostarla, benché la si possa far oscillare con un dito».

Merlino proclamò che questa pietra avrebbe dovuto rimanere in piedi fino a quando l'Inghilterra avesse avuto un re; e Scawen ci dice:

«E possiamo qui aggiungere anche l'offesa che un altro genere di stranieri ci ha arrecato, specialmente durante le guerre civili, e in particolare quello di distruggere il Mincamber, un famoso monumento, una roccia di enorme peso, che con il suo potente carico gravava su altre grosse pietre, ma che era stato posto su di esse in perfetto equilibrio solo dalla natura. Essa era tale che un bambino poteva farla facilmente dondolare con un piccolo tocco, ma né un uomo né molti potevano spostarla dalla sua sede. Tutti i viaggiatori che passavano di là volevano ammirare questo monumento naturale; ma all'epoca dell'usurpazione di Oliver [*Nota del curatore*: La presa di potere del Commonwealth inglese sotto Oliver Cromwell dopo la messa a morte di re Carlo I nel 1649], quando ogni monumento divenne disprezzabile, un certo Sherubsall, uno degli eroi di Oliver, allora Governatore di Pendennes, con fatica e molto baccano, lo fece scalzare dalla sua sede e abbattere, con grande dispiacere di tutto il paese ma per sua maggior gloria, o almeno così credeva; e lo fece, egli disse, con un bastoncino nella mano. L'ho udito personalmente vantarsi dell'impresa, essendo suo prigioniero».

Quindi si realizzò così la profezia di Merlino.

[*Nota del curatore*: Hunt interpreta questo fatto come l'adempimento di un'antica profezia – la messa a morte di un re e l'insediamento di una Repubblica sotto il Protettorato di Oliver Cromwell. La citazione summenzionata è tratta dalla *Historical Survey* (Indagine storica) di C. S. Gilbert. Egli cita anche la *Description of the Cornish Language* (Descrizione della lingua cornica) di Scawen, oltre a *Stonehenge* di Stukeley.]

Il Cromlech di Zennor

C. Taylor Stephens, recentemente deceduto, che per un certo tempo lavorò come postino nell'area rurale di Zennor, tentò, nel suo poema *The Chief of Barat-Anac* (Il capo di Barat-Anac), di includere in una narrativa la descrizione del cromlech, o *coit*, di Zennor e di altre bizzarrie rocciose.

Mi servii di quest'uomo per alcune settimane facendogli raccogliere per me tutto ciò che rimaneva della tradizione di leggende di Zennor e Morvah. Egli svolse bene il suo compito; e, grazie alla sua familiarità con la gente del luogo, apprese da loro più di quello che chiunque altro avrebbe potuto fare. I risultati delle sue fatiche sono sparsi un po' ovunque in questi volumi. [Hunt si riferisce a *Drolls, Traditions and Superstitions of Old Cornwall* (Stranezze, tradizioni e superstizioni della vecchia Cornovaglia).]

C. Taylor Stephens mi scrisse quanto segue riguardo ai cromlech:

Credenze superstiziose relativamente al Cromlech di Zennor

Mi trovavo nel distretto di Zennor nel 1859, e casualmente mi imbattei nel cromlech di Zennor; rimasi molto colpito dal modo in cui era stato costruito (non avendone mai sentito parlare fino ad allora) e, ritenendo di scorgervi delle analogie con gli altari druidici di cui avevo letto, mi rivolsi a un gruppo di persone riunito nei pressi dell'officina del fabbro domandando se potessero dirmi qualcosa riguardo al mucchio di pietre che si trovava in cima alla collina. Uno disse: «È chiamato l'antro del gigante, non so altro». Alla fine, un tipo più disponibile e che era ritenuto, come scoprii più tardi, il sapiente e l'oracolo del villaggio, guardò in su e mi fornì questa importante informazione: «Quelle rocce sono state messe là prima che lei e io fossimo nati o concepiti; ma sapere chi lo ha fatto è un mistero per tutti a *Sunnur* (Zennor). Credo che siano state messe là in cima all'inizio del mondo; ma che ci fossero o meno, non importa poi molto. Questo so, che nessuno può portarle via; se questo avvenisse, sarebbero di nuovo lassù. [*Nota del cura-*

tore: Se le pietre venissero rimosse dalla loro sede, nel giro di poco tempo tornerebbero misteriosamente al loro posto.] Se qualcuno le portasse via una notte, certamente le si ritroverebbe di nuovo in cima alla collina il mattino seguente. Ma io non ne so tanto quanto il parroco; se lo va a trovare, le dirà tutto di questa faccenda».

In una delle note ricevute dal poeta-postino, egli fornisce un esempio curioso dei molti ruoli che un uomo poteva svolgere in questi distretti remoti solo qualche anno fa:

«Il mio venerabile nonno era assai noto da tutti gli anziani, dal momento che non era solo il predicatore del luogo, ma un tipo originale, botanico, veterinario, segretario di una società di beneficenza che si occupava di ammalati e di sepolture e, inoltre, il fabbro di zona».

Il Men-an-Tol

A non più di due miglia da Penzance si trova il celebre cromlech di Lanyon – spesso pronunciato in inglese come fosse scritto Lanine. Questo, come tutti gli altri cromlech, indica senza dubbio la sepoltura di un capo tribù britannico, i cui molti seguaci riposano a poca distanza dal suo sepolcro, che è il monumento principale.

Oltre il villaggio di Lanyon, su una «collinetta erbosa», si erge il Men-an-Tol, o la «pietra con il buco». Per alcune ragioni – è adesso vano fare ipotesi al riguardo – la classe sacerdotale dei bardi si serviva di questa pietra, e probabilmente la superstizione ad essa collegata può indicarne l'antico uso.

Se i bambini affetti da scrofola vengono fatti passare *nudi attraverso il Men-an-Tol per tre volte e quindi trascinati sull'erba tre volte in senso antiorario*, il fedele credeva che ciò avrebbe contribuito di molto ad assicurare una rapida guarigione. Anche uomini e donne che soffrivano di malattie alla colonna vertebrale, o che erano afflitti da lesioni dovute alla scrofola, venivano fatti passare attraverso la pietra magica, che, a detta di tutti, conserva ancora le sue antiche virtù.

Se due spilloni di ottone vengono incrociati con attenzione uno sopra all'altro sulla cima della pietra, qualunque domanda posta alla roccia otterrà risposta da parte degli spilloni che acquisteranno, per mezzo di un qualche agente sconosciuto, un movimento particolare.

La Pietra «del Mal di Schiena» di Morvah

Se qualcuno che soffre di crampi alla schiena riesce a passare attraverso questa pietra forcuta, situata sui confini di Zennor e Morvah, senza toccarla, guarirà certamente. Questa non è altro che un sostituto della pietra forata che, si ammette, ha poteri curativi assai maggiori della pietra forcuta.

In varie parti del paese vi sono, tra gli ammassi granitici, delle rocce che, cadendo una sull'altra, hanno lasciato delle piccole aperture, e in altri casi hanno formato dei buchi bassi e stretti che corrono sotto cumuli di pietre. Quasi sempre in questi casi si è scoperto che la tradizione popolare ritiene che chiunque soffrisse di lombalgia o reumatismi guarirebbe all'istante se strisciasse attraverso tali passaggi. In alcuni casi si insiste che «per completare l'incantesimo» è necessario ripetere l'operazione nove volte.

La signora Bray, nel suo testo *Traditions of Devonshire* (Tradizioni del Devonshire) fornisce numerosi esempi della prevalenza di questa superstizione relativamente alla regione del massiccio del Dartmoor, ricca di giacimenti di granito.

Le Pietre Danzanti, i Giocatori, ecc.

In molte parti della Cornovaglia si trovano cerchi di pietre, più o meno perfetti, che gli eruditi ascrivono ai druidi. La tradizione e il volgo, che si affida a ciò che è stato tramandato dagli antenati, raccontano però una storia diversa. Queste pietre rappresenterebbero i segni perenni dello sdegno divino, essendo in realtà uomini o donne trasformati in pietra per avere malvagiamente profanato il giorno del Signore. Questi monumenti dell'empietà umana sono sparsi sul territorio; si trovano, in maggioranza, nell'estremità della *Vecchia Cornovaglia*, e in particolare molti cerchi sono visibili nella zona del Dartmoor. Non è necessario citarli tutti. Ognuno di essi servirà allo scopo se il turista è diretto verso quelli che si trovano più direttamente sul percorso che viene generalmente consigliato. Nel distretto di Borlan, si trovano i «*Dawns Myin*» o *Men* – i menhir – chiamati comunemente «Le Allegre Fanciulle», e accanto ad esse si trovano due pilastri di granito chiamati i «Pifferai». Una sera di festa, invece di recarsi ai vespri, alcune sconsiderate ragazze del villaggio vicino si avventurarono nei campi e due spiriti maligni, assumendo l'aspetto di pifferai, iniziarono a suonare delle melodie dal ritmo incalzante. Le giovani cedettero alla tentazione, e dimenticando che era il giorno del Signore, iniziarono a ballare. Il movimento aumentò la loro eccitazione e ben presto la danza divenne frenetica; ma, improvvisamente, un fulmine dal cielo li paralizzò tutti, tentatori e tentati, ed essi si ergono adesso immobili, tramutati in pietra.

Il celebre cerchio di diciannove pietre – visibile lungo la strada che conduce al capo di Land's End – noto come il cerchio di Boscawen, è un altro esempio da citare. Le «Nove Fanciulle» o le «Vergini Sorelle» di Stitihens e le altre «Nove Fanciulle» o, come vengono chiamate nella lingua della Cornovaglia, Naw-Whoors nel distretto di Colomb-Major dovrebbero anch'esse essere ammirate nella speranza di imprimere nella mente ancora più fermamente la lezione morale da esse trasmessa.

I tre cerchi che si possono vedere nella brughiera non lontano da Cheesewring, nel distretto di St. Cleer, sono anch'essi esempi notevoli della punizione derivante dal mancato rispetto del riposo domenicale. Essi vengono chiamati i «Giocatori» e mantengono la posizione in cui si trovavano i componenti delle due squadre, nell'eccitazione del gioco dello *hurling*, quando, per il crimine di avere profanato il giorno festivo, furono tramutati in pietra.

Le Nove Fanciulle o le Vergini Sorelle

È questo il nome dato a nove «Pietre della Brughiera» che si innalzano nei pressi della strada nel distretto di Gwendron o Wendron. I blocchi di pietra perpendicolare sono ovviamente stati posti con enorme fatica nella loro posizione attuale. La tradizione afferma che essi indichino le tombe di nove sorelle. Hals sembra pensare che si tratti del luogo di sepoltura di alcune suore. Da una sola persona ho ascoltato una vecchia leggenda su questi monumenti, che sarebbero fanciulle trasformate in pietra. Potremmo citare altri gruppi di pietre, come

Rosemedery, Tregaseal, Boskednan, Botalleck, Tredinek e Crowlas, ad ovest, ai quali si estende il medesimo racconto, e molti altri nelle regioni orientali del paese, ma riteniamo non sia necessario.

La Pietra di Mezzanotte

Un tempo un gran numero di persone era solito visitare una pietra formidabile, simile alla roccia di Logan, presso Nancledrea, che era stata, per opera di potenze soprannaturali, infusa di una facoltà particolare che si manifestava a mezzanotte. Benché fosse assolutamente impossibile muovere la pietra alla luce del giorno, o spostarla in qualunque altra ora con mezzi umani, essa si metteva a dondolare come una culla esattamente a mezzanotte. Molti bambini guarirono dal rachitismo dopo essere stati posti nudi a quest'ora sulla pietra di mezzanotte. Se, tuttavia, il bambino era un «bastardo», o se era stato generato da genitori dissoluti, la pietra non si muoveva e di conseguenza non si verificava alcuna guarigione. Sulla Collina del Cuculo, ad est di Nancledrea, si ergevano, ancora fino a solo pochi anni fa, due cumuli di pietre, distanti l'uno dall'altro circa otto piedi, uniti da una grande lastra di roccia posta con cura sopra di loro e formando in tal modo una sorta di portale che era, secondo quanto riferitomi dal mio informatore, «abbastanza ampio e alto che un carretto trainato da un cavallo poteva tranquillamente passarci sotto». Era antica usanza marciare in processione attraverso questo «portale» per recarsi alla Roccia di Mezzanotte.

L'abitudine di prelevare pietre dai monumenti per costruirvi case, tuttavia, si è fatta sentire un po' ovunque;

e ogni masso di granito, per quanto reso celebre dai Giganti o santificato dai Druidi, se della misura richiesta, è stato rimosso.

La Tavola di Pietra

La visita dei re sassoni al capo di Land's End

Non lontano dalla chiesa di Sennach, e ai confini di un terreno intorno ad un cottage, si trova un blocco di granito lungo quasi otto piedi e alto circa tre piedi. Questa roccia è conosciuta come Table-men o Table-*main*, che sembra significhi tavola di pietra. A Bosavern, presso St. Just, si trova una pietra abbastanza simile a questa; e ad entrambe si adatta la medesima storia.

Pare che alcuni re sassoni abbiano utilizzato questa pietra come tavolo da pranzo. Il numero di essi varia alquanto; alcune tradizioni parlano di tre re, altre di sette. Hals è molto più esplicito, dal momento che, basandosi sull'autorità della cronaca di Samuel Daniell, essi erano:

Ethelbert, quinto re del Kent
Cissa, secondo re del Sussex
Kingilis, sesto re del Wessex
Sebert, terzo re dell'Essex
Ethelfred, settimo re della Northumbria
Penda, quinto re della Mercia
Sigebert, quinto re dell'East Anglia – che regnarono tutti intorno all'anno 600.

In un punto in cui i quattro distretti di Zennor, Morvah, Gulval e Madron si incontrano, vi è una pietra piatta sulla quale è incisa una croce. Si afferma che i re sassoni abbiano cenato anche su di essa.

L'unica tradizione nota tra i contadini di Sennan è che il principe Artù e i re che lo aiutarono contro i danesi nella grande battaglia combattuta presso Vellan-Drucher, cenarono sulla pietra di Table-men, dopodiché sconfissero i danesi.

Il Cavaliere in Armi

Nelle basse acque al largo del capo di Land's End è possibile vedere, in direzione delle Isole Scilly (probabilmente così denominate per l'abbondanza di anguille o di gronghi che là si pescano, che nel dialetto della zona sono chiamati *sillys* o *lillis*), per un miglio o più, una pericolosa distesa di rocce frastagliate, contro le quali l'Oceano Atlantico e le onde del canale di san Giorgio e della Manica, incontrandosi, generano un terribile rimbombo simile a uno spaventoso muggito a metà strada tra il flusso e il riflusso della marea, permettendo così ai marinai di accorgersi del pericolo e di evitarlo.

Anticamente una di queste rocce era più preminente delle altre, e di essa la tradizione dice si trovasse a novanta piedi sopra il flusso e il riflusso delle acque, e che sulla sua cima vi fosse un pinnacolo di ferro che nel 1647 venne abbattuto da una violenta tempesta, durante la quale la roccia si ruppe in tre pezzi. Si riteneva che il pinnacolo di ferro, secondo quanto ci informano le postille alla *Britannia* di Camden, fosse stato eretto dai romani o piantato là come trofeo da re Athelstan, all'epoca della sua prima conquista delle Isole Scilly (che si trovano in quella zona); ma è improbabile che un tale pezzo di ferro, esposto all'acqua salata e alla forza del vento, abbia potuto durare tanto a lungo senza essere consumato dalla ruggine. Comunque stiano o stessero le cose, sono certo che, nella lingua della Cornovaglia, questa roccia fosse comunemente chiamata An Marogeth Arvowed, e cioè il Cavaliere in Armi; per quale ragione non so, se non perché era stata eretta da o in memoria di un cavaliere armato; e un altro nome era Carne-an-peal, e cioè la roccia a forma di lancia, di pinnacolo o di giavellotto. Si ricordi nuovamente che nella lingua della Cornovaglia e dell'Armorica, *silly* o *lilly* sta ad indicare un'anguilla o un grongo, e da ciò probabilmente prendono il loro nome le Isole Scilly. Il signor Blight afferma che questa roccia viene anche chiamata *Guela* o *Guelas*: la «roccia che si vede facilmente».

La Porta del Diavolo

Nelle formazioni di argilloscisti dietro Polperro si trova un buon esempio di *fauit*. Il geologo, fiero del suo sapere, parla di movimenti della massa solida, di una spaccatura delle rocce causata dall'azione di forze sotterranee che hanno sollevato la crosta terrestre o, in alternativa, di un abbassamento di una sezione rocciosa. La saggezza dei nostri antenati dalla barba grigia li condusse a una conclusione totalmente diversa da questa.

Il potente sovrano del regno dell'oscurità che, come è noto, ama in modo particolare andarsene a zonzo di notte, «per vedere come se la cavano i suoi piccoli», ascendendo dalle profondità della sua dimora sotterranea, scelse questo luogo come entrata nel mondo dei vivi.

Uscendo dalla terra nel suo carro infuocato, trainato da un gigantesco destriero nero come l'ebano, le rocce si scostarono al suo passaggio e la spaccatura di Polporro rimane come testimonianza imperitura per convincere gli increduli. E non solo, quando la maestà satanica eruppe attraverso le rocce di ardesia, il suo cavallo, ebbro dell'aria di quassù, si impennò selvaggio e trionfante e, piantando il suo zoccolo nel terreno, fece tremare le isole come fossero preda di un terremoto, lasciandovi l'impronta profonda del suo zoccolo infuocato. Là l'incredulo può ammirarvi uno stagno a forma di zoccolo, prova incontestabile di quel tempo passato.

La Pietra di re Artù

Nella zona occidentale della Cornovaglia, tutti i segni di genere particolare visibili sulle rocce vengono associati ai giganti o al diavolo. Nella zona orientale del paese, tali segni sono invece attribuiti quasi sempre a re Artù. Non lontano dal Cromlech del Diavolo a St. Columb, al limitare di Grossmoor, si trova una grossa pietra, sulla quale sono impressi dei segni profondi che con un po' di fantasia possono essere trasformati nelle impronte di quattro ferri di cavallo. È questa la «Pietra di re Artù», e quei segni furono fatti dal cavallo sul quale il re britannico cavalcava quando risiedeva al castello di Denis e andava a caccia nella brughiera. Nella zona si incontrano di frequente letti di roccia, o sedili di roccia o caverne associati a re Artù. Probabilmente i resti dei cerchi di pietra dei Giganti fanno riferimento a una mitologia di origine più arcaica. Quelli connessi a re Artù appartengono invece ad un periodo in cui i britanni avevano una civiltà sufficientemente avanzata da andare in guerra al comando di condottieri esperti; e le rocce attribuite al diavolo rappresentano la testimonianza evidente dell'azione clericale sulle menti impressionabili del popolo.

La battaglia contro Gigmagog

I giganti esercitarono un fascino enorme sulla mente dei popoli celtici. Le terre dell'ovest, dove i Celti si erano stabiliti, erano state modellate dai vulcani e dal ghiaccio, e ovunque era possibile ammirare le imponenti vestigia di questo turbolento passato. Il paesaggio era punteggiato da bizzarre formazioni rocciose generate dall'attività vulcanica e da massi enormi trasportati e depositati dai ghiacciai che i Celti primitivi ammiravano con reverenziale timore. Chi li aveva creati? Chi aveva scagliato questi massicci megaliti, facendoli cadere nel luogo dove adesso giacevano? Per i Celti vi era una sola possibile risposta.

Tutto ciò era opera dei giganti – creature orrende e bellicose che avevano governato queste terre in epoche passate. Tale credenza era così radicata che gradualmente nei miti e nelle tradizioni dei Celti iniziarono a comparire leggende riguardanti questi esseri e la loro storia. I Celti guardavano con meraviglia fenomeni geologici come il Sentiero dei Giganti della contea di Antrim, nell'Irlanda del Nord, creando magnifici racconti che narravano di come questo passaggio fosse stato realizzato dal gigante irlandese Fion McCumhail (Finn

McCool) per poter raggiungere la Scozia occidentale e attaccare il suo rivale scozzese, Benandoner.

Nella maggior parte dei racconti, i giganti sono feroci e brutali. Si credeva che avessero lanciato attorno a sé le rocce e scavato enormi zolle di terra con tutta la loro forza, creando in tal modo le profonde conche, i menhir e i laghi sparsi su tutto il territorio. Eccettuati uno o due che erano abili e astuti, la maggior parte di questi colossi era ottusa e stupida, e veniva facilmente messa nel sacco.

Che cosa era accaduto a questi mostruosi titani? I Celti credevano che fossero stati sconfitti e sterminati dai loro antenati in una serie di violente battaglie. A poco a poco, iniziarono a emergere racconti di guerre contro la razza dei giganti condotte da antichi re in ere precedenti la storia.

In nessun altro luogo, nell'ambito del mondo celtico, i giganti erano tanto numerosi, enormi e feroci quanto in Cornovaglia. Le leggende parlano della violenta lotta tra un re scaltro (alcuni sostengono si trattasse di Artù, altri che fosse un re diverso, di nome Bruto o Brutus, che secondo il mito era giunto da Troia dopo l'assedio di quella città) e Cormoran, il re dei giganti della Cornovaglia, presso il monte san Michele, sulla punta meridionale dell'Inghilterra. Il risultato di questo scontro fu l'annientamento dei mostri e l'emergere vittorioso del genere umano. Con la sconfitta di Cormoran si afferma che i giganti della Cornovaglia si siano estinti, benché vi siano leggende che ne descrivono alcuni come ancora vivi in anni successivi. Il seguente racconto riguarda il sovrano della razza dei giganti, che qui è chiamato Gigmagog. La narrazione della battaglia contro questo mostro è tratta dalla raccolta del 1881 di

Robert Hunt, *Drolls, Traditions and Superstitions of Old Cornwall*, una vera e propria miniera di antiche tradizioni. Si tratta di una versione ulteriore del racconto tradizionale della lotta tra re Bruto, l'esule troiano, e Cormoran, che viene qui presentata come un fatto nello stile della storia antica.

Tratto da Drolls, Traditions and Superstitions of Old Cornwall
di Robert Hunt

Chi può osare mettere in dubbio una fonte tanto autorevole quanto John Milton? Nella sua *History of Britain, that part especially which is now called England. From the first Traditional beginning continued to the Norman Conquest. Collected out of the ancientest and best authors thereof* (Storia della Britannia, e in special modo di quella parte adesso chiamata Inghilterra. Dagli inizi tradizionali fino alla conquista normanna. Tratta dagli autori migliori e più antichi che hanno parlato dell'argomento) egli ci narra la storia di Brutus e Corineus, «che con l'ascia di battaglia che egli era solito maneggiare contro i *Giganti Tirreni* si dice abbia fatto meraviglie. Delle avventure di questi eroi in *Africa* e in *Aquitania* non ci occupiamo troppo. Essi vanno incontro a gravi sconfitte; quindi Brutus, trovando le sue forze notevolmente indebolite e il luogo non adatto a lui, abbandona l'Aquitania e giungendo con una facile rotta a Totness nel *Devonshire*, comprende rapidamente che si tratta della fine promessa di tutte le sue fatiche». Le questioni seguenti ci interessano più da vicino:

«L'Isola, non ancora *Britannia* ma *Albione*, era in un certo modo deserta e inospitale, governata solo dai superstiti di una razza di Giganti, la cui forza eccessiva e l'incredibile indole tirannica li avevano portati a distruggersi a vicenda. Brutus li annienta e divide tra la sua gente la terra che, con un qualche riferimento al proprio nome, chiama da allora in poi *Britannia*. A *Corineus* toccò in sorte la *Cornovaglia*, come la denominiamo al giorno d'oggi; e certo a lui piacque il luogo, poiché si diceva che enormi giganti si nascondessero tra le sue rocce e le sue caverne, ed egli era avvezzo ad affrontare questo genere di mostri.

«E qui datemi licenza di raccontare un episodio grandioso, benché già reso più dignitoso dai nostri migliori poeti. Mentre Brutus, si trovava allegramente in mezzo alla sua gente a festeggiare con solennità sulla spiaggia dove era sbarcato per la prima volta (*Totness*), una banda di questi selvaggi irruppe tra loro all'improvviso, dando inizio ad un altro genere di giochi, non adatti a tale occasione. Ma alla fine, vinto da molte mani, *Godmegog* (*Gigmagog*), il più enorme tra loro, dodici cubiti di altezza, venne catturato ancora vivo; e *Corineus*, che non desiderava altro, volle provare la sua forza, e il gigante, avendo la meglio su di lui in combattimento, con una stretta terribile gli ruppe tre costole. Ciononostante Corineus, infuriato, sollevandolo con tutte le sue forze e trasportandolo sulle spalle fino alla scogliera più vicina, lo scaraventò giù, a sfracellarsi nel mare, e diede il nome alla scogliera, che da quel momento venne chiamata *Longodmagog*, cioè il Salto del Gigante».

La medesima storia è stata narrata in modo un po' diverso, benché vi siano poche variazioni negli avvenimenti principali. Quando Brutus e Corineus, con i loro eserciti troiani, sbarcarono a Plymouth, tre dei loro generali inviarono saggiamente delle squadre di ricognizione all'interno per esplorare il paese e apprendere qualcosa sul popolo che l'abitava. Alla fine del primo giorno, i soldati che erano stati mandati in esplorazione tornarono all'accampamento sconvolti dal terrore, inseguiti da diversi orrendi giganti. Brutus e Corineus, tuttavia, non si lasciarono impressionare dalla taglia immensa dei loro nemici, né dalle orrende urla che essi lanciavano, sperando di suscitare il terrore negli eserciti in armi. Essi chiamarono a raccolta le loro truppe e marciarono incontro ai giganti, scagliando le loro lance e tirando i loro dardi contro quei corpi enormi. L'assalto fu così inaspettato che i giganti si ritirarono, e alla fine fuggirono sulle colline del Dartmoor. Gigmagog (Gogmagog), il capo dei giganti, che era stato gravemente ferito ad una gamba e non era più in grado di procedere, si nascose in una palude, ma laggiù, alla luce della luna, venne scoperto dai soldati troiani, legato con corde robuste e riportato al promontorio di Plymouth, dove si trovava l'accampamento. I vincitori trattarono Gigmagog con nobiltà, e le sue ferite guarirono rapidamente. Brutus desiderava scendere a patti con i giganti; e alla fine Gigmagog si offrì di sfidare il più forte nell'esercito troiano, in modo che chiunque fosse risultato vincitore avrebbe dovuto essere proclamato re di Cornovaglia, e diventare padrone di tutte le terre occidentali. Corineus accettò la sfida del mostro senza esitazione. Ma il gigante:

Benché piegato dal dolore,
In tutta la sua altezza di diciotto piedi, si sollevò.
I suoi capelli esposti al sole e al vento,
come erica disseccata, erano intrecciati sulla sua testa

e che Corineus fosse solo un po' al di sopra della statura di un uomo comune, il capo troiano si sentì certo della vittoria. Il giorno del combattimento venne fissato. All'enorme Gigmagog fu permesso di mandare a chiamare i suoi giganti, che si riunirono su un lato di uno spiazzo vuoto del promontorio di Plymouth, mentre i soldati troiani occupavano l'altro lato. Tutte le armi vennero messe da parte; e uno di fronte all'altro, nudi fino alla cintola, si ersero il più superbo dei giganti e il più nobile degli uomini. Il conflitto fu lungo, e per un certo tempo il risultato parve dubbio. Da una parte veniva esercitata la forza bruta, mentre dall'altra la destrezza, frutto di duro allenamento. Alla fine Corineus riuscì ad afferrare Gigmagog per la cintola, e con spinte ripetute fece vacillare il mostro, come un albero scosso da una tempesta invernale. Infine, chiamando a raccolta tutte le sue forze, il troiano riuscì a far cadere il gigante con le spalle al suolo, mentre la terra tremava sotto il suo peso e l'aria echeggiava per il rombo del suo potente gemito, quando il respiro fuoriuscì con violenza dal suo corpo per il terribile impatto della caduta. Il gigante allora giacque immobile, al cospetto di tutti gli altri giganti, atterriti da quel potere che non potevano comprendere, ma che li convinse dell'esistenza di qualcosa di superiore alla mera forza animale. Corineus recuperò il fiato per un minuto, quindi si avventò sul nemico abbattuto e, afferrandolo per le gambe, lo trascinò fino al limitare della scogliera e lo fece precipitare in mare. Il gigante cadde sulle rocce sottostanti, e il suo corpo si sfracellò per la caduta; mentre

Dal mare increspato,
Si innalzavano spumeggianti onde di sangue purpureo.

«Il Salto di Gigmagog (Gogmagog)» è visibile attualmente nei pressi del luogo in cui si trova una fortezza eretta contro i nemici della Gran Bretagna; e vi sono alcuni che affermano che, durante gli ultimi scavi sul promontorio per la ricerca delle fondamenta della cittadella di Plymouth, le grandi mascelle e i denti rinvenuti laggiù fossero quelli di Gigmagog.

La Venuta di Fionn e la guerra contro i Vichinghi

All'incirca a partire dal sesto secolo fino all'undicesimo, i popoli celtici delle Isole Britanniche subirono frequenti scorribande ed attacchi di maggiore portata da parte dei guerrieri del nord. I Sassoni, gli Juti e gli Angli formarono la prima ondata, attaccando la parte meridionale dell'Inghilterra quasi contemporaneamente alla partenza delle legioni romane, ma fu la seconda ondata di guerrieri, che i Celti chiamavano ora Fine Gall (stranieri bianchi) ora Dubh Gall (stranieri neri) – una descrizione che probabilmente faceva riferimento al colore dei loro capelli – ad essere la più temuta. Si trattava dei Vichinghi: razziatori e colonizzatori di grande ferocia che iniziarono le loro scorrerie sulle coste celtiche intorno all'ottavo secolo, e forse anche prima. Erano predoni del mare (il termine «Vichingo» deriva dallo scandinavo *vikingr*, che successivamente assunse il significato di «guerriero del mare»), che calarono verso sud dai paesi che formano adesso la Scandinavia (Norvegia, Danimarca, Svezia), da alcuni paesi baltici e da zone della Russia. Forti, feroci e spietati, misero a sacco gli insediamenti celtici, portando via bottini e schiavi e a volte impadronendosi delle terre. Quando i loro attacchi si intensificarono nel corso del nono e del decimo secolo, questi guerrieri inveterati iniziarono ad entrare nella mitologia dei popoli celtici sotto forma di temibili giganti e mostri che venivano ostacolati e sconfitti dall'astuzia e dall'abilità degli antichi re celtici.

Due aree del mondo celtico soffrirono pesantemente a causa delle scorrerie vichinghe: l'Irlanda e la costa occidentale della Scozia. In Irlanda i Vichinghi avevano stabilito delle basi importanti, come ad esempio la regione in cui si trova attualmente la città di Dublino, dalle quali partivano per razziare in profondità i regni vicini. Anche la Scozia sperimentò le loro intenzioni ostili. Qui i regni vichinghi erano situati nell'Argyll (fondato dai Gaeli orientali) e nelle Isole Occidentali, ed è in quelle zone che si trovano alcuni degli antichi racconti mitologici che li riguardano. Storie di battaglie contro i Vichinghi da parte dei sovrani scozzesi hanno a volte un parallelo nella successiva mitologia irlandese e fungono da connessione tra i due corpi di leggende: l'irlandese e la scozzese.

Il brano seguente è tratto da una serie di racconti raccolti oralmente agli inizi del diciannovesimo secolo dallo studioso di folklore scozzese J. F. Campbell (1821-1885). Molte di queste storie provengono dalle Highland Occidentali e dalle Isole Occidentali dove l'influenza vichinga fu particolarmente accentuata. Il racconto che segue è stato raccolto intorno al 1860 dalla voce di Angus McDonald di Stoneybridge, sull'isola di Uist e rafforza la connessione tra Irlanda e Scozia. È altresì caratterizzato dalla surreale straordinarietà delle azioni eroiche riscontrabile a volte anche nella mitologia irlandese.

IL RACCONTO DI ANGUS MCDONALD

Un tempo vi era un re ad Eirinn, per il quale la sventura e la distruzione che i Lochlanner (Vichinghi) avevano portato ad Alba (Scozia) e ad Eirinn rappresentavano un peso gravoso da sopportare. Essi piombavano sul suo regno in estate e nel tempo dei raccolti per nutrirsi dei suoi beni, uomini coraggiosi e forti che depredavano e si cibavano di tutto ciò che gli scozzesi e gli irlandesi (Albannaich ed Eirionnaich; cioè abitanti di Alba e di Eirinn) preparavano per l'anno a venire.

Il re mandò a chiamare uno dei suoi consiglieri, e gli disse tutto ciò che aveva in mente, e cioè che intendeva trovare un modo per tenere lontani gli scandinavi (Lochlainnaich, cioè gli abitanti di Lochlann). Il consigliere ribatté che questo risultato non sarebbe stato raggiunto nell'immediato, ma che se avesse ascoltato il suo consiglio i frutti si sarebbero visti nel tempo.

«Fa' sposare tra loro», egli disse, «i cento uomini e le cento donne più imponenti di Eirinn; fa' sposare tra loro gli individui di quella razza; poi nuovamente fai accoppiare tra loro i figli e le figlie della loro unione; e fa' in modo che la terza generazione (ginealach) vada incontro ai Lochlanner».

Così fu fatto e quando la terza generazione divenne adulta, si recò ad Alba e alla loro testa vi era Cumhal.

Essi riuscirono a sconfiggere i Lochlanner e a ricacciarli indietro. Cumhal divenne re di Alba in quell'occasione con l'aiuto di questi uomini, non permise a nessuno, né Lochlanner né irlandese, di entrare ad Alba. Ciò causò una grande afflizione al re di Lochlann [*Nota del curatore*: Probabilmente la Norvegia occidentale. Si credeva inizialmente che gran parte dei coloni insediatisi sulla costa occidentale della Scozia provenissero da Westfold.] che fece un accordo con il re di Alba affinché tra loro ci fosse amicizia, ovunque essi si trovassero. I tre re – il re di Lochlann, il re di Alba e il re di Eirinn – si incontrarono e decisero di tenere una grande festa con canti e balli, per definire la loro amicizia e una tregua.

Ma il re di Eirinn e il re di Lochlann complottarono per mettere a morte il re di Scozia (Alba). Cumhal era così potente che non vi era assolutamente modo di ucciderlo, se non con la sua stessa spada in un momento in cui era ubriaco per il gran bere e addormentato dopo una notte d'amore.

Gli fu permesso di scegliere una moglie tra una qualsiasi delle donne della compagnia, e la sua scelta cadde sulla figlia del re di Lochlann.

Il re e la ragazza si recarono quindi a riposare; vi era un uomo nella compagnia, il cui nome era Arcan il Nero, che venne scelto per compiere l'omicidio mentre Cumhal era addormentato. Quando gli amanti si assopirono, Arcan il Nero prese la spada di Cumhal e con essa lo uccise. L'omicidio era stato compiuto e ogni cosa adesso era tornata a posto. Alba si trovava sotto il controllo dei Lochlanner e degli irlandesi e Arcan il Nero aveva la spada di Cumhal.

Il re di Lochlann lasciò la figlia in moglie al re di Eirinn, ordinandogli che se questa avesse partorito un figlio maschio avrebbe dovuto ucciderlo, se invece avesse avuto una femmina, di tenerla in vita. Un veggente aveva infatti predetto che sarebbe giunto Fionn MacCumhail, il figlio di Cumhal, e che il segnale di ciò sarebbe stata la presenza di un fiume ad Eirinn nel quale nessuna trota avrebbe potuto essere uccisa fino alla venuta di Fionn. Il frutto dell'unione tra Cumhal e la figlia del re di Lochlann furono un bambino e una bambina. Fionn non ebbe altre sorelle tranne questa, che fu la madre di Diarmaid. La notte in cui nacquero, la sua *muime* (balia) fuggì con il piccolo, lo portò in un luogo deserto e lì lo allevò fino a quando divenne un bambino bello e forte. [*Nota del curatore*: È questa la versione scozzese relativa alla nascita del celeberrimo eroe irlandese Fionn MacCumhail (Finn McCool), uno dei più straordinari cavalieri dell'ordine militare dei Fianna della mitologia irlandese e padre del grande bardo e poeta irlandese Oisin, che venne celebrato come eroe anche nelle Isole Occidentali.]

La balia si dispiaceva perché il ragazzo, rimanendo in sua compagnia, non aveva un nome. Allora si recò con lui in città, per cercare di trovare un modo per dargli un nome. Ed ecco che vide i ragazzi della città che nuotavano in un fresco laghetto.

«Vai là insieme a loro», gli disse, «e se ne afferri uno, buttalo sott'acqua e lascialo affogare; e se ne afferri due, buttali sott'acqua e lasciali affogare».

Egli entrò nel lago e iniziò a far affogare i ragazzi, e accadde che uno dei vescovi del luogo stava osservando la scena.

«Chi è», chiese, «quel brutale fanciullo biondo, dall'aspetto regale, che sta facendo affogare quei ragazzi?».

«Possa egli riavere il suo nome!» disse la balia. «Fionn figlio di Cumhal, figlio di Finn, figlio di ogni eloquenza, figlio di Art, figlio del gran re di Eirinn. Adesso a me non rimane che sparire».

Non appena il ragazzo rimise piede a riva, ella lo afferrò e si diede alla fuga con lui.

Quando coloro che li inseguivano stavano per catturarli, Fionn saltò giù dalle spalle della balia, l'afferrò per le caviglie e se la mise in spalla. Entrò in un bosco e quando ne uscì di lei erano rimaste solo le due gambe. Non appena uscito dal bosco Fionn si imbatté in un laghetto, e là vi gettò le due gambe, e dopo questo episodio quel lago fu chiamato Loch nan Lurgan, il lago delle gambe. Dalle gambe della *muime* di Fionn nacquero due grandi mostri. Ed ecco perché egli aveva un legame con i due mostri di Loch nan Lurgan.

Quindi egli, senza avere né mangiato né bevuto, si recò in città. Qua incontrò Arcan il Nero che stava pescando lungo il fiume, in compagnia di un cane: Bran MacBruidehig (il figlio nero, o corvino, del Piccolo Giallo).

«Lancia la tua esca», egli disse al pescatore, «poiché sono affamato; cerca di prendere una trota per me». Questi prese una trota e la uccise. Allora Fionn chiese ad Arcan il Nero di dargli il pesce.

«Sei pazzo!» esclamò Arcan il Nero. «Chiedermi una trota quando sto pescando da anni alle dipendenze del re, e non sono ancora riuscito a prenderne nemmeno una».

Egli sapeva di trovarsi al cospetto di Fionn. Per farla breve, Arcan uccise una trota per il re, una per sua moglie, una per suo figlio e una per sua figlia, prima di dare qualcosa a Fionn. Solo allora gli diede una trota. [*Nota del curatore*: La storia del pescatore che distribuisce il pesce a tutti i presenti prima di dare all'eroe o al santo la porzione che gli spetta è assai comune nella narrativa irlandese. Si narra che St. Teca di Aanghloo – nella contea di Londonderry nell'Irlanda del Nord – chiese ad un pescatore che stava sulla riva del fiume Roe di dargli il primo pesce che avesse catturato. Il pescatore prese un gran pesce ma lo diede alla moglie, dichiarando che per il santo avrebbe catturato un pesce più grande; di fatto pescò poi un pesce più grande, ma lo diede ai suoi figli, promettendo di prendere un pesce ancora più grosso per il sant'uomo. Quando ciò avvenne, il pescatore consegnò il pesce a un vicino che stava passando per caso di lì, al che il santo perse la pazienza e maledisse il fiume, dichiarando che da allora le sue acque sarebbero state rosse come il sangue. Storie simili esistono nelle isole Ebridi Interne di Islay e Jura, e in altre parti delle Isole Occidentali.]

«Dovrai», disse Arcan il Nero, «arrostire la trota restando sull'altra sponda del fiume, ma il fuoco dovrà essere su questa sponda, prima di poterne avere un po' da mangiare, e per fare il fuoco non avrai il permesso di usare un solo rametto di legno trovato in questo bosco». Fionn non sapeva che cosa fare. Avvenne allora che dall'altra parte del fiume vi fosse un mucchio di segatura, alla quale diede fuoco. Una fiammata raggiunse l'altra sponda e bruciò in un punto la trota che si trovava infilzata al bastone. [*Nota del curatore*: Campbell osserva nelle sue note al testo che il termine utilizzato a questo punto nell'originale gaelico è lo stesso che si usa per il bastone del pastore o per il pastorale del vescovo – *bachall* – che in generale indica il bastone del pellegrino. Può trattarsi di una postilla tarda al racconto, dal momento che il modo tradizionale per arrostire un pesce era probabilmente con un qualche genere di spiedo.] Allora Fionn pose il dito sul punto della bruciatura e si scottò, e portò subito il dito alla bocca. Ed ebbe la conoscenza che quello era Arcan il Nero, colui che aveva assassinato suo padre, e che se non fosse riuscito ad ucciderlo mentre dormiva, Arcan avrebbe ucciso lui una volta sveglio. [*Nota del curatore*: Questa sembra essere una versione della leggenda irlandese del Salmone della Conoscenza. Fionn cattura il pesce e lo cucina ma si brucia toccandone il dorso e dopo avere portato il dito alla bocca acquista tutta la conoscenza del mondo, diventando un eroe formidabile.] Ciò che avvenne fu che Fionn uccise il malvagio (Arcan il Nero) e si procurò un'*alabarda* (per meglio dire, una sorta di ascia, oppure una spada o coltello con la lama lunga e ricurva) ed un cane, e il nome del cane era Bran MacBruidehig.

Poi decise di non rimanere più a lungo ad Eirinn, ma di andare ad Alba per mettersi alla testa dei soldati del padre. Giunse sulle coste di Fairbaine. Là incontrò un gruppo di giganti, uomini di grande statura, e comprese che quelli erano gli uomini di suo padre, poveri prigionieri dei Lochlanner costretti a cacciare per loro e che per il proprio sostentamento non ricevevano nulla se non gli avanzi dei raccolti. I Lochlanner sottraevano loro ogni arma durante le guerre o se succedeva qualcosa di strano, per paura che si alleassero con i nemici. Vi era un individuo addetto alla raccolta delle loro armi, il cui nome era Ullamh Lamh Fhada (che si pronuncia come se in inglese fosse scritto: oolav lav ada – Oolav Lunga Mano). Egli quindi venne, raccolse le armi e le portò via tutte, e avvenne che la spada di Fionn fosse tra quelle. Fionn lo seguì, chiedendogli indietro la spada. Quando essi giunsero in vista delle armate di Lochlann, egli disse:

Uomo insanguinato e uomo senza sangue,
Soffia il vento sugli eserciti, io soffro senza il figlio di Luan.

[*Nota del curatore*: In questa versione del racconto, la spada di Fionn sembra avere un nome – cosa comune in alcune leggende irlandesi. Il nome dato alla spada è MacLuan – figlio di Luan. In questo distico, quindi, Fionn sta facendo riferimento alla propria arma.]

«Che aspetto potrebbe avere, la tua spada?» chiese Ulamh Lamh Fhada.

«È più simile ad un pugnale che ad una spada», rispose Fionn. «L'hai presa insieme alle altre e per me è un enorme dispiacere esserne privo, mentre tu non te ne fai nulla».

«Qual è l'impresa più grande che vorresti compiere se la ritrovassi?».

«Sbaraglierei un terzo delle schiere che vedo di fronte a me».

Oolav Mano Lunga allungò la mano sulle armi. La spada più adatta e la migliore che trovò, egli la diede a Fionn. Questi l'afferrò e la scosse, quindi la sguainò impugnandola per l'elsa di legno e disse:

Questa è un'arma dalla lama nera,
Non è MacLuan, la mia spada;
Non è stato difficile estrarla dal fodero,
Non potrebbe nemmeno sgozzare un agnello.

Quindi ripeté le stesse parole per la seconda volta. E alla terza così recitò:

Uomo insanguinato e uomo senza sangue,
Soffia il vento sulla folla, io soffro senza il figlio di Luan.

Che cosa faresti se riuscissi a trovarla?
Questo farei, distruggere ogni cosa che vedo.

Oolav gettò a terra tutte le armi. Quindi Fionn trovò la sua spada e disse:

Questa è la spada per la tua mano destra.

E fece quindi ritorno tra coloro che aveva lasciato. Poi prese lo Ordt Fiannta dei Fianna e lo fece risuonare. [*Nota del curatore*: Si narra che questo fosse un grande corno da guerra usato dall'ordine militare irlandese dei Fianna, descritto come «un potente cilindro di ottone», che chiamava i cavalieri alla battaglia. Sembra che in questa occasione sia stato trapiantato nella mitologia scozzese. Esistono tuttavia nella Scozia occidentale delle rappresentazioni di un antico corno incise nella pietra ed è possibile che di corni come questi ve ne fossero parecchi, sia in Scozia sia in Irlanda.]

In tal modo egli radunò nel luogo dove egli si trovava tutti coloro che, dei Faiantaichain, abitavano nella parte meridionale di Alba. [*Nota del curatore*: Il termine «Faiantaichain» fa forse riferimento ad un gruppo di abitanti di Dalriada che si trovava probabilmente nella zona sudoccidentale della Scozia. Dalriada era un antico regno marittimo dei Celti, che si estendeva dalla contea di Antrim nell'Irlanda del nord fino al Capo di Kintyre in Scozia, includendo probabilmente anche l'Argyll. Il regno era formato prevalentemente da coloni irlandesi che si erano sparpagliati nelle regioni di Kintyre, Lorn e nelle Isole Occidentali. La provincia irlandese del regno andò in rovina nel sesto secolo, principalmente, si ritiene, a causa di divisioni interne al paese, mentre la provincia scozzese sopravvisse fino all'inizio del nono secolo. Si credeva che il grande re scozzese Cineach MacAlpin (Kenneth MacAlpin) discendesse da un padre proveniente dalla parte irlandese di Dalriada. Fionn, quindi, potrebbe essere considerato un capo irlandese di guerrieri che, nominalmente, erano scozzesi.] Egli si unì a questi uomini ed insieme attaccarono Lochlann, e coloro che non uccise li cacciò via da Alba.

Origine degli Y Tylwyth Teg

Sin dai tempi più antichi sembra che uomini ed esseri fatati abbiano convissuto fianco a fianco. I miti e le leggende del passato raccontano di come, nella loro veste di Sidhe (il popolo dei tumuli), essi influenzassero ed aiutassero i grandi eroi nei loro sforzi oppure di come vi si opponessero favorendo i loro nemici. Inizialmente queste creature erano probabilmente solo la personificazione di forze elementari, che i Celti credevano dimorare nell'ambiente che li circondava. In un secondo tempo, tuttavia, essi vennero considerati esseri di razza non umana, noti con una grande varietà di nomi. Ad esempio, come Tuatha de Danaan (il popolo della dea Danu), erano conosciuti nell'antica Irlanda nelle vesti di grandi guaritori, ma anche temuti in quanto maghi potenti. Secondo il *Libro delle Invasioni* (un testo compilato dai monaci probabilmente intorno al dodicesimo secolo), essi giunsero «dall'Est» (dalla Grecia?) in una «bruma dorata» e scacciarono in parte i precedenti occupanti dell'Irlanda. Proprio come gli Sluagh della Scozia, generalmente un po' più ostili, erano soliti generare violente raffiche di vento e scagliare pietre e rocce contro gli umani che disprezzavano.

Essi comparivano spesso, quando concedevano ai Figli di Adamo di vederli, come creature umanoidi, a volte nelle vecchie leggende in veste di uomini o donne bellissimi, dalla pelle dorata e dai nobili tratti. La loro società, secondo la tradizione, era vagamente modellata sulla società celtica, di modo che gli umani che venivano catturati potessero compiere facilmente il passaggio tra i due piani dell'esistenza.

Ma da dove venivano questi esseri fatati: i Sidhe, gli Sluagh o comunque venissero chiamati localmente dai popoli celtici? Provenivano, come suggerivano alcune fonti, da Oriente? Erano, forse, tutto ciò che rimaneva delle antiche divinità un tempo adorate in tutti i territori dei Celti prima dell'avvento del cristianesimo? O erano invece angeli scacciati dal Paradiso? Erano amichevoli, o assolutamente e implacabilmente ostili all'umanità? Nel corso dei secoli, dalle epoche più arcaiche a quelle relativamente più recenti, sono state molte le spiegazioni delle loro origini.

Tra coloro che presero in considerazione il problema da un punto di vista colto, relativamente ai Tylwyth Teg gallesi (come i Sidhe venivano chiamati in Galles) fu il classicista, e studioso di folklore, Elias Owen, vicario di Llanyblodwel. Applicando la sua notevole erudizione alla questione, egli iniziò a fare ipotesi sulle origini di questi esseri soprannaturali partendo dalla più arcaica mitologia. Nelle sue *Notes on Y Tylwyth Teg* (Osservazioni su Y Tylwyth Teg) (1895-6) egli collocò il mondo fatato dei Celti in un contesto classico e mitologico più ampio, come dimostra il seguente brano.

Tratto da Notes on Y Tylwyth Teg
di Elias Owen

Le storie di creature fatate che abbondano nel Principato (del Galles) hanno molto in comune con leggende analoghe di altri paesi. Questo suggerisce un'origine comune per tutte queste narrazioni. Nella tradizione dei racconti che hanno come protagonisti esseri fatati esiste un aspetto reale e un aspetto irreale, uno mitico e uno materiale. L'ampia diffusione, l'oscurità e l'esistenza di differenti versioni di una medesima leggenda dimostrano che la loro origine risale a epoche remote. La componente materiale e quella soprannaturale sono stranamente mescolate in queste leggende, e ciò indica anche la loro antichità, suggerendo inoltre che queste narrazioni fantastiche dall'immaginario sfrenato abbiano una qualche base storica. Se vagliate con attenzione, queste leggende forniranno una messe abbondante di antichi pensieri e di fatti connessi con la storia di un popolo che, come etnia, è forse adesso estinto ma che ad un certo grado è confluito in una razza più robusta e più forte, dalla quale esso è stato conquistato e privato di gran parte del territorio. I conquistatori della Bella Tribù hanno tramandato fino a noi le storie dei loro timidi, pacifici, ma fedeli predecessori in quella terra, e questi racconti mostrano che per un certo tempo entrambe le razze coabitarono nello stesso spazio e, ad un certo livello, furtivamente, si accoppiarono tra loro.

Le storie di fate, molto simili come genere, sono comuni in molti paesi abitati dai popoli di razza ariana [*Nota del curatore*: Con i quali si riteneva i Celti fossero relazionati], e di conseguenza è probabile che queste narrazioni fossero schematicamente presenti anche prima dell'emigrazione delle famiglie appartenenti a quella razza. Non è improbabile che gli emigranti abbiano portato con sé, in ogni paese in cui si recarono, le loro leggende ancestrali e che non abbiano avuto difficoltà nel radicare queste interessanti narrazioni nella loro nuova terra. Se tale supposizione è corretta dobbiamo cercare l'origine della mitologia legata agli esseri fatati nella zona di partenza della civiltà ariana, e non nei singoli territori abitati dai discendenti di questa grande razza.

Ma non è improbabile che nel processo di colonizzazione gli avvenimenti si siano ripetuti o che, in circostanze particolari, si siano modificati, così che possediamo varianti simili e varianti diverse del medesimo evento storico in tutti i paesi un tempo abitati da una razza adesso estinta, e che è stata conquistata da un popolo più potente.

Nel Galles, le leggende sulle creature fantastiche possiedono peculiarità tali da sembrare frammenti storici di un tempo ormai trascorso. E apparentemente esse fanno riferimento ad una popolazione che aveva immediatamente preceduto i Celti nell'occupazione del paese, e con la quale questi ultimi, ad un certo livello, si amalgamarono.

Nomi assegnati alle creature fatate

Gli esseri fatati possiedono, in Galles, almeno tre nomi comuni e distintivi, oltre ad altri che attualmente non sono in uso.

Il primo nome, e il più generale, attribuito loro è *Y Tylwyth Teg*, o la Bella Tribù, come termine descrittivo ed espressivo. Si parla di loro come popolo, e non come esseri mitologici o folletti, e di loro si afferma che sono una razza di creature gentili e di bell'aspetto.

Un altro nome comune per le creature incantate è *Bendyth y Mamau* o «Benedizione di una Madre». Nel Dizionario del dottor Owen Pughe, essi sono chiamati *Benditth eu Mamau*, cioè «Benedizione della *Loro* Madre». La prima è espressione più comune, per lo meno nel Galles settentrionale. È un modo di dire assai singolare, e difficile da spiegare. Forse allude all'origine fatata, da parte di madre, di alcuni individui fortunati.

Il terzo nome attribuito alle creature magiche è *Ellyll*, che indica un elfo, un demone o un folletto. Questo consegna detti esseri al mondo degli spiriti, e li rende simili ai Geni orientali, e agli allegri spiritelli di Shakespeare. Ciò, analogamente, concorda con la moderna credenza popolare relativa ai folletti e alle loro attività.

Davydd ab Gwilym, nella descrizione di una bruma di montagna nella quale un tempo si trovò avvolto, afferma:

Yr ydoedd ym mbob gobant
Ellyllon mingeimiou gant

Erano in ogni cavità,
Un centinaio di elfi beffardi.
The Cambro-Briton, vol. I, p 348

Nel Pembrokeshire gli esseri magici sono chiamati *Dynon Bach Teg*, o Piccolo Popolo Fatato.

Un altro appellativo è *Plant Annwfn* o *Plant Annwn*. Questo, tuttavia, non è un nome di uso comune. L'espressione si applica agli esseri fatati nel terzo paragrafo di un poema gallese in prosa chiamato *Bard Cuag*, in questi termini:

Y bwriodd y Tylwyth Teg fi ... oni baify nyfod; mawn pryd i'th achub o' gigweinau Plant Annwfn.

Dove mi gettarono i Tylwyth Teg ... Se non fossi giunto in tempo per salvarti dalle grinfie dei Plant Annwfn.

La parola *Annwn* o *Annwfn* viene definita nel dizionario del canonico Silvan Evans come «abisso, Ade», e termini simili. Plant Annwfn, quindi, indica gli abitanti delle regioni sotterranee. È un nome derivato dalla presunta dimora – le viscere della terra – degli esseri fatati. *Guragedd Annwn*, le signore della terra degli elfi, è un nome attribuito alle creature fatate di sesso femminile.

Ellis Wynne, l'autore di *Bard Cuag*, nacque nel 1671 nel Merionethshire, ed è probabile che in quell'epoca l'espressione *Plant Annwfn* facesse parte del vocabolario del popolo.

Con il termine *Gwyll*, secondo Richards e il dottor Owen Pughe, ci si riferisce ad un essere fatato, un folletto o una creatura simile. Il plurale di *Gwyll* dovrebbe essere *Gwylliaid* o *Gwyllion*, ma con quest'ultima parola il dottor Pughe definisce i fantasmi, i folletti maligni, e così via. Nel Merionethshire, anticamente vi era una famiglia di ladri dai capelli rossi chiamata *Y Gwylliaid Cochion*, o i Folletti Rossi, di cui parlerò in seguito.

I *Coblynau*, o folletti delle miniere, sono stati descritti come un genere di creature la cui dimora era in mezzo alle rocce e che erano soliti indicare ai minatori, battendo e picchiando, la presenza in una parte o in un'altra della miniera di ricchi filoni di piombo o di altri metalli.

Che *Tylwyth Teg* ed *Ellyll* siano termini intercambiabili lo si deduce dalla seguente stanza, tratta dal *Cumbrian Magazine*, vol. II, p. 58:

Pan dramwych ffrid yr Ywan,
Lle mae Tylwyth Teg rhodien,
Dos ymlaen, a phaid a sefyll,
Gwillia'th droed – rhag dawnsva'r Ellyll.

Quando la foresta di tassi,
Dove cacciano le fate, tu attraverserai,
Non indugiare, i tuoi passi difendi,
dalle schiere danzanti dei folletti.

Anche se il poeta usa *Tylwyth Teg* e *Ellyll* come termini identici, è possibile lo abbia fatto per motivi di ritmo del verso. Indubbiamente, in un primo momento, si era soliti fare una distinzione tra queste due parole, che originariamente intendevano forse descrivere due generi diversi di creature, ma nel corso del tempo i termini divennero intercambiabili, e in tal modo il loro carattere distintivo si perse. In inglese i termini *fairies* (creature incantate, fate, folletti) ed *elves* (elfi) sono usati senza alcuna distinzione. Dal *Brand's Popular Antiquities* (Antiche tradizioni popolari di Brand), vol. II, p. 478, sembrerebbe che, secondo Gervasio di Tilbury, esistessero due generi di folletti in Inghilterra, chiamati *Portuni* e *Grant*. Questa suddivisione suggerisce una differenza tra *Tylwyth Teg* ed *Ellyll*. I *Portuni*, si dice, erano molto piccoli di statura e sembravano dei vecchi, «*statura pusilli dimidium pollicis non habentes*», ma poi erano «*senili vultu facie corrugata*». Il volto grinzoso e l'aspetto senile dei *Portuni* ci richiama alla mente le favole in cui compare una creatura fatata nelle vesti di una donna anziana. Gli scherzi dei *Portuni* sono simili a quelli compiuti dal Puck di Shakespeare. I *Grant* non vengono descritti, e di conseguenza non possiamo essere certi a quale delle molte specie di creature incantate presenti in Galles essi assomiglino. Gervasio, parlando di una di queste specie, afferma: «Se si deve trasportare qualcosa in casa, o compiere un qualche lavoro gravoso, essi si uniscono alle fatiche e lo facilitano con una destrezza più che umana».

In Scozia esistono per lo meno due specie di elfi, i *brownie* e le *fate*. I primi sono caratterizzati dal colore bruno della loro pelle, le fate dalla loro leggiadria e bellezza. I *Portuni* di Gervasio sembrano corrispondere nelle loro caratteristiche ai brownie, che si dice si dessero un gran daffare durante la notte nell'esecuzione di compiti gravosi, rendendosi bene accetti alla famiglia con la quale avevano fissato la loro dimora. [*Nota del curatore*: In questo essi sembrano essere tutto ciò che rimane nella tradizione popolare degli antichi dei domestici di Roma, incaricati del sostentamento e del benessere della casa, della famiglia e della proprietà.] Le fate tipiche della Scozia assomigliano notevolmente a quelle del Galles.

Il termine *brownie*, o elfo bruno, suggerisce un legame tra queste creature e i *Gwylliaid Cochion*, o Folletti Rossi, del Galles.

FATE CHE SPOSANO I MORTALI

Nella mitologia dei greci e di altre nazioni si parla di divinità maschili e femminili che si innamorano degli esseri umani, e molte antiche genealogie hanno inizio da un antenato celeste. La stessa cosa si afferma in pratica degli esseri fatati. La tradizione narra di creature incantate innamorate degli abitanti della terra, e felici di avere per un certo tempo uno sposo o una sposa mortale. Esistono anche delle famiglie nel Galles che, a quanto si afferma, hanno sangue fatato nelle loro vene, ma esse non sono, o non erano, stimate tanto quanto avveniva per la progenie degli dei tra i greci. I famosi medici di Myddvai, che dovevano il loro talento e le conoscenze superiori alle loro origini fatate sono, tuttavia, un'eccezione, dal momento che la loro fama, nonostante la discendenza, fu sempre grande e accrebbe ulteriormente man mano che il passare degli anni li allontanava da colei che, per tradizione, era la loro genitrice, la Fata del lago di Van.

Si narra che la famiglia Pellings discenda da una madre fatata, e l'autore di *Observations on the Snowdon Mountains* (Osservazioni sui monti dello Snowdon) dichiara che il sangue più nobile nelle sue vene deriva da quello di una fata. In alcune zone del Galles, vi sono presunti discendenti, da parte di madre, della genia dei *Gwilliaid Cochion*; e vi sono altre famiglie tra noi che gli anziani di cinquant'anni fa, scuotendo la testa con fare sinistro, avrebbero decretato essere di estrazione fatata. Nel Galles non siamo quindi privi di famiglie di dubbia discendenza od origine.

Tutti i racconti che narrano attualmente di uomini che si uniscono in matrimonio a fate appartengono ad un genere chiamato tecnicamente «racconti dei tabù» o *taboo stories*. In tali narrazioni la fata sposa l'uomo che ama ponendo una condizione, e quando tale condizione viene infranta ella abbandona il marito ed i figli per tornare a rifugiarsi nel suo mondo incantato.

Questo genere di racconti è assai comune presso molti

popoli. Max Muller, nel suo *Chips from a German Workshop* (Schegge da un laboratorio tedesco), vol. II, pp. 104-6, registra una di queste antiche narrazioni che si trova nei Brahmana del *Yajurveda*. Tralasciando alcuni particolari, la storia è la seguente:

Urvasi, una creatura fatata di sesso femminile, si innamorò di Pururavas, figlio di Ida e incontrandolo gli disse: «Abbracciami tre volte al giorno, ma mai contro la mia volontà, e fai in modo che io non ti veda mai senza i tuoi abiti regali, poiché questa è la maniera delle donne». In tal modo ella visse con lui molto a lungo, e da lui ebbe un figlio. Allora i suoi amici di un tempo, i Gandharva, dissero: «Urvasi abita adesso da molto tempo tra i mortali, facciamo in modo che torni tra noi». Ora, vi era una pecora con due agnelli, legati al letto di Urvasi e di Pururavas, e i Gandharva ne rubarono uno. Urvasi disse: «Sottraggono uno dei miei agnelli come se io vivessi in una terra senza eroi e senza uomini». Poi rubarono anche il secondo, ed ella rimproverò nuovamente il marito. Allora Pururavas guardò e disse: «Com'è possibile che la terra in cui mi trovo sia senza eroi e senza uomini?». E nudo com'era balzò in piedi; si fermò a riflettere troppo a lungo prima di indossare i suoi abiti. E a quel punto i Gandharva scagliarono un fulmine e Urvasi vide il marito nudo come se fosse giorno. Allora ella svanì: «Torno da dove sono venuta», disse, e se ne andò.

Pururavas, profondamente afflitto, pianse la perdita del suo amore. Un giorno si ritrovò a passeggiare lungo la riva di un lago pieno di fiori di loto, mentre le fate giocavano nell'acqua sotto forma di uccelli e Urvasi lo scorse e disse: «Ecco l'uomo con il quale ho dimorato tanto a lungo». Le sue compagne allora dissero: «Lasciamo che ci veda». Ella acconsentì ed esse comparvero davanti a lui. Allora il re la riconobbe e disse: «Suvvia, moglie mia, rimani, crudele di cuore! Scambiamoci qui alcune parole! I nostri segreti, se non verranno rivelati ora, non potranno essere ripetuti in futuro!».

Ella ribatté: «Che cosa me ne faccio delle tue parole! Io per te sono il passato, come l'alba del primo giorno. Pururavas, torna a casa. Sono difficile da catturare, come il vento».

Ma la moglie fatata alla fine venne a più miti consigli, e l'amante mortale, a seguito di un sacrificio particolare, entrò a far parte dei Gandharva.

Questa antica favola indù assomiglia in molti particolari ad analoghi racconti presenti nella tradizione popolare celtica e probabilmente la storia originaria, nei suoi aspetti fondamentali, esisteva prima che la famiglia ariana si dividesse. Le parole «Sono difficile da catturare» compaiono identiche in una leggenda gallese:

Nidd hawdd fy mala.

Sono difficile da catturare.

E anche la scena è simile: in entrambi i casi l'umano scorge le fate nei pressi di un lago. L'immortale sposa il mortale ad una condizione, e per un po' di tempo l'unione sembra felice. Ma, senza volerlo, mentre il marito è impegnato in un'impresa suggerita dalla moglie, o in accordo con i suoi desideri, l'azione proibita viene compiuta e la fata svanisce.

Sono questi i tratti distintivi di tali mitici matrimoni. Fornirò adesso alcuni racconti simili comuni in diverse parti del Galles.

LEGGENDE GALLESI DI FATE CHE SPOSANO UOMINI MORTALI

1. La leggenda di Pentrevoelas

Sono debitore al reverendo Owen Jones, vicario di Pentrevoelas, un distretto montano nel Denbighshire occidentale, per il seguente racconto, messo per iscritto in lingua gallese da un nativo di quella zona e presentato ad un concorso folkloristico organizzato dal medesimo distretto.

Il figlio di Hafodgarrog stava pascolando il gregge del padre sulle colline e mentre era così impegnato, un mattino brumoso si imbatté in una splendida fanciulla, seduta sul lato riparato di un ammasso di torba. La ragazza sembrava profondamente turbata, e piangeva amaramente. Il giovane le si avvicinò e le parlò con gentilezza, al punto che le sue attenzioni e la sua comprensione ebbero il loro effetto sulla graziosa sconosciuta. La fanciulla era così bella che, da espressioni di solidarietà, il ragazzo, ormai travolto dalla passione, passò a parole d'amore, e le sue *avance* non furono respinte. Ma mentre gli amanti erano intenti in una dolce conversazione, ecco comparire sulla scena un vecchio dall'aspetto venerabile che, rivolgendosi alla ragazza, si rivelò essere il padre e le ingiunse di seguirlo. Ella immediatamente obbedì e i due si allontanarono, lasciando solo il giovanotto. Questi indugiò in quel luogo fino a sera, desiderando e sperando di vederla fare ritorno, ma inutilmente. Di buon'ora il giorno seguente egli si recò nel luogo in cui per la prima volta aveva capito che cos'era l'amore. Rimase sul posto per tutto il giorno, sperando che la bella fanciulla tornasse nuovamente tra quelle colline, ma a nulla valse l'attesa e, deluso, la notte fece ritorno a casa. Così, ogni giorno, il giovane si recava nel luogo dove aveva incontrato la sua amata per la prima volta, ma lei non si presentava e lui, solo e malato d'amore, faceva ritorno da Hafodgarrog. Tale devozione meritava una ricompensa. La fanciulla, a quanto sembra, amava il giovane tanto quanto questi amava lei. E nel paese dell'incanto e dell'illusione (yen nhir hud a lledrith), ella decise di visitare la terra e di incontrare il suo amato; il padre, però, si accorse ben presto della sua mancanza e, sospettando del suo amore per il giovanotto, li andò a cercare e li trovò intenti in un'amabile conversazione. A lungo discussero, l'anziano padre e la figlia, e il pastore, facendosi intrepido, pregò e supplicò il padre di concedergli la ragazza in moglie. Il padre, intuendo che il giovane faceva sul serio, si rivolse alla figlia e le chiese se fosse suo desiderio diventare la sposa di un uomo della terra. Ella rispose di sì. Il padre, allora, disse al pastore che avrebbe avuto la figlia in sposa, e che sarebbero rimasti insieme fino a quando lui non l'avesse colpita con del *ferro*, e aggiunse che in dote avrebbe dovuto portargli una borsa piena di denaro lucente. La giovane coppia si sposò come si conviene, e la dote promessa venne consegnata. Per molti anni essi vissero felici e innamorati, ed ebbero dei figli. Un giorno l'uomo e la moglie si recarono sulle colline per catturare una coppia di pony da portare alla Festa del Santo a Capel Garmon. Ma i pony erano selvatici e non si lasciavano prendere. L'uomo, irritato, inseguiva le agili creature. La moglie era al suo fianco, e proprio quando egli credette di averli in suo potere e stava per afferrare le loro criniere, essi galopparono via veloci; l'uomo, furibondo, vedendo che le bestie gli erano sfuggite nuovamente, scagliò contro di loro le briglie ma, triste a dirsi, il morso colpì la moglie, e poiché questo era fatto di *ferro*, entrambi capirono subito che il loro contratto matrimoniale era rotto. Fecero appena in tempo a rendersi conto di ciò che era successo che il vecchio padre della sposa comparve, accompagnato da una schiera di creature magiche, e senza por tempo in mezzo se ne tornò con la figlia nella terra da cui ella era venuta, senza nemmeno permetterle di dire addio ai suoi figlioli. Il denaro, però, e i bambini non sparirono con loro, e questi furono gli unici ricordi della bella moglie e della più dolce delle mamme che rimasero al pastore, per ricordargli del tesoro che aveva perso nella persona della sua sposa fatata.

Questa è dunque la leggenda di Pentrevoelas. Lo scrittore evidentemente non aveva visto la versione di questo racconto contenuta in *The Cambro-Briton* né aveva letto il racconto analogo di Williams, riportata in *Observations on the Snowdon Mountains*. La narrazione, quindi, è tanto più valida in quanto rappresenta una produzione indipendente.

Una variante frammentaria della leggenda precedente mi fu fornita dal signor Lloyd, ex insegnante di Llanfibangel-Glyn-Mylyr, nativo del Galles meridionale, che udì la storia nel distretto di Llanfibangel. Benché sia solo un frammento, può non essere totalmente inutile conoscerla, e la riporterò come mi è stata raccontata:

Shon Rolant, di Haford y Dre, presso Pentrevoelas, mentre se ne stava tornando a casa dal mercato di Llanrwst, ebbe la fortuna di catturare una fata, che portò a casa con sé. Era una fanciulla magnifica, anche se abbastanza bassa di statura e di corporatura esile, e tutti la ammiravano per la sua grande bellezza. Shon Rolant si innamorò disperatamente di lei e la voleva sposare, ma lei non lo permetteva. Egli, tuttavia, continuava a insistere affinché diventasse sua moglie e dopo un po' ella acconsentì, purché egli scoprisse il suo nome. Mentre Shon se ne stava nuovamente tornando a casa dal mercato un mese più tardi, udì qualcuno dire, nei pressi del luogo in cui aveva catturato la fanciulla fatata: «Dov'è finita la piccola Penloi? Dov'è finita la piccola Penloi?». Shon pensò che qualcuno stesse cercando la fata che egli aveva catturato, e quando rientrò in casa si rivolse a lei chiamandola con il nome che aveva udito, così che Penloi acconsentì a divenire sua moglie. [*Nota del curatore*: Questa parte del racconto sembra essere una variante di un'antichissima leggenda giunta sino a noi sotto forma della favola per bambini su Rumpelstilskin. Come accade per altre antiche popolazioni, i Celti primitivi credevano nell'importanza e nel potere del nome proprio – che rappresentava, dopo tutto, l'identità di un individuo – e pronunciare il nome di una persona dava loro potere su di lei.] Ella, tuttavia, espresse il proprio disappunto nello sposare un uomo morto, che è come ci definiscono le fate. Informò il suo innamorato che non avrebbe mai dovuto essere toccata con del *ferro*, altrimenti sarebbe sparita all'istante. [*Nota del curatore*: Si riteneva che le creature incantate avessero una particolare avversione per il ferro. In alcune parti del mondo celtico, ferri di cavallo venivano posti nei pressi di un bambino addormentato fino al momento in cui veniva battezzato, per evitare che venisse rapito dagli esseri fatati.] Shon quindi faceva sempre molta attenzione a non toccarla con del ferro. Tuttavia, un giorno, mentre era a cavallo e parlava con la sua amata Penloi, seduta sulla parte anteriore della groppa, l'animale improvvisamente sollevò la testa e il morso, che era di ferro, venne in contatto con Penloi, che immediatamente svanì.

La prossima leggenda è tratta dalle *Observations on the*

Snowdon Mountains di Williams. L'opera venne pubblicata nel 1802. L'autore era nato nel 1738 ad Anglesey, ed era emigrato nel Carnarvonshire attorno al 1760. Fu in quest'ultima regione che egli divenne un erudito esperto di antichità, e un cronista attento degli eventi di cui fu testimone. Le sue *Observations* gettano molta luce sulla vita, le abitudini e le tradizioni degli abitanti delle colline e delle valli isolate del Carnarvonshire. Ho ritenuto opportuno fornire queste poche informazioni sull'autore da me citato, così da permettere al lettore di dargli il credito che gli spetta. Williams intitola la seguente storia, «Un racconto di Fate», ma per rendere più facile la consultazione, io la chiamerò «La leggenda di Ystrad».

2. La leggenda di Ystrad

In un prato appartenente alla tenuta di Ystrad, delimitato dal fiume che scorre dal lago di Cwellyn, si afferma che le fate si riunissero e danzassero nelle notti serene alla luce della luna. Una sera, un giovane, erede e tenutario del podere, si nascose in un cespuglio nei pressi del luogo in cui esse erano solite divertirsi; di lì a poco le creature comparvero e mentre erano allegramente intente nei loro giochi, egli balzò fuori dal suo nascondiglio e afferrò una delle fanciulle del gruppo; il resto della compagnia si disperse e svanì in un istante. Incurante delle urla e della resistenza della fanciulla egli la trascinò a casa, dove si mise a trattarla in modo così gentile che la ragazza fu infine soddisfatta di vivere con lui come sua domestica; ma egli non riuscì a farle dire come si chiamava. Qualche tempo dopo, avvenne che egli rivide le fate nel medesimo luogo e udì una di loro dire: «L'ultima volta che ci siamo ritrovate qui, nostra sorella *Penelope* fu rapita da uno dei mortali». Lieto di conoscere infine il nome della sua *Incognita*, fece ritorno a casa; e, dal momento che la fanciulla era molto bella ed estremamente laboriosa, le chiese di sposarlo, la qual cosa ella per molto tempo si rifiutò di fare; alla fine, però, acconsentì, ad una condizione: «Che se mai egli l'avesse colpita con un pezzo di *ferro*, lo avrebbe lasciato e non sarebbe mai più tornata da lui». Essi vissero insieme felicemente per molti anni, ed ebbero un bambino ed una bambina; e grazie alla prudente gestione della casa e alla solerzia della moglie, egli divenne uno degli uomini più ricchi del paese. Egli coltivava, oltre al terreno intorno alla casa, tutte le sue proprietà, cioè tutte le terre sul lato settentrionale di Nant-y-Bettws fino alla cima dello Snowdon e tutte quelle di Cwmbrynog nell'area di Llanberis, una regione di circa cinquemila acri o anche più.

Sfortunatamente, un giorno Penelope seguì il marito nei campi per aiutarlo a catturare un cavallo; ed essendo egli furibondo con l'animale che continuava a sfuggirgli, gli lanciò contro le briglie che teneva in mano, ma queste purtroppo colpirono la povera Penelope. In un istante ella sparì ed egli non la vide mai più; la notte successiva, però, udì la sua voce, alla finestra della sua camera, che gli chiedeva di prendersi cura dei bambini con queste parole:

Rhag bod anwyd ar fy mab,
Yn rhodd rhowch arno gob ai dad,
Rhag bod anwyd ar liwr cann,
Rhoddwch arni bais ei mam.

E cioè:

«Oh! Affinché il mio bambino non soffra il freddo,
Avvolgilo nel mantello di suo padre.
Affinché il freddo non prenda la mia piccolina,
Per lei prepara gli abiti della sua mamma».

Questi bambini e i loro discendenti, si dice, furono chiamati *Pellings*, un termine derivante dalla corruzione del nome della madre, Penelope.

Williams continua così con dei riferimenti ai discendenti di questa unione:

«Il defunto Thomas Rowlands Esq., di Caeran nell'Anglesey, padre della defunta Lady Bukeley, era un discendente di questa dama fatata, se è vero che il nome *Pellings* deriva da lei; e vi sono ancora in vita numerosi individui assai ricchi e rispettabili che, a quanto si sa, provengono dai *Pellings*. Il sangue migliore nelle mie vene è quello di questo essere incantato».

Questa narrazione fu messa per iscritto il secolo scorso ma non si sa se ogni specifico particolare ad essa connesso sia stato annotato da Williams. *Glasynys*, il reverendo Owen Wynne Jones, un uomo di chiesa, riporta una storia nel *Brython* che egli ritiene sia il medesimo racconto fornito da Williams, ed afferma di averlo udito innumerevoli volte da ragazzo. [*Nota del curatore*: Glasynys era lo pseudonimo utilizzato da un altro celebre gallese, studioso di folklore e di antichità, Owen Wynne Jones, che scriveva regolarmente sul *Brython*, una rivista gallese di storia, tradizioni e folklore, al quale allude Elias Owen.] Glasynys nacque nel 1827 nel distretto di Rhostryfan nel Carnarvonshire, e dal momento che il suo luogo di nascita non è lontano dalla scena in cui si svolgono gli eventi oggetto di questa leggenda, è possibile che egli abbia udito una versione differente del racconto di

Williams, del medesimo valore referenziale. Probabilmente non trascorsero più di quaranta o cinquant'anni dal momento in cui il narratore più anziano, Williams, udì il racconto a quello in cui la vicenda giunse alle orecchie del più giovane. Un ottuagenario, ma anche un individuo più giovane, può avere parlato sia con Williams sia con Glasynys. Il racconto di quest'ultimo compare nel testo del professor Rhys, *Welsh Fairy Tales, Cymmrodor* (Favole gallesi, Cymmrodor), vol. IV, p. 188. Originariamente era stato pubblicato nel 1863 sul *Brython*, a p. 193. Eccone il testo:

«Un bel mattino di sole, mentre il giovane erede della tenuta di Ystrad si occupava delle sue pecore sul versante di Moel Eilio, si imbatté in una graziosissima fanciulla, e quando tornò a casa raccontò a tutti di lei. Qualche giorno dopo la incontrò nuovamente, e ciò avvenne diverse altre volte; a quel punto ne parlò al padre, che gli consigliò di catturarla se l'avesse vista di nuovo. Infatti quando la rivide egli fece così, ma prima che potesse portarla via giunse un vecchietto basso e grasso che lo supplicò di ridargli la fanciulla, cosa che il giovane si rifiutò di fare. L'ometto profferì allora delle terribili minacce, ma il ragazzo non cedette; alla fine, però, venne raggiunto un accordo tra loro in base al quale il giovane l'avrebbe avuta in moglie fino a quando non ne avesse toccato la pelle con un pezzo di ferro, e di conseguenza grande fu la gioia del figlio e dei suoi genitori. I due vissero insieme per molti anni, ma una volta, la sera della fiera di Bettws, il cavallo della moglie iniziò a fare capricci e non si sa come, mentre il marito cercava di occuparsene, le staffe toccarono la pelle delle sue gambe nude e quella notte ella gli venne portata via. La coppia ebbe tre o quattro figli e più di un loro discendente, a quanto sostiene *Glasynys*, erano a lui noti all'epoca in cui scrisse il racconto nel 1863».

Nessun elenco di racconti gallesi del genere «tabù» può considerarsi completo senza la bella storia narrata nella leggenda del lago Van o, come è chiamata, «La leggenda di Myddvai». Per via della sua bellezza intrinseca e del suo valore, e per poterla correttamente paragonare alle storie precedenti, riporterò anche questa leggenda. [*Nota del curatore*: Per scopi comparativi ho scelto una versione alla quale allude Elias Owen, che la riporta nelle sue Note, comparsa in un volume di *The Cambro-Briton* nel 1821.]

3. La leggenda di Myddvai

Un uomo che viveva in una tenuta chiamata Esgair-Ileathdy, nel distretto di Myddvai nel Carmarthenshire, dopo avere acquistato alcuni agnelli alla fiera del distretto, li portò a pascolare presso *Llyn a Van Voch* sulle Black Mountains. Ogni volta che faceva visita agli agnelli, tre magnifiche figure femminili si presentavano a lui dal lago e spesso si avventuravano fino al margine di questo. Per un certo tempo egli le inseguì tentando di catturarle, ma fallì sempre nell'intento; e le incantevoli ninfe, quando raggiungevano il lago, esclamavano in tono sarcastico:

Cras dy fara,
Anhawdd ein dala

che, con una piccola circonlocuzione, significa: «Per te, che ti nutri di pane cotto al forno, è difficile catturarci».

Un giorno, del pane umido proveniente dal lago giunse a riva. Il fattore lo divorò avidamente e il giorno successivo il suo inseguimento ebbe successo ed egli catturò le belle damigelle. Dopo una breve conversazione, riuscì a trovare il coraggio sufficiente per fare una proposta di matrimonio ad una di loro. Esse acconsentirono a tale proposta a condizione che il giorno successivo egli fosse riuscito a distinguere la prescelta dalle sue due sorelle. Questa nuova prova era assai difficile da superare per il giovane fattore, poiché le belle ninfe erano così simili nell'aspetto e nei lineamenti che era quasi impossibile individuare una qualunque differenza tra loro. Egli notò tuttavia una leggerissima particolarità nei lacci di un suo sandalo, in base al quale riuscì a riconoscerla il giorno seguente. Di fatto, alcuni di coloro che riportano questa leggenda affermano che questa Signora del Lago avrebbe accennato, in una conversazione privata con il suo corteggiatore, che il giorno della prova si sarebbe situata in mezzo alle sue due sorelle e che avrebbe girato leggermente il piede destro verso destra, così che egli potesse distinguerla da loro. Qualunque siano stati i mezzi utilizzati, il fine fu assicurato, egli la scelse ed ella lasciò immediatamente il lago per accompagnarlo alla sua tenuta. Prima di partire si fece portare dal lago, affinché la servissero, sette vacche, due buoi e un toro.

La fanciulla si impegnò a vivere con lui fino a quando egli l'avesse colpita per tre volte senza motivo. Per alcuni anni vissero insieme nella serenità ed ella gli diede tre figli maschi, che sarebbero diventati i celebri Meddygon Myddvai.

Un giorno, mentre si preparavano per andare ad una fiera del luogo, egli le chiese di recarsi al campo a prendere il cavallo. Ella rispose che l'avrebbe fatto, ma dal momento che tardava a muoversi, egli le disse scherzosamente: «Dos, dos, dos – e cioè, su, su su» e le sfiorò leggermente il braccio con un guanto, per tre volte.

Ritenendo in tal modo infranti i termini del suo contratto matrimoniale, ella partì immediatamente, chiamando a raccolta le sue sette vacche, i due buoi e il toro. In quel momento i buoi erano nel campo per l'aratura, ma obbedirono subito al suo richiamo, trascinandosi dietro l'aratro. Il solco creatosi dal campo in cui stavano arando fino al margine del lago è visibile ancora ai giorni nostri in diverse parti del paese.

Dopo la sua partenza, ella incontrò una volta i figli in una valletta, chiamata adesso *Cwm Meddygon* (La valletta dei medici) e consegnò a ciascuno di loro una borsa contenente alcuni articoli sconosciuti, ma che si suppone fossero dei ritrovati medici di nuovissima scoperta.

I Meddygon Myddvai furono Rhiwallon e i suoi figli, Cadwgan, Gruffydd ed Einion. Furono i medici più importanti del loro tempo, e scrissero intorno al 1230. Una copia delle loro opere si trova nella Biblioteca Scolastica del Galles, in Grey's Inn Lane.

Quelli appena narrati sono i racconti gallesi «dei tabù». Intendo adesso fare alcune osservazioni al riguardo.

Vale la pena di prendere in considerazione l'epoca in cui si svolgono tali leggende. La leggenda dei Meddygon Myddvai risale all'incirca al tredicesimo secolo. Rhiwallon e i suoi figli, ci dice l'autore del *Cambro-Briton*, scrissero attorno al 1230, ma il curatore di tale pubblicazione parla di un manoscritto redatto da questi medici intorno al 1300. Gli studiosi moderni ritengono che il loro trattato di medicina contenuto nel *Red Book of Hengist* (Il libro rosso di Hengist) sia datato alla fine del quattordicesimo secolo, intorno al 1380 o al 1400.

Dyfydd ab Gwilym che, a quanto si dice, fiorì nel quattordicesimo secolo, afferma in una delle sue poesie, riportata nel *Cambro-Briton*, vol. II, p. 313, alludendo a questi medici:

Meddyg nis gwnai modd y gwaeth
Myddfai, o chai ddyn maddfaeth

Un medico non potrebbe fare,
come Myddvai fece, se avesse un uomo nutrito di idromele.

Sembrerebbe, quindi, che questi celebri medici siano vissuti nel tredicesimo secolo. Vengono descritti come i Medici di Corte di Rhys Gryg, un principe del Galles meridionale, vissuto nella prima parte del tredicesimo secolo. La loro ipotetica origine soprannaturale, dunque, risale al tredicesimo o al più tardi al quattordicesimo secolo.

Ho già accennato al fatto che *Y Gwylliaid Cochion* o, come sono generalmente definiti, *Gwylliaid Cochion Mawddwy*, i Folletti Rossi di Mawddwy, abbiano origini fatate. La Leggenda di Llanfrothen sembra dare conto della presenza di un razza di uomini nel Galles diversi dai loro vicini per quanto riguarda alcune caratteristiche fisiche. [*Nota del curatore*: Vi è un antico racconto a Llanfrothen, nel Merionethshire, in cui un pastore sposa una fanciulla emersa da una collina. Ella vive con lui per un po' di anni e gli dà diversi figli. Quando viene toccata da un pezzo di ferro, la giovane comunica al marito che dovrà andarsene per fare ritorno alla sua vita precedente. Egli le chiede che cosa ne sarà dei bambini, senza la loro mamma, alla qual cosa ella risponde, «Avranno i capelli rossi e un grande naso».] I discendenti dell'unione con la fata avrebbero dovuto avere, secondo la predizione della madre nella leggenda, capelli rossi e nasi prominenti. Che una razza di uomini di tale aspetto sia esistita nel Galles è fuori dubbio. Si trattava di una genia robusta, gli uomini erano alti e di corporatura atletica, e vivevano di saccheggi. Il loro quartier generale era situato a Dinas Mawddwy, nel Merionethshire; essi angariavano pesantemente i loro vicini alla luce del giorno, razziando pecore e bestiame. Le loro vessazioni divennero così insopportabili che John Wynn ap Meredydd di Gwydir e Lewis Owen o, come viene chiamato, il barone Owen, misero insieme un corpo di uomini robusti e li sconfissero la notte di Natale del 1554; un buon numero di delinquenti fu catturato e, senza por tempo in mezzo, un centinaio di ladri venne impiccato. La tradizione vuole che una madre supplicò per la salvezza della vita del figlio, che era stato condannato, ma il barone Owen non si fece intenerire. Rendendosi conto che la sua richiesta rimaneva inascoltata, la donna, denudandosi il petto, disse:

Y bronan melynion hyn a fagasant y rhai a didialant waed fy mab,
ac a olchant en dwylaw yu ugwaed calon Ilolrudd en brawd.

Questi seni avvizziti hanno nutrito coloro che vendicheranno
la morte di mio figlio e che si laveranno le mani nel sangue
del cuore dell'assassino del loro fratello.

Secondo Pennant questa minaccia fu portata effettivamente a compimento con l'assassinio del barone Owen nel 1555 mentre stava attraversando il folto bosco di Mawddwy sulla strada del Montgomeryshire. Il luogo è chiamato ancora oggi *Llidiart y Barwn*, la Porta del barone, in ricordo dell'episodio. La tradizione ci racconta ancora che gli assassini si erano allontanati già di molto quando si sovvennero della minaccia materna e, ritornando sul luogo, affondarono le loro spade nel cuore del barone e si lavarono le mani nel suo sangue. Questo atto fu seguito da una vigorosa repressione, e i banditi vennero eliminati completamente; rimasero solo le donne, i cui discendenti si possono ancora incontrare nel Montgomeryshire e nel Merionethshire.

Per le informazioni appena fornite l'autore è debitore ai seguenti testi: *YrHynafion Cmyru rig*, pp. 91-94, *Archaeologia Cambrensis* per il 1854, pp. 119-20, *Pennant*, vol. II, pp. 225-27, ed. Carnarvon, ed al reverendo D. James, vicario di Garthbeibio, che gli ha parlato della tradizone riportata e che analogamente gli ha indicato il luogo esatto dove il barone fu assassinato.

Ma alla fine, chi furono questi *Gwylliaid*? Basandoci sull'indizio fornitoci dal loro nome, dovevano avere avuto come genitore una creatura incantata, un'idea che l'autore dell'*Archaeologia Cambrensis*, vol. V, per il 1854, p. 119, intendeva scartare. Ma secondo il *Brut y Tywysogion, Myf. Arch.*, p. 706, per l'anno 1114, edizione Denbigh, i *Gwylliaid Cochion Mawddwy* nacquero all'epoca di Cadwgan ab Bleddyn ab Cynwyn.

Dal testo *Eminent Welshmen* (Gallesi eminenti) di Williams veniamo a sapere che il principe Cadwgan morì nel 1110 e, basandoci sul summenzionato *Brut*, fu alla sua epoca che i Gwylliaid diedero inizio alla loro carriera, se non alla loro stessa esistenza.

Sfortunatamente, in merito alla comparsa di questi banditi di Mawddwy dai capelli rossi, Tacito afferma, nella sua *Vita di Agricola*, al capitolo XI, che in Britannia vi erano uomini dai capelli rossi, che egli ipotizza fossero di origine germanica. Dobbiamo, quindi, collocare gli inizi di una popolazione con queste caratteristiche molto prima del dodicesimo secolo; di conseguenza, la leggenda di Llanfrothen risale ad un'antichità remota oppure si tratta di un racconto che nelle sue peregrinazioni trovò una sede definitiva in quella località in un'epoca arcaica.

Da una leggenda riportata da Giraldus Cambrensis, che fornirò tra breve, sembrerebbe che un sacerdote di nome Elidorus abbia vissuto in mezzo agli esseri fatati, nella loro dimora nelle viscere della terra, e ciò sarebbe avvenuto nella prima parte del dodicesimo secolo. [*Nota del curatore*: In un'altra parte della sua opera, Owen fa riferimento ad una leggenda tratta da *Itinerario attraverso il Galles* di Cambrensis, che l'arcidiacono aveva udito nel 1188 durante una visita a St. David. La leggenda, già antica a quel tempo, parla di come un ragazzo, Elidorus, che stava studiando da prete ed era ansioso di sfuggire ai suoi rigidi maestri, trovò rifugio in un mondo sotterraneo abitato da una razza di donne e di uomini di piccole dimensioni e che parlavano un linguaggio simile al greco. Per un certo tempo egli visse con loro, ritornando al proprio ambiente solo di tanto in tanto, ma alla fine venne persuaso da amici e parenti a tornare definitivamente a casa e a riprendere i suoi studi per il sacerdozio. Cambrensis cita come fonte di questo racconto Davide II, ex vescovo di St. David, morto nel 1176 e che, secondo quanto si asserisce, aveva parlato ad Elidorus quando il sacerdote era ormai anziano e che aveva anche appreso da lui alcuni elementi del linguaggio del mondo sotterraneo.] Sorge qui una domanda: il racconto del sacerdote è credibile, oppure egli ha solamente riportato una storia che la tradizione popolare aveva attribuito a qualcun altro, riferendola a se stesso? Se il suo racconto è vero, quindi, significa che pur in un'epoca tarda come quella a cui si fa riferimento sopravvivevano ancora alcuni esemplari degli antichi aborigeni, che abitavano in caverne. La Leggenda di Myddvai corrobora in parte questa supposizione, dal momento che la storia risale apparentemente al tredicesimo secolo.

È difficile fissare la data delle altre leggende riportate qui, dal momento che il loro aspetto esteriore è moderno, anche se presenta ornamenti risalenti ad epoche assai remote. Probabilmente tutti questi racconti sono stati tramandati, grazie alla tradizione orale, fino ad ecpoca storica pur appartenendo in realtà a un periodo molto più arcaico in cui gli abitanti preistorici dell'isola dimoravano in rifugi in prossimità di laghi o in caverne. E il matrimonio tra le fanciulle fatate e uomini di razza diversa suggerisce che i popoli più antichi non furono sterminati ma si amalgamarono ai conquistatori.

La storia di Connal

Man mano che il cristianesimo si diffondeva nel mondo celtico, gli antichi racconti iniziarono ad adattarsi per includere elementi della nuova fede. Gran parte di queste antiche storie riguardavano le imprese di potenti eroi di epoche ormai scomparse e delle loro battaglie contro mostri e giganti. Alcune avrebbero in seguito formato la base di favole molto note nel mondo anglosassone, come quella di «Jack, l'Ammazzagiganti», che è l'adattamento di un vecchio racconto della Cornovaglia in cui si credeva esistesse una grande quantità di giganti e di uomini mostruosi.

Anche la Scozia ha molte leggende relative a questi orchi orrendi, che generalmente vivevano nelle Highland occidentali e che furono sconfitti dagli antichi re e dagli eroi scozzesi. Secondo antichissimi racconti di viaggio, lungo le coste dell'Argyll e del Kintyre e nella zona dell'Antrim settentrionale in Irlanda viveva una razza di uomini enormi e di grande forza che depredavano le navi di passaggio, attirandole verso le rocce contro le quali si schiantavano con fuochi e torce che i marinai scambiavano per segnali. Secondo le medesime narrazioni, questi giganti erano cannibali che divoravano rapidamente coloro che sopravvivevano ai naufragi. Ad esempio, si diceva che tre enormi sorelle cannibali abitassero nella foresta costiera di Ballypatrick, presso l'attuale città di Ballycastle nell'Antrim settentrionale, e che divorassero coloro che venivano portati a riva dal mare sulle spiagge sottostanti o che passavano nei pressi della loro enorme casa di pietra situata accanto ad un sentiero che conduceva, attraverso la foresta, alla cima delle scogliere situate più avanti. Esse vennero uccise da un eroe delle Highland (al quale vengono dati nomi diversi, e in alcuni casi viene citato più di un eroe) proveniente dal promontorio di Kintyre per portare a termine l'impresa. In alcune varianti del racconto fu il vescovo ad eliminarle, sottolineando in tal modo la potenza della Chiesa sul passato pagano e introducendo elementi cristiani nella narrazione.

Il racconto che segue proviene dalle Highland occidentali. Fa parte di una serie di storie popolari raccolte in loco da J. F. Campbell dalla voce di un certo numero di anziani da lui interpellati. Vengono fornite due fonti per tale racconto. Campbell riferisce di un certo Hector Urquart, con il quale parlò il 27 giugno del 1859, ma la storia vera e propria venne recitata a memoria da Kenneth MacLennan, di 70 anni, di Turnaig, Pool Ewe, nel Ross-shire, che fu in grado di ripetere la storia da lui ascoltata quando era piccolo. È probabilmente un ricordo delle molte antiche storie di eroi della tradizione celtica delle Highland, alle quali furono aggiunti degli elementi cristiani casuali e superficiali. Secondo le annotazioni, la storia fu originariamente raccontata nel gaelico scozzese, e la traduzione in inglese è dello stesso Campbell.

Storia di J. F. Campbell

C'era una volta ad Eirinn un re che si chiamava Cruachan, e che aveva un figlio di nome Connal MacRigh Cruachan. La madre di Connal morì, e il padre sposò un'altra donna. Questa decise di sbarazzarsi di Connal, in modo che il regno potesse passare alla propria progenie. Il ragazzo, però, aveva una nutrice, e fu nella casa di lei che trovò rifugio. Connal e suo fratello maggiore di latte erano la mano destra uno dell'altro [*Nota del curatore*: Erano molto legati], e la madre era un po' scocciata per il fatto che Connal fosse così affezionato al figlio maggiore. Vi era un vescovo in quel luogo, che morì; egli volle che l'oro e l'argento di sua proprietà fossero posti accanto a lui nella tomba. Connal assistette alla sepoltura del vescovo, e vide che una grande borsa d'oro veniva posta alla testa del defunto, mentre una borsa d'argento era collocata ai suoi piedi, nel sepolcro. Connal suggerì allora ai suoi cinque fratelli di latte di impadronirsi dell'oro del vescovo; quando raggiunsero il sepolcro egli chiese loro se preferivano calarsi nella tomba oppure tenere aperta la lastra di pietra che la chiudeva. Essi dissero che preferivano tenere sollevata la pietra. Connall quindi discese nel sepolcro ma i fratelli, udendo uno strillo acuto, lasciarono andare la pietra e se la diedero a gambe. E Connal si ritrovò chiuso nella tomba, sdraiato sul vescovo. Quando i cinque fratelli giunsero a casa, la madre era quasi più dispiaciuta per la perdita di Connal di quanto lo sarebbe stata per quella dei cinque. Alla fine del settimo giorno, di mattina, una combriccola di giovani si diede appuntamento con l'intento di rubare l'oro del vescovo. Una volta davanti alla tomba, spostarono la lastra di pietra, appoggiandola al muro di lato; ma di sotto Connal si mosse, al che i ragazzi se la svignarono, lasciando dietro di sé le loro armi e i loro abiti. Connal uscì portando con sé l'oro, le armi e gli abiti, e tornò alla casa della nutrice. Furono tutti molto felici e senza pensieri fino a quando durarono l'oro e l'argento.

Vi era un grande gigante nei pressi di quel luogo, che teneva grandi quantità di oro e di argento in fondo ad una rupe; egli prometteva una borsa d'oro a chiunque si fosse calato nella voragine dentro un cesto di vimini. Molti perirono in tal modo, poiché quando il gigante li faceva scendere, essi riempivano d'oro il cesto, ma poi il gigante non rimandava giù il cesto e morivano tutti in fondo al buco.

Un giorno Connal incontrò il gigante che gli promise una borsa d'oro se fosse sceso nella voragine e avesse riempito d'oro il cesto di vimini. Connal fu calato giù dal gigante con una corda e riempì il suo cesto d'oro; ma il gigante non rimandò giù il cesto per recuperare Connal, e questo si ritrovò nella spelonca in mezzo ai cadaveri e all'oro.

Quando il gigante volle che qualcun altro scendesse nella spelonca, mandò il proprio figlio, con una spada di luce in modo da poter vedere davanti a sé.

Quando il giovane gigante raggiunse il fondo della spelonca, Connall lo vide, afferrò la spada di luce e gli tagliò la testa di netto.

Poi Connal mise l'oro sul fondo del cesto e ci si mise di sotto; si nascose nel centro del cesto e diede uno strattone alla corda. Il gigante tirò su il cesto e quando non vide il figlio, sollevò il cesto sopra la testa. Connal saltò fuori, e trovandosi davanti la scura nuca del gigante, sguainò rapidamente la spada di luce e gli tagliò la testa. Quindi ritornò dalla nutrice con il cesto d'oro e la spada di luce.

Dopo di ciò, un giorno si recò a caccia a Sliamh na lierge. Egli camminò a lungo finché entrò in una grande caverna. Nella parte superiore di questa vide una bella fanciulla bionda che cercava di infilare il bastone di uno spiedo in un bambino paffuto, e ad ogni colpo che dava al bastone il bambino rideva e la donna si metteva a piangere. Connal parlò, e disse: «Donna, che cosa ti affligge senza motivo per questo bambino?».

«Oh», ella disse, «dal momento che sei un uomo abile, uccidi il bambino e infilalo su questo spiedo affinché io possa arrostirlo per il gigante». Connal afferrò il piccolo, lo avvolse in una coperta, e lo depose su un lato della caverna. Qui vi erano molti cadaveri, perciò egli ne prese uno, lo pose sullo spiedo e lo diede da arrostire alla donna.

Quindi udì giungere da sotto i piedi un tremore e un rombo, e desiderò essere lontano di là. Diede un balzo e, superando il corpo che si trovava sul fuoco, si nascose in mezzo ai cadaveri. Il gigante giunse e chiese: «È pronto l'arrosto?». Iniziò a mangiare e disse:

«Fiu fau hoagrich, non c'è da meravigliarsi che la tua carne sia dura, è dura anche quella del tuo marmocchio».

Quando il gigante ebbe mangiato, si mise a contare i corpi afferrandoli per le caviglie e scagliandoli alle sue spalle, sopra la sua testa. Li contò così due o tre volte e scoprì che Connal era un po' più pesante, più morbido e in carne; così ne tagliò una porzione dalla nuca fino all'inguine. L'arrostì sul fuoco, la mangiò e poi si addormentò. Connal ammiccò alla donna affinché rimettesse lo spiedo sul fuoco. Ella lo fece, e quando lo spiedo divenne bianco, dopo essere diventato rosso, Connal lo ficcò nel cuore del gigante, e lo uccise.

Quindi Connal si mise in cammino, assicurandosi che la donna facesse ritorno a casa, e si diresse anche lui verso casa propria. La nutrice poi incaricò Connal e il proprio figlio di impadronirsi del cavallo del re d'Italia presso gli «Eadilt». [*Nota del curatore*: È questo il nome del popolo che aveva in custodia il cavallo, che si dice fosse una bestia splendida, tra le più veloci del mondo]. Essi si recarono insieme a rubare il cavallo, che aveva una stella bianca sulla fronte; ma ogni volta che lo sfioravano con una mano, l'animale lanciava un nitrito di avvertimento, così che alla fine essi furono catturati e sottoposti alla dolorosa legatura dei tre punti. [*Nota del curatore*: Si trattava di una forma di tortura che, secondo quanto si dice, era usata in Italia e in altri paesi mediterranei. Apparentemente si veniva legati stretti con una corda che aveva dei nodi posizionati su parti sensibili del corpo.]

«Grande uomo dai capelli rossi», disse il re, «ti sei mai trovato in una situazione difficile come questa?».

«Se mi stringi ancora un po', e allenti la stretta al mio compagno, te lo dirò», rispose Connal.

La regina di Eadailt *(altra grafia di Eadilt, N.d.T.)* osservava Connal. E allora Connal disse:

Sette giorni tristi da solo,
Trascorsi sdraiato sopra al vescovo,
Quella fu la visita più lunga per me,
Anche se io ero molto più forte.
Alla fine della settima giornata,
Vidi aprirsi la tomba,
E balzai su prima che
Qualcuno potesse discendere.
Pensarono tutti che fossi un morto,
Mentre uscivo dalla terra;

Scapparono tutti appena mi videro,
Lasciando armi e vestiti;
Feci un balzo agile e pronto,
Poiché ero nudo e senza nulla,
Così fui io, un vagabondo,
A godermi l'oro del vescovo.

«Stringete bene, e con forza», disse il re, «non si trovava certo nel luogo giusto; grande è il male che egli ha compiuto». [*Nota del curatore*: Dissacrando la tomba di un vescovo e spendendo il suo oro, egli ha fatto arrabbiare il re cristiano.] Allora lo legarono ancora più stretto, e ancora più stretto; e ancora più stretto; poi il re disse:

«Grande uomo dai capelli rossi, ti sei mai trovato in una situazione più difficile di questa?».

«Stringimi forte e allenta un po' questo di fianco a me, e te lo dirò».

Essi così fecero. «Certo che sì», egli disse:

Nove giorni nella caverna piena d'oro;
Il mio nutrimento furono ossa e carne dei morti,
I tendini dei piedi e delle mani,
Alla fine del nono giorno,
Vidi discendere una cesta;
Di essa io mi impadronii,
E la riempii d'oro in ogni sua parte;
la cesta divenne il mio nascondiglio,
Portai con me la spada di luce,
Per me il più grande colpo di fortuna.

Gli diedero un'altra stretta, e il re gli chiese: «Ti sei mai trovato in una situazione difficile, o estrema, come questa?».

«Stringimi ancora un po', e allenta la corda del mio compagno e te lo dirò». Essi lo fecero.

Un giorno a Slaibh na leirge,
Nell'entrare in una caverna,
Vidi una bionda fanciulla, dolce e materna,
Che cercava di infilzare uno spiedo
Nella carne di un bimbo inconsapevole. «Ebbene», le dissi,
«Che cosa causa il tuo dolore, o donna,
Verso quel piccolo bambino inconsapevole?».
«Anche se è tenero e grazioso», ella disse,
«Arrostiscilo sul fuoco».
Allora afferrai il bambino
E lo avvolsi nella mia coperta;
E presi il cadavere possente
Che si trovava in mezzo a molti altri.
Quindi udii Turstar, Turstar, Turnaich,
Come se la terra crollasse su se stessa,
Ma quando alla fine egli cadde
Nel sonno più profondo e più cupo,
Il demonio della selva da me fu abbattuto,
Presi lo spiedo dal fuoco,
E glielo conficcai nel cuore.

E la regina che stava ascoltando con attenzione tutte le peripezie e i racconti di Connal, all'udire ciò balzò in piedi e tagliò subito le corde che legavano Connal e il suo compagno; quindi disse: «Sono io la donna che si trovava in quel luogo». E rivolgendosi al re: «E sei tu il bambino che si trovava in quel luogo».

Connal sposò la figlia del re, ed insieme ritornarono a casa cavalcando sul cavallo dalla stella bianca in fronte, e qua termina la nostra storia.

[*Nota del curatore*: Nelle sue annotazioni sul racconto, Campbell cita altre varianti frammentarie dello stesso, raccolte in altre parti delle Highland occidentali. Ad esempio, egli sottolinea l'esistenza di storie simili in una raccolta riunita dal professor Thomas Cameron su richiesta di un certo Osgood H. Mckenzie, Esq., nel luglio del 1859. Le storie furono redatte in una forma di gaelico prevalentemente presente nella zona di Gearrloch, anch'esso ubicato nel Ross-shire, e contengono elementi del racconto di Connal che vengono attribuiti a vari eroi leggendari del luogo. Campbell si riferisce anche un altro gruppo di storie raccolte da Alexander MacDonnell dalla voce di anziani narratori della regione di Inverasdale, nel quale le imprese compiute da Connnal sono ascritte ad un altro eroe locale, Uisdean Mor MacIlle Phadraig, famoso per avere ucciso «Fuathan» (il fantasma, o il mezzo-morto). Le somiglianze di base di molte versioni servono a dimostrare l'indubbia antichità del racconto stesso.]

RACCONTI
DAVANTI AL CAMINO

INTRODUZIONE

La fine del dominio dei grandi signori gaelici e la crescente modernizzazione del mondo celtico non comportò la scomparsa della tradizione narrativa. Di fatto essa era troppo radicata nella mentalità celtica perché ciò fosse possibile, quindi, adesso divenne in gran parte retaggio di coloro a cui da sempre apparteneva: la gente comune.

Nel corso dei secoli, le storie e le leggende popolari diedero forma ad una parte centrale e importante della società celtica. Come gli antichi Racconti Mitologici, esse parlavano di eventi e di personaggi importanti nell'ambito della comunità, ma servivano anche da spiegazione per ciò che accadeva in una determinata località. Così alle storie dei re e degli eroi, degli dei e dei mostri furono aggiunti racconti che parlavano di spiriti e di esseri fatati. Queste storie non erano semplici *narrazioni declamate* che avevano come oggetto monarchi e guerrieri (come avveniva all'epoca dei bardi) ma adesso riflettevano adesso i punti di vista e le convinzioni dei popoli celtici e dei loro discendenti. Di notte i rumori che emergevano dall'oscurità erano i richiami dei *sheehogues*, creature soprannaturali che attraversavano le tenebre. Se il latte inacidiva non si sa come durante la notte ciò era dovuto all'intervento dei *marbh bheo* (i morti che camminano di notte) o di altre creature fatate, il cui solo tocco poteva provocare tale effetto. Se le vacche non davano latte e le galline non deponevano uova ciò era sicuramente dovuto ai malefici delle streghe all'interno della comunità. Forme bizzarre, scorte al tramonto nel bel mezzo di antichi terrapieni, erano indubbiamente i *Sidhe* (l'antico e misterioso popolo dei tumuli). Che questi potessero essere oggetti comuni distorti da una illuminazione insufficiente, che il latte potesse cagliarsi per ragioni naturali, che i suoni provenienti dall'oscurità fossero prodotti solamente da animali che svolgevano la loro normale attività notturna non bastava a spiegare questi fatti, e di conseguenza iniziò a crearsi un corpo di tradizioni e di credenze. Divenne normale ritenere che alcuni luoghi dell'ambiente circostante fossero frequentati da entità soprannaturali; che fosse necessario prendere alcune precauzioni per evitare visite ultraterrene, e che bisognasse compiere determinate azioni per placare gli esseri dell'Aldilà; tutto ciò divenne parte integrante della vita dei Celti di epoca più recente. E queste credenze e percezioni venivano tramandate di generazione in generazione nelle storie che si raccontavano.

Come avveniva per le saghe dei guerrieri mitologici più arcaiche, tali storie erano prevalentemente trasmesse per via orale. Venivano recitate davanti al focolare nelle case di campagna o nei luoghi in cui la gente si riuniva. E possedevano anche un elemento comunitario, dal momento che legavano in un'unica identità e in una coscienza comune le collettività che vivevano in territori confinanti. Come per i Grandi Raduni dei Bardi di secoli prima, la gente si radunava per ascoltare queste storie, rendendole patrimonio personale oltre che parte della propria cultura. I bardi furono sostituiti, in quanto tali, dai cantastorie tradizionali (in Irlanda, questi erano noti come *seanachie*, o uomini – e donne – di conoscenza), che erano in grado di raccontare con maestria parlando di fatti storici, di eventi, e di luoghi relativi alla comunità locale. A questi individui venne accordata la posizione un tempo attribuita ai bardi. Le storie da essi narrate servivano non solo come divertimento e spiegazione, ma di fatto plasmavano e definivano l'identità dei loro ascoltatori e il modo in cui essi percepivano se stessi. E non solo questo, le storie davano anche forma e significato al paesaggio circostante e al loro rapporto con esso. La fortezza infestata che sovrastava il campo poteva essere abitata da spiriti o da esseri fatati, ma era comunque abitata per un *motivo specifico*. Forse un tempo una poderosa battaglia era stata combattuta all'interno delle sue mura, o un orrendo assassinio vi era stato commesso. Gli echi di questi eventi e di queste azioni si diffusero attraverso i secoli, diventando una componente essenziale del folklore rurale.

Come per le vicende dei guerrieri che le avevano precedute, le storie che venivano spesso narrate attorno al fuoco avevano un'origine orale, e venivano semplicemente trasmesse di bocca in bocca nell'ambito familiare o comunitario. Tristemente, a differenza dei racconti mitologici, nella stragrande maggioranza dei casi non fu fatto alcun tentativo di prenderne nota. Anche se fu composto un certo numero di antologie che aveva come soggetto le leggende popolari celtiche, molte svanirono dalla memoria con il passare degli anni.

Questa perdita si è accelerata con l'affermarsi dell'era moderna. Per gli eventi e i fenomeni che avevano luogo nell'ambiente naturale dei Celti furono fornite nuove spiegazioni «scientifiche» e «ragionate» e la nostra concezione di ciò che costituisce la «cultura» è cambiata. Gran parte dell'intrattenimento e dei contenuti culturali che ci vengono offerti, e di cui una percentuale cospicua è d'importazione, proviene oggi da una scatola posta in un angolo del nostro salotto, e questo ha quasi dissolto le antiche culture indigene del passato celtico. Eppure, si percepisce ancora un forte bisogno di riappropriarsi delle concezioni dei nostri antenati; tutti noi apprezziamo ancora una buona storia, ben raccontata. Forse la nostra eredità celtica non è svanita del tutto.

Una selezione di incantesimi e formule magiche di guarigione della Cornovaglia

In tutto il mondo celtico, gli incantesimi, le formule magiche e i talismani erano importanti, a tal punto che molti sopravvissero fino a tempi relativamente recenti, in alcuni casi almeno fino agli inizi del ventesimo secolo. In un mondo incerto, e forse in assenza di servizi sociali e medici istituzionali, era vitale che la gente avesse una qualche forma di protezione contro qualsivoglia imprevisto della vita. Incantesimi e talismani erano spesso i ferri del mestiere di locali «fattucchiere» e di «medici fatati» le cui radici erano fatte risalire agli sciamani celtici, vissuti più di mille anni prima. Tali individui erano spesso membri integranti delle loro comunità, nelle quali agivano da levatrici, indovini, guaritori e creatori di malefici, ed erano generalmente trattati con grande rispetto e timore da chi li circondava. In alcuni casi, come in quello dell'indovina Tamsin Blight (Tammy Blee) in Cornovaglia, a queste persone veniva anche attribuito il potere di scacciare gli spiriti e i demoni (un privilegio normalmente riservato al clero) che si credeva portassero malattie e pericoli a coloro che attaccavano. La maggior parte degli incantesimi, tuttavia, aveva lo scopo di alleviare malanni comuni o proteggere da essi – raffreddore, mal di denti, emorragie – e si occupava principalmente della salute e del benessere delle persone.

Anche se buona parte degli incantesimi e delle formule magiche aveva indubbiamente un'origine pagana, ben presto in essi iniziò a farsi strada una nota distintamente cristiana. Com'era già avvenuto per i pozzi e i sacrari pagani, la Chiesa cristiana nell'Occidente celtico non tardò ad impadronirsene. Con il passare degli anni, nella maggior parte degli incantesimi divenne sempre più comune trovare elementi significativi della fede cristiana accanto alle credenze pagane.

La seguente è una selezione di incantesimi e formule di protezione relativi ai malanni più comuni, raccolti dal celebre studioso di folklore William Bottrell (1816-1881), originario della Cornovaglia, nell'ovest rurale di quella regione, e in particolare nei dintorni della città di Hayle, dove le antiche credenze celtiche erano state un tempo prevalenti ma dove il cristianesimo si era insinuato in profondità. Incantesimi e formule erano ampiamente in uso nella Cornovaglia occidentale intorno alla metà del diciannovesimo secolo e mostrano una mescolanza di tradizioni antiche e cristiane nel pensiero celtico dell'epoca. La selezione è tratta dall'opera di Bottrell, *Traditions of West Cornwall* (Tradizioni della Cornovaglia occidentale), pubblicata nel 1873.

Selezioni da
Traditions of West Cornwall
di William Bottrell

Incantesimo contro le ustioni, la miliaria, le bruciature e qualunque altra malattia infiammatoria

La persona alla quale va fatto l'incantesimo deve raccogliere nove foglie di rovo che vengono poste in un recipiente di acqua di sorgente; quindi ciascuna foglia viene strofinata sulla parte malata, ripetendo tre volte per ciascuna foglia la formula seguente:

Tre dame giungono da oriente,
Una con fuoco e due con gelo;
Vattene, fuoco; benvenuto, gelo,
Nel nome del Padre, del Figlio e dello Spirito Santo.

Un bastoncino infuocato viene quindi preso dal focolare e passato al di sopra e intorno alla parte dolente, ripetendo nove volte la formula suddetta.

[*Nota del curatore*: Questo incantesimo/formula magica è probabilmente una variante cristiana di un rituale celtico assai più arcaico, che faceva ricorso al potere degli elementi naturali del fuoco – che era un potente simbolo di guarigione in tutto il mondo celtico – e del gelo, un refrigerante. Il riferimento alle «tre dame» può essere una variante che sostituisce tre antiche dee, utilizzando il numero tre, assai significativo: le nove foglie di rovo suggeriscono una moltiplicazione, tre per tre, che aggiunge potere e forza al numero magico.]

Incantesimo contro le punture di spine, i foruncoli, le piaghe ecc.

Cristo fu coronato di spine,
Le spine sanguinarono ma non imputridirono
E nemmeno accadrà al tuo dito (o a qualunque altra parte del corpo),
Nel nome del Padre, del Figlio e dello Spirito Santo.

[*Nota del curatore*: Benché si tratti ovviamente di un incantesimo cristiano, le sue radici affondano probabilmente nella cultura pagana celtica. Variazioni più antiche fanno riferimento a divinità pagane o classiche – ad esempio, Osiride – che hanno espulso dal loro corpo elementi estranei. Il nome di Cristo e il riferimento biblico alla corona di spine sono sostituti successivi. La recita dell'incantesimo era accompagnata dal tocco dell'area infetta da parte dell'incantatore o del mago; fattore che traeva probabilmente origine dalla tradizione sciamanica dei Celti.]

Incantesimo per arrestare un flusso di sangue

Cristo nacque a Betlemme,
Fu battezzato nel fiume Giordano.
Là scavò un pozzo
E fece scorrere l'acqua verso la collina,
Così anche il tuo sangue si fermerà
Nel nome del Padre, del Figlio e dello Spirito Santo.

[*Nota del curatore*: Si tratta ancora di un incantesimo quasi completamente cristiano che con grande probabilità possiede origini celtiche pagane. Benché l'incantesimo contenga riferimenti a Cristo, vi è anche un accenno indiretto ai pozzi incantati e all'idea dell'acqua che scorre in salita, concetto tipico della cultura magica dei Celti. Si riteneva che l'acqua raccolta da simili sorgenti avesse proprietà curative, come nel St. Patrick's Tub di Belcoo, nella contea di Fermanagh, Irlanda del Nord, dove un'illusione ottica dà l'impressione che un ruscello secondario scorra in salita. L'acqua di questo torrente è ritenuta particolarmente terapeutica.]

Incantesimo contro il mal di denti

Cristo passò davanti alla porta del fratello,
Vide il fratello giacere per terra.
«Che cosa ti tormenta, fratello?
Il dolore di denti?
I denti non ti tormenteranno più».
Nel nome del Padre, del Figlio e dello Spirito Santo.

[*Nota del curatore*: Come per tutti gli altri incantesimi e le formule magiche citati qui, tranne il primo, il mago deve toccare la parte infetta con un dito. Questo probabilmente richiama le pratiche degli antichi sciamani celtici che si diceva potessero guarire con il tocco della mano. Successivamente, anche la Chiesa celtica, enfatizzando il concetto dei miracoli e delle guarigioni, spinse il clero a fare lo stesso.]

Una sacra fonte in Cornovaglia

La transizione dalla tradizione pagana a quella cristiana nei territori celtici non fu facile. Le tradizioni antiche erano oramai così radicate nello stile di vita dei Celti che fu praticamente impossibile cancellarle completamente. Queste tradizioni includevano incantesimi e formule magiche che da secoli venivano utilizzati dagli sciamani locali e che erano stati tramandati da una generazione alla successiva. Sparsi qua e là nel paesaggio vi erano anche sacri corsi d'acqua e sacre fonti nei quali si diceva dimorassero spiriti e antiche divinità, e nel corso degli anni molti di questi siti furono associati alla guarigione e alla protezione dai pericoli. Di conseguenza, attraevano pellegrini che giungevano nella speranza di ricuperare la salute o ottenere fortuna dallo spirito che lì risiedeva. I druidi – i capi religiosi, simili agli sciamani, del mondo celtico – erano i guardiani di questi luoghi e vi ricevevano le offerte per gli spiriti. Quando la Chiesa si affermò e il druidismo iniziò a svanire, le fonti e i pozzi mantennero ancora la loro antica reputazione come luoghi magici, e di fatto alcuni divennero luoghi di pellegrinaggio per un popolo nominalmente cristiano, ma ancora largamente pagano. La Chiesa si affrettò ad impadronirsi di queste località, sostituendo gli antichi nomi pagani con quelli di santi cristiani, molti dei quali non avevano assolutamente nulla a che fare con i luoghi in questione. I poteri miracolosi delle acque, precedentemente attribuiti agli spiriti pagani, erano adesso associati ai santi e alle sante. Anche la capacità di predire il futuro nelle profondità dei pozzi (spesso un attributo pagano) fu adesso ascritto all'intervento divino.

Lo studioso di folklore William Bottrell, nativo della Cornovaglia, visitò e catalogò un buon numero di questi pozzi, dedicati tutti a un santo ma dalle forti associazioni pagane. La sua più celebre descrizione di questi siti riguarda un luogo noto come il Pozzo di San Madron. Chi fosse San Madron nessuno lo sa e, di fatto, è anche possibile che questo santo non sia nemmeno mai esistito. Il nome può essere in realtà una corruzione del nome di un'antica divinità pagana associata al pozzo stesso. La descrizione è tratta dall'opuscolo di Bottrell, *West Country Superstitions* (Superstizioni del paese dell'ovest), del 1874-75.

Tratto da *West Country Superstitions*

di William Bottrell

Superando uno steccato ed entrando nella brughiera in cui è situata la sorgente, attraversate il campo in diagonale verso destra fino alla siepe e una camminata di qualche minuto vi porterà alla celebre fonte, che diventa visibile solo da distanza molto ravvicinata, dal momento che non vi è alcun muro attorno, né alcun altro segnale tramite il quale sia possibile scorgerla da lontano.

Molto si è scritto sulle strabilianti guarigioni compiute dalle sue sacre acque e per intercessione di San Madron o Motran, quando la fonte era così famosa che il mutilato, lo storpio e lo zoppo giungevano in pellegrinaggio dalle regioni più lontane fino alla brughiera ricoperta di erica.

Ancora oggi nei tre primi mercoledì di maggio le donne del distretto vi portano i bambini affetti da malattie della pelle, sperando di guarirli immergendoli nelle sue acque. La sua antica reputazione di fonte divinatoria non si è ancora spenta del tutto, benché molti giovani la visitino adesso per gettarvi ciottoli o monetine più per divertimento e per il piacere della reciproca compagnia piuttosto che per una qualche credenza nella tradizione che vuole che se le monetine o i ciottoli cadono uno sull'altro oppure separati ciò determinerà l'andamento della storia d'amore tra le persone indicate dagli oggetti gettati nella fonte stessa; oppure che il numero delle bolle che verranno in superficie o che affioreranno nei pressi della fonte indichino gli anni in risposta ad una qualunque domanda relativa al tempo. Tuttavia, non vi era una tale mancanza di fede mezzo secolo fa.

Non molto tempo fa, feci visita ad un'anziana signora

di Madron che aveva fama di guarire con gli incantesimi vari tipi di malattie della pelle; la conoscevo sin da quando ero piccolo e il mio scopo era riuscire a raccogliere il maggior numero possibile di informazioni sui riti praticati, a quanto ella ricordava, alla fonte di Madron, alla Pietra «del mal di schiena» e altrove.

La signora mi fornì la seguente descrizione delle usanze messe in atto presso la fonte di Madron circa cinquant'anni fa. All'epoca in cui viveva a Lanyon, decine di donne provenienti da Morvah, Zennor, Towednack e altri luoghi vi portavano i loro bambini per guarirli dal fuoco di Sant'Antonio, dalla miliaria, da eruzioni cutanee e da altre malattie, oltre che per fortificarli contro la stregoneria o i tormenti del malocchio.

Un'anziana signora, di nome An' Katty, che viveva principalmente nei Bossullows o nelle vicinanze, e che si guadagnava da vivere con lavori di maglieria, nel mese di maggio, con sua grande soddisfazione, sbarcava il lunario accudendo la fonte e indicando ai forestieri come procedere nell'uso delle acque.

Innanzitutto, il bambino doveva essere denudato come un neonato; quindi veniva immerso tre volte nell'acqua muovendolo in senso antiorario; poi la creatura doveva essere trasportata rapidamente attorno alla fonte, andando da est a ovest, o seguendo il corso del sole; il bambino veniva quindi rivestito, avvolto in panni caldi e messo a dormire vicino all'acqua; se dormiva e nella fonte affioravano molte bolle, era un buon segno. Chiesi se durante tali operazioni venissero recitate preghiere, incantesimi o formule di qualsiasi genere. «Assolutamente no», rispose la mia vecchia amica, «è fondamentale che non si pronunci alcuna parola per tutto il tempo in cui le persone si trovano vicino all'acqua, perché rovinerebbe l'incantesimo; e accanto all'acqua bisogna lasciare un pezzo di stoffa strappato, non tagliato, dagli abiti del bambino o di chiunque faccia uso della fonte, come portafortuna; anche un piccolo pezzo andrà bene». Questo veniva lasciato non troppo in vista tra le pietre che costeggiavano il corso d'acqua o appeso su un ramo di rovo che cresceva sul muro della cappella.

Mentre una parte dei presenti eseguiva i rituali alla fonte, gli altri rimanevano al di là dello steccato nel recinto più ampio o presso la siepe, perché «se fosse stata pronunciata una sola parola nei pressi della fonte durante l'immersione, avrebbero dovuto tornare di nuovo». La vecchia An' Katty non veniva mai pagata in denaro ma con gomitoli di filo o altre cose di cui poteva avere bisogno, che venivano lasciate per lei sulla strada all'esterno della zona della fonte; riceveva anche laute ricompense quando insegnava alle ragazze come «procurarsi degli innamorati» con l'aiuto della fonte. «Decine di fanciulle», secondo la signora, «erano solite, nelle sere d'estate, recarsi alla fonte anche da molto lontano, per gettarvi monetine, sassolini di ghiaia e piccoli oggetti che andassero a fondo». Non era necessario pronunciare sempre i nomi delle persone che gli oggetti rappresentavano quando questi venivano gettati nell'acqua; bastava pensare a loro e se le monetine o i sassolini si separavano o rimanevano insieme, analogamente sarebbe successo alla coppia. Solo quando la sorgente lavorava (scaturiva con forza) era il momento utile per tentare gli incantesimi, e in quei momenti portava sfortuna parlare in vicinanza della fonte.

L'anziana signora a cui avevo fatto visita mi riferì che non aveva mai sentito parlare del fatto che un santo avesse a che fare con l'acqua, tranne da una persona che le disse di avere trovato qualcosa al riguardo in un libro; e né lei né altri avevano mai udito chiamare la sorgente «Fonte di San Madron», se non da parte dei nuovi signorotti del luogo che hanno adesso l'abitudine di rinominare le varie località e credono di saperne di più rispetto agli indigeni. Analogamente non sapeva nulla di cerimonie celebrate presso la vecchia Cappella, tranne il fatto che alcuni appendevano pezzetti di stoffa su un albero di rovo che cresceva lì vicino. I forestieri che giungevano in gran numero in pellegrinaggio alla fonte non si curavano dei santi, o di chiunque altro, ma solo delle anziane signore che li accompagnavano per mostrare loro come eseguire ogni cosa.

Vi è una sorgente, non lontano da Bosporthenes, presso Zennor, che si dice fosse efficace come la Fonte di Madron, e dove i bambini venivano portati e curati allo stesso modo.

Questa è la sostanza di ciò che la signora mi descrisse; ed ella considerava l'osservanza fedele delle antiche usanze come una questione di grande solennità.

Alle domande «Qual era il motivo per cui si girava intorno alla sorgente nove volte? O si lasciavano pezzetti di tessuto? O si seguiva il corso del sole? la risposta era sempre la stessa. «Erano queste le antiche usanze e tutti sapevano che portava sfortuna eseguire tali pratiche o molte altre cose in direzione opposta al corso del sole; nessuna donna che abbia un minimo di saggezza scremerebbe il latte in senso antiorario, né sbatterebbe la panna in tale direzione per fare il burro».

GLI INCONTRI DI MRS. SHERIDAN CON LE CREATURE FATATE

Gli esseri fatati sono spesso personaggi centrali nel folklore irlandese, i quali vivevano fianco a fianco agli umani come razza indipendente e separata. Di fatto si è a lungo sostenuto che il loro nome in lingua inglese, *fairy*, derivi da un'antica espressione celtica, «fah-ri» (la razza degli spiriti); ma, dal momento che a loro quel nome non piaceva troppo, si parlava spesso di loro chiamandoli il «Buon Popolo», o gli «Altri», per evitare di farli arrabbiare. L'unico giorno in cui si aveva il permesso di nominarli era il martedì, e qualunque osservazione li riguardasse doveva essere preceduta dall'espressione: «Possano i loro talloni essere rivolti verso di noi», nella speranza che stessero guardando dall'altra parte!

Nonostante queste proibizioni, si credeva che gli umani e gli esseri incantati vivessero a stretto contatto in tutto il territorio celtico. Tuttavia vi era solo un rapporto limitato tra i due popoli, dal momento che le creature fatate erano una razza assai riservata e non si fidavano assolutamente degli uomini.

Nella maggior parte dei casi fate e folletti rimanevano

invisibili all'occhio umano, e svolgevano le loro faccende non visti dai loro vicini mortali. Di tanto in tanto, ovviamente, vi era un contatto tra le due razze; a volte accidentale, a volte deliberato da parte delle magiche creature. Alcuni mortali avevano la fortuna (o a volte la sfortuna) di vedere il Buon Popolo o di visitare le loro dimore. E sempre di tanto in tanto era possibile che alcuni mortali fossero portati via dagli esseri incantati per vivere per un certo tempo con loro, facendo spesso ritorno a casa completamente frastornati e ricordando molto poco del luogo in cui erano stati. Alcuni rimanevano via a lungo, dal momento che si diceva che un'ora nel mondo incantato corrispondesse a più di cent'anni nel mondo degli uomini; alcuni non rimanevano lontani nemmeno per un attimo.

Tra coloro che erano stati «portati via» dagli esseri incantati vi fu una signora della contea di Sligo che venne intervistata alla fine del diciannovesimo secolo da Lady Augusta Gregory (1852-1932): una donna rapita dalle fate a cui fa riferimento con il nome di Mrs. Sheridan. Questa signora aveva tratto beneficio in vari modi dal periodo trascorso tra gli esseri incantati. Innanzitutto, benché molto miope, fu comunque in grado di vedere le creature magiche che le stavano intorno; e, secondariamente, al suo ritorno dal paese incantato, era divenuta una grande guaritrice. Contemporanea della celebre maga della contea di Clare, Biddy Early, è persino possibile che per un certo tempo Mrs. Sheridan le abbia dato del filo da torcere nel ruolo di indovina più conosciuta in Irlanda. Descrivendo questa «signora delle fate», Lady Gregory scrive:

«Mrs. Sheridan, come la chiamerò, era piuttosto avvizzita e quasi cieca, e nel corso della sua vita non aveva mai usato scarpe. Era assai anziana, poiché una volta, ad un ballo, aveva incontrato Raferty, il poeta gaelico morto assai prima della carestia del '47. Doveva anche essere stata graziosa, poiché quest'ultimo le aveva detto: "Sei ben fatta; chi ti ha concepito certo sapeva fare il suo mestiere", ed ella, che aveva la risposta pronta, aveva replicato: "Meglio di quanto lei sappia fare il suo", dal momento che il violino di lui aveva due o tre corde rotte».

Fu a lady Gregory che Mrs. Sheridan raccontò alcune delle sue esperienze con le creature fatate. Le sue storie contengono un certo numero di elementi interessanti, inclusa la forte associazione nell'Irlanda occidentale tra gli esseri incantati e i morti. Il seguente racconto è tratto dal testo di Lady Gregory, *Visions and Beliefs in the West of Ireland* (Visioni e credenze dell'Irlanda occidentale), pubblicato nel 1920.

Tratto da Visions and Beliefs in the West of Ireland
di Lady Augusta Gregory

Avvicinati e ti dirò che cosa ho visto laggiù al vecchio castello (di Ballinamantane). Stavo passando di là una sera e vidi una casa grande e maestosa con una folta siepe di alberi tutt'intorno e le finestre aperte: il palazzo di Coole non è nulla in confronto a ciò che era questa dimora, per dimensioni e magnificenza. E vi erano delle persone all'interno e delle signore che passeggiavano e un ponte che attraversava il fiume. Poiché essi possono erigere cose come questa in un solo minuto. E due carrozze attraversarono il ponte dirigendosi verso il castello, e in una di esse vidi due gentiluomini che ben conoscevo, ed entrambi erano morti già da tempo. Per quanto riguarda le carrozze e i cavalli, non ci prestai molta attenzione dal momento che ero troppo intenta ad osservare i due gentiluomini. E poi venne un uomo che mi chiamò e mi chiese se volessi attraversare il ponte, alla qual cosa risposi di no. Ed egli mi disse: «Faresti meglio a farlo, poiché te ne usciresti più pesante di quando sei entrata». Suppongo che mi avrebbero dato qualcosa di buono. E poi due uomini tirarono su il ponte e lo misero in verticale contro le mura. Due volte vidi quella scena: il palazzo, le carrozze e il ponte, e so bene che la vedrò una terza volta prima di morire.

Una volta, quando vivevo a Ballymacduff, due bambini annegarono nel fiume, uno aveva otto anni e l'altro undici. Io ero fuori nei campi mentre la gente scrutava il fiume per cercare i corpi, quando vidi un uomo che se ne allontanava insieme ai due ragazzini, e che li conduceva via tenendoli entrambi per mano. E quando vide che mi ero fermata e che li guardavo, mi disse: «Fa' attenzione a non portarmeli via, poiché tu vivi con una bambina e se tu me li porti via, lei non tornerà mai più da te». E uno dei due bambini gli sfuggì di mano e corse da me, ma l'altro gridò: "Oh, Pat, non lasciarmi!". E allora il piccolo tornò indietro e l'uomo li condusse via. E dopo vidi un altro uomo, molto alto, e deforme, che mi guardava in modo strano con la testa reclinata e che conduceva due cani dalla parte opposta, e io sapevo esattamente dove stava andando e che cosa ne avrebbe fatto.

E quando venni a sapere che i corpi erano stati ricomposti, mi recai in casa per osservarli, ma non erano i corpi dei due ragazzini, ma i due cani che erano stati messi al loro posto. Mi accorsi di ciò per via di alcune strisce sui corpi simili a quelle che si vedono sulle fodere dei materassi; e sapevo che non poteva trattarsi dei bambini, poiché li avevo visti portare via.

E fu a quell'epoca che persi un occhio, qualcosa accadde e non recuperai mai più la vista. Per tutta la mia vita ho visto *quegli esseri*, e ne ho avuto abbastanza. Una volta vidi uno dei campi qua sotto che pullulava di quelle creature, alcuni raccoglievano pietre, altri stavano arando. Ma quando passai accanto a quel campo la volta successiva, non vi era traccia di aratura. Non possono fare nulla se nessun essere umano vivente li guarda, ed è questo il motivo per cui mi stavano sempre addosso. Anche da bambina potevo vederli, e una volta, mentre passeggiavo, misero ostacoli sul mio cammino e mi ferii un piede. Mio padre mi guarì, e avendolo fatto dopo cinque giorni morì.

Ma non c'è cattiveria in loro, non molta.

Vi era una donna che viveva vicino a me a Ballymacduff che era solita occuparsi delle donne, si chiamava Sarah Redington. [*Nota del curatore*: Era una «donna tuttofare» - una levatrice del luogo.] E una volta venne condotta via da un uomo che era venuto a cercare proprio lei; la portò in una collina attraverso una porta, e lei non sapeva dov'era quella collina. E in essa vi erano delle persone e delle culle e una donna in travaglio, che ella aiutò a partorire, al che la donna le disse che sarebbe stata lontano da casa solo per quella notte. E l'uomo la riportò fuori e la mise sulla strada nei pressi della sua casa e le diede qualcosa avvolto in un sacco, dicendole di non guardare cos'era fino a quando fosse giunta a casa, e quindi di gettare lontano da sé la prima manciata di ciò che vi era dentro. Ma ella non riuscì ad aspettare di essere arrivata a casa per vedere cos'era e si tolse il sacco dalle spalle e lo aprì; e in esso non vi era nient'altro che sterco di vacca. E l'uomo andò da lei e le disse: «Guardando nel sacco ci hai quasi distrutto, perciò non ti faremo mai più tornare tra noi».

Un uomo che conosco fu portato in mezzo a loro più e più volte. Un giorno stava passando accanto ad un grande albero ed essi lo assalirono; egli indossava un nuovo paio di pantaloni, ed uno di loro vi fece un taglio, e un altro ne strappò un pezzo, e tutti arrivarono correndo e strappando un pezzo qua e un altro là, fino a quando non gli rimase addosso un solo brandello. Lo fecero solo per prenderlo in giro. Ma lo aiutavano molto, poiché possedeva solo un acro di terra ma questo produceva tanto quanto chiunque altro sarebbe riuscito ad ottenere da una grande fattoria. La moglie, però, non amava le sue sortite e qualcuno le consigliò una cura per guarirlo; ella disse che ci avrebbe provato, al che, nel giro di due ore era morta, l'avevano uccisa prima che potesse provare. Egli era solito dire che il luogo in cui veniva condotto era una casa circolare e molto grande, e Cairns, che andò con lui, mi disse la stessa cosa.

Per tre volte quando mi recai al pozzo per prelevare l'acqua, questa mi si rovesciò addosso, dopo di che dissi a Bridget che avrebbero dovuto prendersi l'acqua da soli, io non ci sarei più andata. E la terza volta che ciò avvenne, un ragazzino, uno degli Heniffs, era lì vicino e quando udì ciò che mi era accaduto disse: «Deve essere stata la donna che era al pozzo accanto a te a farlo». E io risposi che accanto a me al pozzo non c'era nessuna donna. «Sì che c'era», replicò. «L'ho vista là accanto a te, con due piccoli barattoli in mano».

Un giorno, dopo che ero venuta a vivere a Coole, una strana donna entrò in casa; io le chiesi quale fosse il suo nome ed ella mi rispose: «Io c'ero molto prima che ci fossi tu», quindi entrò nella stanza interna e non la vidi più.

Ma Bridget e Peter la videro entrare e mi chiesero chi fosse, dal momento che non l'avevano mai vista prima. E di notte, mentre dormivo ai piedi del letto, ella arrivò e mi gettò a terra, al punto che l'articolazione del mio braccio ne porta i segni ancora oggi. E ogni notte arrivava e mi tormentava o mi disturbava in qualche modo. E alla fine facemmo venire padre Nolan perché la scacciasse. Non appena egli iniziò a leggere, uscì dalla casa con una grande esplosione, e si udì un rumore assordante come il tuono. E padre Nolan disse: «Siete stati fortunati che non vi abbia ucciso prima di andarsene».

Certo, anch'io ho passato del tempo in mezzo a loro, e come mi portavano là io non so, ma quando ritornavo ero imbronciata con mio marito e con tutti. Credo che quando ero con loro ero piena di rabbia perché temevo non mi avrebbero lasciata andare, ed è questo il motivo per cui non mi tennero con loro, non amano avere con sé gente arrabbiata. Mio marito mi chiedeva dove fossi stata, e perché fossi rimasta via così tanto tempo, ma credo sapesse che ero stata *rapita* e la cosa lo turbava parecchio, ma non ne ha mai voluto parlare molto. Mia madre, invece, lo sapeva bene, ma cercava di nasconderlo. I vicini arrivavano e chiedevano dove fossi e lei rispondeva che ero a letto ammalata, poiché qualunque cosa fosse stata messa al mio posto teneva la testa sotto le coperte. E quando un vicino mi portava un bicchiere di latte, mia madre lo metteva da parte e diceva: «Lasciatela stare adesso, forse lo berrà domani». E a volte accadeva che dopo uno o due giorni incontravo qualcuno che mi diceva: «Perché non mi hai detto nulla quando sono venuto in casa tua a trovarti?». E all'epoca ero una ragazza giovane e inesperta.

Anche mio marito è morto, ma sono stati *loro* a portarmelo via. Una notte stava sdraiato di fianco a me quando mi svegliai e lo sentii muoversi e credetti di udire qualcuno con lui. Allora allungai la mano e quello che toccai fu una mano di ferro, al tatto sembrava proprio un ferro da maglia. E udii le ossa del suo collo spezzarsi, e poi una specie di riso soffocato; allora mi alzai dal letto e accesi un lume ma non vidi nulla, solo mi sembrò di vedere qualcuno uscire dalla porta. Chiamai Bridget, ma lei non arrivò; la chiamai ancora e infine venne, e disse che, dopo aver udito un rumore, aveva acceso un lume, ma che qualcuno glielo aveva fatto cadere di mano. E quando guardai nel letto, quel tale giaceva morto, e non c'era un solo segno su di lui.

[*Nota del curatore*: Lady Gregory conclude il suo racconto della conversazione con Mrs. Sheridan nel modo seguente.]

La signora morì qualche anno fa ed ecco cosa mi è stato riferito:

«C'è uno spirito nella casa di Mrs. Sheridan. Hanno fatto venire un prete a dirvi Messa, ma con tutto quello che succede nessuno in quella casa ha il permesso di appoggiare la testa sul cuscino fino a quando il gallo canta».

GLI ESSERI FATATI

Per i popoli celtici e i loro discendenti gli esseri fatati e la loro natura rappresentavano un problema. Non vi era dubbio nella mente della gente comune che questi esseri esistessero davvero, ma che cos'erano esattamente? Erano, ad esempio, spiriti? Antichi dei? Erano ben intenzionati verso il genere umano oppure ostili? Erano agenti del Demonio che cercavano di traviare i figli di Dio? O erano qualcosa d'altro? I punti di vista su di loro erano ambivalenti. In epoche più recenti la Chiesa insegnava che gli esseri fatati erano fondamentalmente malvagi e che era necessario evitarli, e la saggezza popolare suggeriva che bisognava temere queste creature. Eppure le discussioni continuarono a lungo.

Si può affermare che in nessun'altra parte del mondo celtico l'imminenza delle creature fatate fosse sentita tanto intensamente quanto in Irlanda. Si credeva che fate, elfi e folletti dimorassero in ogni cespuglio e sotto ad ogni pietra del territorio irlandese. E fu sull'isola che si tenne gran parte delle discussioni sulla esatta natura del Buon Popolo. Studiosi locali si applicarono a spiegare la natura e i comportamenti degli esseri fatati e a collocarli nel contesto rurale che li circondava. Le tematiche di questi dibattiti sembrano persino avere attraversato l'oceano Atlantico per giungere in America, dove gli studiosi di folklore locale esaminarono le favole irlandesi confrontandole con le storie dei nativi americani. Come gli irlandesi, i nativi americani avevano il loro «piccolo popolo», e non è inopportuno compiere dei paragoni tra le due culture.

Il seguente brano proviene dal testo del dottor David Rice McAnally, *Irish Wonders* (Meraviglie d'Irlanda), pubblicato nel 1888. Il dottor McAnally (1810-1895) era uno studioso americano di folklore di origine irlandese, che aveva raccolto una discreta quantità di materiale orale dalla campagna irlandese. Invece di adottare un approccio scientifico o filologico ai racconti, come fanno molti studiosi di folklore, egli preferì concentrarsi sui loro aspetti letterari, poetici e narrativi. Il suo fu un tentativo di presentarli secondo le modalità narrative originarie dei cantastorie, e il suo lavoro non è per questo meno erudito. Ciò che ritroviamo in questa raccolta, quindi, sono la voce e le convinzioni autentiche del popolo irlandese. Il brano seguente è una dissertazione radicata in questa tradizione, incentrata sulle origini e la natura degli esseri fatati, e ci fornisce interessanti informazioni su come queste creature enigmatiche fossero viste dai contadini irlandesi nel corso del diciannovesimo secolo e gli inizi del ventesimo.

Tratto da Irish Wonders
del Dr. David Rice McAnally

La rigogliosità orientale della mitologia irlandese non si mostra in nessun'altra occasione in modo tanto evidente quanto nella trattazione della storia, delle abitudini, delle caratteristiche e delle burle del «buon popolo». Secondo il più affidabile dei nostri «uomini delle fate», genere ormai quasi estinto, gli esseri fatati erano un tempo angeli, ed erano così numerosi da costituire un'ampia porzione della popolazione celeste. Quando Satana peccò e spinse una gran moltitudine di schiere celesti a ribellarsi insieme a lui; un buon numero di spiriti meno combattivi però non prese parte al conflitto, temendone le conseguenze, e si schierò solo quando le sorti del conflitto erano ormai decise. In seguito alla sconfitta e all'espulsione degli angeli ribelli, coloro che erano rimasti neutrali furono puniti con l'esilio dal Paradiso, ma essendo la loro una colpa di omissione non furono relegati all'inferno con Satana e i suoi seguaci, ma mandati sulla terra dove dimorano ancora oggi, non senza la speranza che nell'ultimo giorno potranno essere perdonati e riammessi in Paradiso. Essi fanno in modo di comportarsi bene, ma dal momento che hanno il potere di compiere malvagità infinite, sono molto temuti e quando ci si riferisce a loro, sussurrando o ad alta voce, li si chiama il «buon popolo».

A differenza del *Leprecaun*, che non è considerato un degno compagno di fate e folletti rispettabili, il buon popolo non ama la solitudine; si tratta di una razza assai socievole, che vive in società numerose, i membri delle quali perseguono un comune progetto di lavoro e di divertimento, mettendo in comune tutte le loro doti, il cui genere e la cui quantità sono in qualche modo indefiniti, e unendo i loro sforzi per raggiungere qualsiasi obiettivo desiderato, sia esso relativo al lavoro o al gioco. Questi esseri viaggiano in gruppi numerosi, e benché non si vedano mai durante il giorno, non è molto difficile accertarsi del loro percorso, poiché «essi sollevano la più terribile nuvola di polvere che si sia mai vista, senza che vi sia il minimo soffio di vento», di modo che a volte una migrazione delle creature incantate diventa la notizia più importante di tutto il paese. «Anche se per natura non arrivano alla lunghezza di un dito, possono diventare alti come una torre quando gli pare, e di una bruttezza tale da svenire solo a guardarli, sapendo che possono uccidervi sul posto o trasformarvi in un cane, un maiale, o un unicorno o qualsiasi altra sporca bestia gli vada».

Di fatto, tuttavia, gli esseri fatati, al momento, non sono assolutamente numerosi come un tempo, e recentemente uno storico ha osservato che il sistema scolastico nazionale e le società di padre Matthew stanno espellendo rapidamente le fate e i folletti fuori dal paese, dal momento che questi «odiano il sapere e la saggezza e amano solamente la natura».

In alcuni distretti remoti dove le scuole non sono ancora un'istituzione stabile, il buon popolo è ancora presente e le loro imprese vengono narrate con una fede infantile nel potere dei primi abitanti dell'Irlanda, poiché tutti sembrano convenire che essi fossero là molto tempo prima dell'arrivo sia degli irlandesi sia dei loro oppressori sassoni.

Il corpo degli esseri fatati non è composto di carne e di ossa, ma di sostanza eterea, la cui natura non è determinata. «Sono visibili chiaramente, come il naso sulla faccia, ed è possibile guardare attraverso di loro come fossero fatti di nebbia». Essi hanno il potere di svanire dalla vista a loro piacimento, e il fatto che l'atmosfera sia a volte piena di queste creature ispira il rispetto che i contadini nutrono per loro. A volte è possibile udirli senza vederli, e quando viaggiano nell'aria, come avviene spesso, ci si può accorgere della loro presenza per via di un ronzio simile a quello prodotto da uno sciame di api. Non si sa per certo se abbiano le ali. Barney Murphy, del Kerry, pensava che le avessero; dal momento che diverse creature da lui osservate anni prima sembravano avere delle alette lunghe e semitrasparenti, «come quelle delle libellule». I vicini di Barney, tuttavia, lo contraddissero negando fermamente al Buon Popolo l'attributo delle ali e insinuarono che all'epoca in cui Barney vide le creature fatate era troppo ubriaco per distinguere un paio di ali da un paio di gambe, quindi questa parte della questione rimane dubbia.

Per quanto riguarda i loro abiti, la testimonianza è indiscussa. Le giovani fate indossano abiti di un bianco puro e generalmente lasciano i capelli sciolti sulle spalle, mentre le fate più anziane si legano le trecce in una crocchia dietro alla testa, circondando anche le tempie con un nastro dorato. I giovani elfi indossano giacchette verdi, con pantaloni e calze bianchi, e quando gli esseri fatati di entrambi i sessi hanno bisogno di un cappello o di coprire la testa, ricorrono al fiore della digitale.

Le creature fatate di sesso maschile eccellono in ogni genere di esercizio militare, poiché, come gli altri abitanti dell'Irlanda, costoro sono divisi in fazioni, anche se l'oggetto del loro contendere non è, nella maggior parte dei casi, ben definito. Nel Kerry alcuni anni fa si svolse una grande battaglia tra le creature fatate, di cui una parte abitava un tumulo sepolcrale, mentre l'altra un solitario cimitero abbandonato. Paddy O' Donohue fu l'unico testimone di questo scontro, e questo è il racconto dalle sue stesse parole:

«Ero sdraiato lungo la strada, dato che stavo tornando a casa ed ero stanco morto per la camminata. Quella notte la luna brillava, e io udì un rumore come se ci fossero un milione di soldati in marcia, così mi alzai per guardare; la strada era piena di omini, alti come la mia mano, che indossavano giacche verdi, tutti in fila come fossero un reggimento, ciascuno con una picca sulla spalla e uno scudo al braccio. Un omino guidava la comitiva e mi accorsi che era il generale, perché camminava con il mento all'insù, tronfio come un pavone. Be', io, però, tremavo come una foglia e pregavo più rapidamente di quanto non avessi mai fatto nella mia vita, dal momento che erano troppo vicini a me perché io potessi starmene tranquillo. Essi, però, mi passarono accanto senza che uno solo di loro voltasse la testa verso di me per guardarmi, sia lode a Dio per questo, e quindi si allontanarono. Quando furono tutti andati, mi venne la curiosità di vedere quali erano le loro intenzioni, quindi li seguii, tenendomi ben lontano e pronto a darmela a gambe come una lepre al minimo rumore, poiché temevo che se mi avessero scoperto mi avrebbero trasformato subito in maiale o in qualche altra bestia. Marciarono fino al campo che si trova tra il tumulo e il camposanto e là vi era un altro esercito di omini in giacca rossa che proveniva dal camposanto, e le due armate ingaggiarono la più grande battaglia mai vista, i verdi contro i rossi. Dopo avere osservato per un po', mi feci coinvolgere dalla lotta, poiché i verdi stavano dandogliela di santa ragione ai rossi. Perciò mi alzai in piedi, lanciai un urlo e gridai: "Dateci sotto! Non lasciatene in piedi neanche uno!". Detto ciò la vista mi lasciò e non ricordo nulla fino al mattino dopo, quando mi svegliai sdraiato lungo la strada dove li avevo incontrati, rigido come un bastone.»

Le dimore delle creature incantate sono normalmente situate nei tumuli appartenenti all'epoca dell'Irlanda pagana e per questo motivo ogni rialzo nel terreno è assai temuto e dopo il tramonto i contadini vi si tengono lontani. Sono stati fatti dei tentativi di spostare alcuni di questi tumuli, ma la riluttanza di una parte dei contadini a intraprendere il lavoro, indipendentemente dagli incentivi che venivano loro offerti, ha generalmente causato l'abbandono dei progetti. Su una delle isole che si trovano nel lago superiore di Killarney vi è un tumulo: dal momento che il proprietario riteneva che occupasse troppo spazio, decise di raderlo al suolo per aumentare la superficie arabile del campo. Il lavoro iniziò, ma una mattina, all'alba, mentre i lavoratori stavano attraversando il lago per recarsi sull'isola, videro una processione di circa duecento persone, abbigliate come monaci, abbandonare l'isola e dirigersi verso la terraferma, seguiti, pensarono i lavoratori, da una lunga scia di piccole figure luminose. Il fenomeno era forse d'origine naturale, poiché i miraggi non sono affatto eventi insoliti sull'isola, ma il lavoro sul tumulo venne posticipato a tempo indefinito. Oltre ai tumuli, vecchi castelli, cimiteri deserti, chiese in rovina, forre isolate tra le montagne, sorgenti, laghi e caverne sono tutti dimora e luoghi di incontro per gli esseri fatati, come ben si sa sulla costa occidentale.

La migliore genia delle creature fatate è affezionata agli esseri umani e protegge spesso coloro che ama. In alcune zone del Donegal e del Galway si crede che essi ricevano le anime dei morenti e che le accompagnino fino alle porte del Paradiso, pur non avendo il permesso di entrarvi. Per questa ragione questi esseri amano i sepolcri e i cimiteri, e sono spesso stati visti aggirarsi tra le tombe ricoperte d'erba. Di fatto vi sono, a quanto si racconta, delle lotte di fazione tra le schiere fatate durante o subito dopo un funerale, e tali battaglie vengono ingaggiate per determinare se l'anima del defunto appartenga all'una o all'altra parte.

Le creature fatate si divertono con la musica, la danza e i giochi con la palla. In campo musicale la loro abilità supera quella umana, e il loro modo di ballare è perfetto, e come unico inconveniente, sembra, le loro danze rovinano il manto erboso, lasciando degli «anelli fatati» di erba morta, causata apparentemente da una crescita fungina particolare, assai comune in Irlanda. Benché abbiano pochi strumenti musicali, essi li utilizzano con meravigliosa abilità. Presso Colooney, nella contea di Sligo, vi è una «donna di conoscenza», che aveva una nonna la cui zia assistette a un ballo delle creature fatate; la musica era prodotta da un'orchestra che indubbiamente era stata istruita e messa in piedi con grande fatica e impegno.

«Era lo spettacolo più grazioso che si potesse vedere. Vi era un luogo su cui gli esseri stavano in piedi e un magnifico violino di grandi dimensioni, così enorme che ci si poteva dormire dentro, suonato da una rana mostruosa, e due piccoli violini, suonati da due gattini, e due grandi tamburi su cui battevano dei gatti e due trombe suonate da grassi maiali. Tutto attorno le creature fatate danzavano come angeli, illuminate dalle lucciole e dai raggi della luna che scintillavano sul lago, dal momento che ciò avvenne nei pressi della riva, e se non ci credete c'è ancora la valle in cui è successo, che da quel giorno benedetto è chiamata la valle fatata».

Le creature fatate cantano molto, anche se di rado in coro; nei tempi più antichi le loro canzoni si udivano più di frequente di quanto non accada ai giorni nostri. Anche oggi il contadino sorpreso dal calar delle tenebre dopo essere stato ad una veglia o di ritorno da una fiera, passando accanto ad un tumulo può a volte udire la dolce melodia delle loro voci in lontananza, e fuggirà in fretta per paura che essi scoprano la sua presenza e si arrabbino per questa intrusione nella loro intimità. Quando sono di buon umore, il che non capita troppo spesso, questi esseri acconsentono a volte a che un mortale assista ai loro festeggiamenti, ma se questi dice qualcosa la scena svanisce di colpo, il mortale perde i sensi e si ritrova generalmente il mattino successivo lungo il ciglio della strada, «con un tale dolore alle braccia e alle gambe e alla schiena che anche se un milione di diavoli lo stesse inseguendo non riuscirebbe a muovere neanche un dito per salvare la sua anima; questo è quello che gli fanno le creature incantate pungendolo e prendendolo a calci e a pugni, per avere osato disturbarli e parlare ad alta voce».

Gli esseri fatati che sono inclini alla gentilezza traggono spesso grande piacere nell'assistere coloro che li trattano con la dovuta cortesia, e dal momento che i loro favori assumono sempre una forma pratica, vi è a volte un valore commerciale nel mostrare loro rispetto. Vi fu, ad esempio, un certo Barney Noonan, della contea di Leitrim di cui si narra quanto segue: «E in tutto il paese non vi era un ragazzo migliore di Barney. Lavorava come un mulo e amava divertirsi ogni tanto come chiunque altro, quando c'era tempo, il che di certo non accadeva spesso, ma non per colpa sua, poiché non era ricco per niente. Egli provava un grande rispetto per il buon popolo e quando passava accanto al tumulo dietro al suo campo si toglieva il cappello e la pagliuzza che teneva in bocca e, gentile come fosse un maestro di danza, diceva: "Dio vi benedica, gentili signore e gentili signori", così che il Buon Popolo lo udiva sempre anche se non si faceva mai vedere. Egli aveva un terreno sul quale coltivava l'erba per fare il fieno, e un giorno dopo averla tagliata, la lasciò lì a seccare, e il sole uscì splendente e in un giorno il fieno si era seccato ed era pronto per essere messo via.

«Barney, allora, stava per mettere via il fieno ma, essendo il giorno della fiera, pensò di portarvi il vitello e di venderlo, e così fece. Là incontrò degli amici e si fermò più del solito, perdendosi in bevute, danze e corteggiamenti, così quando tornò a casa era già buio, la notte era nera come un'ala di corvo, e le nuvole si stavano ammassando sulle cime delle montagne come spiriti maligni, scivolando lungo le valli come angeli di distruzione, mentre il vento ululava come diecimila *banshee*. Ma a Barney tutto ciò non importava un fico secco, essendo esaltato dal gran bere. Quindi il pensiero del fieno non gli sfiorò nemmeno la mente, ma sprofondò nel letto e in due minuti stava già russando come un cavallo, poiché era scapolo, Dio lo benedica, e non aveva una moglie che lo assillava o lo tormentava su dove fosse stato, e che cosa avesse fatto, e che lo costringeva a dire mille bugie per non essere tornato a casa prima. A un certo punto iniziò a tuonare e a lampeggiare come se tutti i demoni malvagi dell'universo stessero combattendo tra loro sparando cannonate nel cielo, e di tanto in tanto vi era un fragore così forte da spaccare la testa in due, e fu allora che Barney si svegliò.

«"Che mi venga un colpo", disse a se stesso, "sta per

piovere e il fieno è sparso a terra. Che cosa posso fare?”.

«Quindi rotolò dal letto e guardò fuori attraverso una fessura per vedere se stava davvero piovendo. E là fuori vi era il più grande assembramento di omini e donnine che avesse mai visto. Avevano costruito una fila di falò dalla stalla al campo e procedevano in fila come una mandria che si dirigesse verso casa, ciascuno con le braccia cariche di fieno. Alcuni erano nella stalla a sistemare il fieno, altri nel campo a raccoglierlo, e altri ancora stavano in piedi con le mani in tasca, come fossero i capi, e dicevano ai compagni di sbrigarsi. E così fecero, perché tutti correvano come se dovessero andare dal dottore, depositavano il loro carico e correvano a prenderne un altro.

«Barney li osservava attraverso la fessura e si faceva il segno della croce ad ogni minuto, pieno di ammirazione per la loro rapidità. “Dio è stato buono con me”, si disse, “non sono in molti qui a Leitrim ad avere chi lavora il fieno come loro”, ma non disse una sola parola, dal momento che sapeva bene che il buon popolo non l’avrebbe apprezzato. Essi portarono all’interno tutto il fieno e lasciarono che i falò si spegnessero, quindi accesero un altro grande fuoco davanti al granaio e iniziarono a danzare in cerchio al suono della musica più dolce che Barney avesse mai udito.

«A questo punto egli si era alzato ed essendosi tranquillizzato riguardo alla sorte del fieno, iniziò a sentirsi assai allegro. Li guardava danzare attraverso la fessura della porta, e ogni tanto vedeva che portavano una brocca con dei piccoli bicchieri da birra e che bevevano qualcosa che versavano dalla brocca. Se Barney avesse avuto l’intelligenza di un’aringa, sarebbe stato zitto e li avrebbe lasciati bere a volontà senza aprire quella sua boccaccia, dal momento che era già pieno come un otre e non aveva certamente bisogno di bere ancora; ma quando vide la brocca e le creature fatate che bevevano a grandi sorsi, non capì più niente e si mise a muggire come un toro, dicendo: "Arrah-a-a-h, piccoletti, ma come? Bevete e non offrite neanche un sorso a un assetato mortale che vi tratta sempre al meglio che può?", e immediatamente le creature e il fuoco e la brocca svanirono dalla sua vista ed egli si ritrovò disteso sul letto in un baleno. Mentre era là sdraiato credette di udire qualcuno parlare e uno scalpiccio di piedi, ma quando guardò di nuovo fuori tutto ciò che vide fu la notte oscura e la pioggia che cadeva, ogni goccia simile ad una secchiata d'acqua. Allora si addormentò, soddisfatto che almeno il fieno fosse al coperto, ma infastidito perché il buon popolo si era comportato in modo spregevole, bevendo sotto ai suoi occhi senza offrirgli neanche un goccio, senza nemmeno farlo avvicinare alla brocca.

«Al mattino si alzò e uscì a controllare il fieno per vedere se le creature fatate lo avevano messo a posto, poiché, si disse: "È un lavoro al quale non sono abituati". Guardò quindi nella stalla e pensò che gli occhi gli stessero facendo cilecca, dal momento che all'interno non vi era nemmeno un filo di fieno. "Santo Cielo", disse, "che cosa ne hanno fatto?", e non riusciva a capire che cosa fosse successo al fieno. Allora guardò nel campo e vide che il fieno era sparso a terra; le creature lo avevano, sì messo tutto nella stalla, ma sfortunatamente quando Barney aveva gridato si erano arrabbiate a tal punto che lo avevano riportato sul terreno, rimettendo ogni filo di fieno dove Barney lo aveva lasciato, così che adesso era fradicio come un gatto annegato. Questa fu una lezione che Barney non dimenticò mai, e scommetto che la prossima volta che gli esseri incantati lo aiuteranno con il fieno, se ne starà zitto e li lascerà bere fino a scoppiare, se così parrà loro, senza emettere fiato».

Come Joan perse la vista da un occhio

Benché gli umani e gli esseri fatati vivessero gli uni accanto agli altri, era generalmente impossibile per i mortali vedere i loro vicini incantati. Nella maggior parte dei casi, i contadini celtici portavano avanti le loro attività quotidiane ignari del mondo fatato, industrioso ma invisibile, che esisteva intorno a loro. Era, tuttavia, possibile intravedere questo mondo, per quanto brevemente, ma solo con il permesso del popolo fatato. A volte concedevano a singoli individui la vista diretta del loro regno semplicemente attraverso un contatto personale e «portandoli via» con loro; permettevano ad un umano di trovare un quadrifoglio, che rendeva possibile vedere quell'altra dimensione; e in altre occasioni garantivano la visione grazie ad un unguento magico che poteva essere applicato sugli occhi dei mortali.

Quest'ultimo metodo era solamente temporaneo, poiché gli effetti dell'unguento ben presto si esaurivano permettendo il ritorno alla vista normale, anche se con una seconda applicazione spesso veniva ripristinata la capacità di vedere il mondo fatato. Si riteneva che maghe e indovine avessero sempre con sé questo unguento, che poteva aiutarle nei loro contatti con il mondo di fate e folletti, perciò, nel folklore dell'Irlanda, della Scozia, del Galles e della Cornovaglia sono innumerevoli le storie che riguardano questi potenti balsami. Si sostiene che, a lungo termine, tali unguenti avessero un effetto dannoso sugli occhi umani (dal momento che si riteneva gli umani non avrebbero mai dovuto vedere il mondo fatato). Ciò non sorprende, forse, poiché le maghe cercavano di fatto di preparare queste pomate utilizzando ingredienti tossici, che esse applicavano poi ai propri occhi! La perdita della vista veniva attribuita a un disturbo d'origine fatata. La storia seguente, molto interessante e unica nel suo genere, proveniene da St. Leven, in Cornovaglia, ed è tratta dal saggio di Robert Hunt, *Drolls, Traditions and Superstitions of Old Cornwall*, pubblicato nel 1881.

Tratto da Drolls, Traditions and Superstitions of Old Cornwall

di Robert Hunt

Joan era governante presso il Cavaliere Lovell ed era famosa per i suoi splendidi lavori a maglia. Un sabato pomeriggio, Joan volle recasi a Penzance per acquistare un paio di scarpe per sé e alcuni oggetti per il cavaliere. Ed essendo una giornata di tempo particolarmente bello, decise di andarci a piedi.

Joan amava moltissimo spettegolare un po' ed era sempre in cerca di compagnia. Sapeva che Betty Trenance era sempre pronta a farsi una bella passeggiata; a dire la verità, tutti sostenevano che Betty fosse una strega, ma, si disse Joan, «Strega o non strega, verrà con me: una cattiva compagnia è sempre meglio di nessuna compagnia».

Quindi Joan si recò a Lemorna, dove viveva Betty. Arrivata alla casetta di Betty, sbirciò attraverso il buco della serratura e la vide mentre spalmava un unguento verde sugli occhi dei suoi figli. Rimase ad osservare finché Betty Trenance ebbe finito e notò che la donna metteva l'unguento sull'estremità interna del sedile di pietra del focolare, coprendolo poi con un panno.

Joan entrò; Betty, ovviamente, fu felicissima di vederla e mandò i bambini in un'altra stanza. Ma disse che non sarebbe andata con lei a Penzance, poiché non stava bene e si stava curando con del latte mescolato a grasso di rognone, brandy e rum, e adesso era ora della sua dose. Così Betty si recò nell'altra stanza a prendere la bottiglia.

Joan approfittò dell'occasione, si mise un po' di unguento sul dito e con questo si toccò l'occhio destro. Betty rientrò con la bottiglia e Joan bevve un sorso; quando si guardò attorno fu sorpresa di vedere la casa brulicare di omini piccolissimi. Stavano facendo ogni sorta di scherzi appollaiati sulle travi del soffitto. Alcuni si dondolavano appesi alle ragnatele, altri cavalcavano i topi, altri ancora li inseguivano dentro e fuori i buchi del tetto. Joan fu sorpresa a quella vista e pensò di avere addosso un quadrifoglio a propria insaputa.

Tuttavia, senza fermarsi per bere ancora, si mise in viaggio da sola per Penzance. Aveva perso molto tempo, dal momento che quando arrivò al mercato era quasi buio.

Dopo avere fatto i suoi acquisti, mentre stava per lasciare il mercato, chi vide se non il marito di Betty, Tom Trenance. Era lì, che si muoveva furtivo nell'ombra e rubava dalle bancarelle, scarpe e calze da una, rocchetti di filo da un'altra, cucchiai di peltro da una terza e così via. Riempiva le sue capaci tasche di tutti gli oggetti rubati, eppure nessuno sembrava accorgersene.

Joan si diresse subito da lui.

«Non ti vergogni a stare nascosto nel buio a fare questi giochetti?».

«Sei tu, Joan?» domandò Tom. «Con quale occhio riesci a vedermi?».

Dopo aver chiuso prima un occhio poi l'altro, Joan disse che riusciva a vedere chiaramente Tom con quello destro. Non appena detto ciò, Tom Trenance puntò un dito contro l'occhio di Joan e da quel momento in avanti questo divenne cieco.

La disperazione costrinse Joan a trovare il modo per uscire da Penzance. Non riusciva a tenersi sulla strada, continuava a cadere nel fosso dalla parte dell'occhio cieco. Nei pressi di Fawgan la povera Joan, che era così esausta da non riuscire a mettere un piede davanti all'altro, pregò di trovare un vecchio cavallo tranquillo che la portasse a casa.

Il suo desiderio fu esaudito all'istante. Presso il ciglio della strada stava un vecchio e ossuto cavallo bianco, legato ad una siepe con una cavezza.

Joan slegò la cavezza dalle gambe del cavallo e la fissò alla testa dell'animale, e appoggiandosi alla siepe gli montò in groppa.

Ed eccola saldamente in sella. «Avanti, avanti, al galoppo». Ma il cavallo non si mosse. Joan prese allora a sferrare calci furiosi contro le costole del povero animale, e a percuotergli la coda con un rametto spinoso preso dalla siepe, e alla fine il vecchio bestione si mise in marcia. Joan frustava e scalciava e incitava e blandiva, ma il cavallo mantenne il suo passo lento fino a quando non giunsero sulla cima della collina.

E allora si lanciò al galoppo e via, via come il vento, attraversò Toldava Lanes, e la sua statura crebbe, crebbe a tal punto da diventare alto come una torre. Il cavallo sfrecciava oltre le siepi ed i fossati, superando tutti i passaggi e gli ostacoli incontrati lungo la strada. Joan stringeva la criniera con entrambe le mani e gridava: «Oh! Oh! Rallenta!», fino a quando non ebbe più fiato in gola.

Infine giunsero a Toldava Moor; la bestia si gettò allora a capofitto verso l'acquitrino quando Joan, temendo che il cavallo ci si tuffasse e l'annegasse, lasciò andare la presa.

Il vento soffiava con una tale forza, e i due stavano andando ad una tale velocità in direzione opposta ad esso, che Joan venne sollevata dalla groppa del cavallo e, per sua fortuna, atterrò sui giunchi che si trovavano al margine dell'acquitrino e che ne attutirono la caduta.

Quando guardò su, Joan vide la «cosa» sulla quale aveva cavalcato fino a quel momento sprofondare in una vampata di fuoco, e il diavolo che lo seguiva con uomini, cavalli e cani, tutti senza testa. Tutto ciò che Joan aveva acquistato al mercato era andato perso; e attraversando la palude, anche le scarpe le scivolarono via dai piedi. Alla fine giunse a Trove Bottoms e vedendo la Bouge (l'ovile), scavalcò la siepe come meglio poté, vi entrò e, sdraiandosi in mezzo alle pecore, cadde subito in un sonno profondo, tanto era esausta.

Avrebbe dormito per una settimana intera, credo, se non fosse stata disturbata. Ma, come avveniva di solito, la domenica mattina il Cavaliere e i suoi domestici si recarono sulle colline per legare le pecore e là, con loro grande sorpresa, la trovarono.

Trasportarono la sventurata donna a casa, reggendola tra loro a forza di braccia. Il Cavaliere l'accusò di essersi ubriacata e disse che la ferita all'occhio era stata causata da un ramo di ginestra spinosa; ma Joan non modificò mai la sua versione degli eventi, e fino al giorno della sua morte raccontò ciò che le era successo a tutte le giovani donne che incontrava, avvertendole di rimanere alla larga dagli «unguenti fatati».

[*Nota del curatore*: Il motivo narrativo popolare della cavalcata precipitosa attraverso la campagna compare in molte leggende celtiche, compresa la Caccia Selvaggia presente in Inghilterra e in Bretagna e in un buon numero di racconti irlandesi riguardanti il Pooka – il cavallo incantato –, ma questa è una delle poche storie conosciute in cui questo tema è direttamente collegato a un magico unguento.]

LA CENA DEL PRETE

In tutto il mondo celtico le creature fatate erano considerate una razza diversa da quella umana. In Irlanda si faceva riferimento a loro come al «Buon Popolo», «gli Altri», «l'Altro Popolo»; in Scozia erano conosciuti come «l'Esercito», o «*Sluagh*» (da cui deriva il termine *slogan*, cioè sluagh gairn, «il grido dell'esercito»). Per i popoli pagani, le creature fatate erano onnipotenti ed erano ovunque. Man mano che il cristianesimo iniziò a diffondersi lentamente in Occidente, tuttavia, ci si incominciò ad interrogare riguardo a che cosa fossero realmente questi esseri, in particolare in Irlanda in cui la fede in fate e folletti era molto forte. Avevano anime immortali? Riconoscevano Dio come Signore dell'Universo? Oppure, come molti sospettavano, erano strumenti del Demonio? Effettivamente gli insegnamenti della Chiesa tendevano verso quest'ultima soluzione: che le creature fatate fossero servi del Nemico dell'uomo e che il loro scopo ultimo fosse quello di fare deviare il popolo di Dio verso il peccato. Interagire con loro era proibito. Eppure, le ipotesi riguardo alla loro vera natura continuarono: ci si chiedeva, infatti, se fossero destinati infine ad andare in Paradiso. Diversi antichi racconti tentano di dare risposta a tale domanda. Vi erano storie, ad esempio, che narravano di creature fatate che in determinati periodi dell'anno scortavano le anime dei defunti fino alle Porte del Paradiso, che esse però non potevano varcare. Altre storie parlano di madri fatate che tentano di fare battezzare i loro figlioli incantati da un prete cristiano, per poter garantire loro una qualche speranza di salvezza finale. Alcuni affermavano che gli esseri fatati fossero in realtà angeli caduti, scacciati dal Paradiso durante la ribellione di Lucifero, non abbastanza buoni da rimanere, ma non abbastanza malvagi da essere condannati all'Inferno, e quindi incapaci di fare ritorno al loro luogo d'origine. Questo antico racconto, che si mostra critico sull'opportunità della collocazione in Paradiso delle creature fatate, è particolarmente noto in tutta l'Irlanda. Vi sono diverse varianti della storia; si ritiene che la più famosa sia quella fornita da Kate Ahern, la celebre cantastorie di Limerick. La seguente versione, tuttavia, insieme al commento, è tratta da *Fairy Legends and Traditions of the South of Ireland* (Favole e tradizioni dell'Irlanda del sud), di Thomas Crofton Croker (1798-1854), pubblicato per la prima volta nel 1825, e si avvicina di molto alla narrazione di Kate Ahern.

Tratto da *Fairy Legends and Traditions of the South of Ireland*

di Thomas Crofton Croker

Coloro che dovrebbero intendersi di queste cose affermano che il Buon Popolo, o le creature fatate, siano angeli cacciati dal Paradiso e atterrati su questa terra, mentre il resto dei loro compagni, trascinati verso il basso da peccati molto più pesanti, sprofondarono in un luogo peggiore. Sia quel che sia, una sera, verso la fine di settembre, un'allegra brigata di folletti danzava e faceva ogni genere di scherzi alla luce della luna. La scena dei loro divertimenti non era lontana da Inchegeela, a occidente della contea di Cork: un povero villaggio che tuttavia ospitava una caserma di soldati; ma alte montagne e rocce aride, come quelle che lo circondavano da ogni parte, bastavano da sole a portare la povertà in qualunque luogo. Tuttavia le creature fatate possono avere tutto ciò che desiderano, la povertà non le disturba molto, e l'unica loro preoccupazione è andare in cerca di luoghi e rocce non frequentati, dove non sia probabile che giunga qualcuno a guastare il loro divertimento.

Su un bel prato verde presso la riva del fiume, dunque, i piccoletti danzavano in cerchio più allegri che mai, con i loro cappellini rossi che si agitavano ad ogni saltello alla luce lunare; e i loro saltelli erano così leggiadri che le gocce di rugiada, pur tremando sotto i loro piedi, rimanevano indisturbate dalle loro capriole. Così andarono avanti con i loro giochi, facendo girotondi e piroettando e facendo inchini e tuffandosi e assumendo tutte le possibili figurazioni, fino a quando uno di loro prese a cinguettare:

Cessate, cessate di tamburellare,
I giochi e le feste qui devon finire,
Dall'odore,
So predire
Che un prete qui sta per arrivare.

Tutti i folletti, allora, sgattaiolarono via più veloce che poterono, nascondendosi sotto le foglie verdi della digitale, dove se i loro cappellini rossi fossero pur'anche spuntati fuori, sarebbero sembrati solo le campanelle cremisi di quella pianta; altri si nascosero all'ombra delle pietre e dei cespugli di rovo, e altri ancora sotto la sponda del fiume, e in buchi e pertugi di un genere o di un altro.

Il folletto che aveva parlato non si era sbagliato, poiché lungo la strada, visibile dal fiume, ecco arrivare padre Harrigan sul suo pony, pensando tra sé e sé che era così tardi che avrebbe con piacere terminato il suo viaggio nella prima capanna che avesse incontrato. Assecondando questo suo desiderio, quindi, si fermò presso la dimora di Dermod Leary, sollevò il chiavistello ed entrò dicendo: «La mia benedizione a tutti i presenti».

Inutile dire che padre Harrigan era un ospite ben voluto ovunque andasse, dal momento che non vi era uomo più pio o più amato in tutto il paese. Ora, Dermod si crucciò assai di non avere nulla da offrire per cena al reverendo per accompagnare le patate che la «vecchia» – come Dermod chiamava la moglie, anche se questa non aveva da molto passato i vent'anni – stava facendo bollire nella pentola sul fuoco; pensò alla rete che aveva posto nel fiume, ma dal momento che era lì solo da poco tempo, non era molto probabile che in essa ci si potesse trovare del pesce. «Non importa», pensò

Dermod, «non c'è nulla di male a scendere al fiume per dare un'occhiata, dal momento che voglio un pesce per la cena del prete, ne troverò uno ad aspettarmi».

Così Dermod scese al fiume e nella rete trovò il salmone più bello che mai fosse saltato fuori dalle limpide acque dello «spazioso Lee»; tuttavia, mentre stava per tirarlo fuori, la rete gli venne strappata di mano, senza che Dermod riuscisse a capire come o da chi, e il salmone se ne fuggì, nuotando nella corrente allegro come se nulla fosse successo.

Dermod guardò tristemente la scia che il pesce aveva lasciato nell'acqua, che brillava come una striscia d'argento alla luce della luna, poi con un movimento irato della mano destra e pestando a terra il piede, diede libero sfogo ai suoi sentimenti esclamando tra i denti: «Che la più nera sfortuna si accanisca contro di te giorno e notte, ovunque tu vada, furfante imbroglione di un salmone! Dovresti vergognarti di te stesso, sempre che tu sia in grado di farlo, per avermela fatta sotto il naso in questo modo! E non ho dubbi che andrai a finire male, dal momento che chi ti ha aiutato è certamente qualche sorta di forza malefica; non ho forse sentito strapparmi di mano la rete con tale energia che sembrava che a tirare fosse il diavolo in persona?».

«Quanto dici non è esatto », disse uno dei folletti che erano sgattaiolati via al sopraggiungere del prete, avvicinandosi a Dermod Leary con un'intera schiera di compagni alle calcagna. «A tirare eravamo a malapena in una ventina».

Dermod fissò con meraviglia il piccolo interlocutore, che continuò: «Non angosciarti in alcun modo riguardo alla cena del prete, poiché se tornerai a casa e gli farai una domanda da parte nostra, davanti a lui comparirà in un battibaleno la più bella cena che sia mai stata apparecchiata».

«Non voglio avere nulla a che fare con voi», replicò Dermod, in tono deciso: e, dopo una pausa, aggiunse: «Vi sono molto obbligato per la vostra offerta, signore, ma non sono tanto sciocco da vendermi a voi o ad altri come voi per una cena, e oltre a ciò so che padre Harrigan ha tanto a cuore la mia anima da non desiderare certo di perderla per sempre, indipendentemente da ciò che potrete mettergli davanti agli occhi. E con questo per me l'argomento è chiuso».

Il piccolo interlocutore, con una pertinacia che non fu scoraggiata dai modi bruschi di Dermod, continuò: «Farai gentilmente al prete una domanda da parte nostra?».

Dermod valutò la cosa per un certo tempo, e fece bene a farlo, ma ritenne che porre gentilmente una domanda non avrebbe fatto male a nessuno. «Non ho alcuna obiezione alla cosa, signori», disse Dermod. «Ma per nulla al mondo voglio avere a che fare con la vostra cena, ricordatevelo bene».

«Allora», disse il folletto che aveva parlato, mentre gli altri si affollavano attorno a lui da ogni parte, «chiedi da parte nostra a padre Harrigan se le nostre anime saranno salvate nell'ultimo giorno, come quelle dei buoni cristiani; e se vuoi il nostro bene, riportaci la sua risposta senza indugio».

Dermod rientrò subito nella sua capanna, dove trovò le patate apparecchiate sul tavolo e quella brava donna di sua moglie che porgeva la più grande, un bel pomo ridente che fumava come un cavallo esausto in una notte gelida, a padre Harrigan.

«Vi prego, reverendo», disse Dermod dopo avere esitato un poco, «posso osare fare una domanda a vostra signoria?».

«Che domanda sarà mai?» chiese padre Harrigan.

«Ebbene, allora, domando perdono a vostra signoria per la libertà che mi prendo: le anime del Buon Popolo saranno salvate nell'ultimo giorno?».

«Chi ti ha chiesto di farmi tale domanda, Leary?», chiese il prete, fissando su di lui uno sguardo severo che Dermod non riuscì a sostenere.

«Non mentirò su questa faccenda, e non voglio dire altro che la pura verità», replicò Dermod. «È stato il Buon Popolo in persona a comandarmi di porvi questa domanda, e ce ne sono migliaia lungo la riva del fiume che aspettano il mio ritorno con la vostra risposta».

«Torna assolutamente da loro», disse il prete, «e di' che se vogliono saperlo dovranno venire personalmente da me, ed io risponderò con grande piacere a questa o a qualsiasi altra domanda essi vorranno farmi».

Dermod, di conseguenza, fece ritorno dai folletti che si accalcarono attorno a lui per ascoltare ciò che aveva risposto il prete, e Dermod parlò loro da uomo coraggioso qual era. Ma quando essi vennero a sapere che avrebbero dovuto recarsi dal prete, fuggirono via, disperdendosi da ogni parte, chi qua e chi là, sfrecciando accanto al povero Dermod ad una tale velocità e in tal numero da lasciarlo assolutamente disorientato.

Quando riprese il controllo di sé, e ci volle un po' perché ciò avvenisse, egli ritornò alla sua capanna e mangiò le patate insieme a padre Harrigan, che non sembrò prestare troppo peso alla cosa; ma Dermod non poté fare a meno di riflettere su quanto fosse paradossale che il reverendo, le cui parole avevano il potere di far fuggire i folletti con tale velocità, non avesse alcun condimento per la sua cena e che il bel salmone che aveva trovato nella rete gli fosse sfuggito in tal modo.

È curioso osservare la somiglianza delle leggende e delle idee che riguardano gli esseri immaginari in nazioni che per secoli hanno intrattenuto pochissimi contatti tra loro. Nel quarto volume del *Danske Folkesagan*, o delle leggende popolari danesi, raccolte in epoca recente dal signor Thiele, compare il seguente racconto che presenta una grande somiglianza con l'avventura di Dermod Leary:

«Un prete stava viaggiando su un carro una notte per recarsi da Kjeslunde a Roeskilde, sull'isola di Zealand, e lungo il tragitto passò accanto ad una collina, all'interno della quale si stavano svolgendo dei festeggiamenti, con musica e danze. Improvvisamente, alcuni nani balzarono fuori dalla collina, fermarono il carro e chiesero: "Dove state andando?". "Alla sala delle adunanze", rispose il prete. Quindi gli domandarono se pensasse che le loro anime potessero essere salvate, alla qual cosa il prete rispose che al momento non era in grado di dirlo; essi allora lo pregarono di incontrarli nuovamente per dare loro la risposta nello stesso giorno di lì a dodici mesi. Nondimeno, quando il cocchiere si trovò a passare per lo stesso luogo la volta successiva, gli accadde un brutto incidente, dal momento che venne gettato al suolo e rimase gravemente ferito. Quando il prete ritornò alla fine dell'anno, le creature gli fecero la stessa domanda, alla quale egli rispose: "No, sarete tutti dannati!", e non appena ebbe pronunciato tali parole, l'intera collina venne avvolta da una fiamma brillante».

[*Nota del curatore*: Non solo esistono varianti della storia in Danimarca, ma essa possiede connotazioni diverse in tutta l'Irlanda. Nella contea di Down, ad esempio, un folletto si rivolge ad un domestico affinché questi chieda ad un prete se esista una qualche speranza di salvezza per il popolo fatato. Il domestico riferisce la risposta del sacerdote il quale afferma che, essendo Cristo morto per tutti i figli di Adamo, se vi è anche una sola goccia di sangue di Adamo nelle vene delle creature fatate, queste saranno salvate e vedranno il Paradiso. La risposta fa fuggire i folletti pieni di angoscia. Si riteneva generalmente che gli esseri fatati non fossero stati redenti dal sacrificio di Cristo e che sarebbero quindi stati condannati all'inferno nel Giorno del Giudizio.]

I DANZATORI DELLA NOTTE

Come molti altri popoli antichi, i Celti consideravano i confini e le soglie con sospetto e timore. I punti di passaggio e di attraversamento erano luoghi in cui le potenze oscure – molte delle quali erano nemiche dell'Umanità – tendevano a radunarsi. Persino la transizione da un periodo di tempo ad un altro, come la mezzanotte o il mezzogiorno, era gravida di pericoli. La tradizione celtica è piena di racconti di strani avvenimenti che si verificano quando un giorno si fonde in un altro, o il mattino si trasforma in pomeriggio. Anche le soglie delle case erano luoghi sinistri. In alcune zone dell'Irlanda rurale, ad esempio, sotto gli zerbini venivano lasciate delle forbici aperte o lame di ferro senza protezione per tenere lontano streghe, folletti o defunti di ritorno dal regno dei morti e che si credeva si riunissero in quei luoghi.

Se i punti di passaggio e di attraversamento erano luoghi difficili per quanto riguardava la presenza del soprannaturale, i crocicchi erano almeno due volte più pericolosi. Dove le strade si incrociavano, fantasmi e creature fatate si affollavano e i viaggiatori dovevano stare all'erta (o adeguatamente protetti da sacri portafortuna) prima di accostarvisi.

In nessun altro luogo fiorirono e si diffusero leggende legate ai crocicchi più di quanto avvenne in Bretagna. Qui, all'incrocio di sentieri e di strade, creature spettrali e terrificanti come i demoni che si nutrono di cadaveri, le Lavandaie di Mezzanotte (che lavavano i lenzuoli funebri di coloro che sarebbero morti di lì a poco) e i Danzatori della Notte (creature fatate che danzavano al suono di melodie che le orecchie mortali non potevano udire) aspettavano il passaggio dei viandanti. A coloro che li ignoravano essi impartivano crudeli punizioni, ma a chi mostrava il dovuto rispetto potevano esibire una certa generosità.

Varianti del seguente racconto, che appartiene ad una raccolta di leggende della campagna bretone messe insieme da F. M. Luzel nel corso del diciannovesimo secolo, si possono trovare in tutto il mondo celtico. Nella stessa Bretagna è riscontrabile anche un'altra variante, «I due gobbi e i nani», mentre in Irlanda la vicenda è nota come «La leggenda di Knockgrafton». Essa contiene anche molti elementi della fiaba tradizionale.

Ascoltate se vi garba,
Questa favola graziosa,
Che non dice falsità,
Tranne forse una o due.

Tratto da una favola bretone

raccolta da F. M. Luzel

C'era una volta una ricca vedova che aveva sposato un ricco vedovo.

Dalla moglie precedente l'uomo aveva avuto una figlia, graziosa e ben educata, che si chiamava Levenes. La vedova aveva anch'essa una figlia dal precedente marito, che si chiamava Margot, ed era brutta e cattiva.

Come spesso accade in casi come questi, la matrigna detestava la figlia del marito. Essi vivevano in un bel maniero a Guernaour, presso Coathuel. Al crocicchio di Croazann-neudd, che si trova sulla strada che porta da Guernaour al villaggio di Plouaret, si vedevano spesso i danzatori della notte, o così per lo meno si diceva, e chiunque passasse accanto a loro mentre ballavano in cerchio alla luce della luna e si rifiutava di unirsi alle loro danze, diventava vittima del loro malumore.

La Signora di Guernaour sapeva bene tutto ciò e una domenica sera, dopo cena, disse a Levenes:

«Vammi a prendere il breviario che ho lasciato in chiesa sotto la panca».

«Sì, madre», rispose la fanciulla.

E si incamminò da sola, benché la notte fosse ormai inoltrata.

Era una notte limpida, rischiarata dalla luce lunare. Quando raggiunse il crocicchio, ella vide una folla di omini che danzavano in cerchio tenendosi per mano. Venne colta da timore, povera piccola, e pensò di tornare indietro, ma sapeva che la matrigna avrebbe protestato e probabilmente l'avrebbe picchiata, quindi decise di proseguire. Uno dei danzatori le corse dietro e le disse:

«Vuoi danzare con noi, bella fanciulla?».

«Volentieri», ella rispose, tremante.

Ella, quindi, si unì al cerchio e danzò.

Poi uno dei danzatori disse agli altri:

«Quale dono faremo a questa incantevole fanciulla per avere danzato con noi?».

«È già molto bella, ma diverrà ancora più bella», ribatté uno dei danzatori.

«E ad ogni parola che pronuncerà, una perla cadrà dalla sua bocca», aggiunse un secondo.

«E ogni cosa che ella toccherà con la mano si trasformerà in oro, se lo vorrà», sentenziò un terzo.

«Sì, sì!» gridarono tutti gli altri in coro.

«Molte grazie, signori, vi sono molto obbligata», disse la ragazza con una riverenza.

E proseguì per la sua strada.

Quando raggiunse il villaggio, si recò dal sacrestano perché la chiesa era chiusa, e gli disse il motivo per cui era venuta.

Il sacrestano l'accompagnò alla chiesa e aprì la porta. Quando la ragazza toccò la porta con una mano questa divenne tutta d'oro, e ad ogni parola che pronunciava, dalla sua bocca cadeva una perla. Il sacrestano era sbalordito e non riusciva a credere ai suoi occhi. Raccolse le perle e se le mise in tasca. Levenes entrò, recuperò il breviario della matrigna da sotto la panca e fece subito ritorno a casa.

I danzatori della notte non si trovavano più presso il crocicchio quando ella vi passò accanto.

«Ecco il vostro breviario, madre», disse la fanciulla consegnandole il libro, che era diventato tutto d'oro.

«Ma come», disse la donna, sorpresa di rivederla incolume, «non ti sei imbattuta nei danzatori della notte?».

«Sì, madre», rispose la ragazza, «li ho incontrati al crocicchio».

«E non ti hanno fatto alcun male?».

«No, anzi; sono assai simpatici, quei piccoletti, mi hanno invitata a danzare con loro».

«E tu lo hai fatto?».

«Certo».

«Benissimo, adesso vai a letto».

La matrigna aveva notato la straordinaria bellezza della figliastra e anche le perle che cadevano dalla sua bocca ogni volta che parlava, e il fatto che il suo breviario si fosse trasformato in oro, ma finse di non essersene accorto. Tra sé e sé, però, pensò:

«Bene! So che cosa fare. Domani sera manderò mia figlia dai danzatori della notte. Quegli ometti possiedono inesauribili tesori di perle e di oro nascosti sotto terra e tra le rocce».

Il giorno seguente, alla stessa ora, ella disse a sua figlia Margot:

«Margot, vammi a prendere un altro breviario che ho lasciato sotto la panca in chiesa».

«No, non ci andrò», rispose Margot.

«Voglio che tu ci vada e ci andrai», replicò la madre, «e quando passerai nei pressi del crocicchio, se vedrai i danzatori della notte e questi ti inviteranno a ballare con loro, non avere paura; non ti faranno alcun male, anzi, ti daranno un bellissimo dono».

Margot rispose sgarbatamente e la madre dovette minacciarla con un bastone per indurla ad andare.

Quando raggiunse il crocicchio, i danzatori della notte stavano ballando in cerchio alla luce della luna. Uno di loro corse da Margot e gentilmente la invitò a danzare con loro.

«Andate al diavolo!» ella rispose.

«Quale dono faremo a questa ragazza, per il modo in

cui ha accolto la nostra proposta?» domandò l'omino ai suoi compagni.

«È molto brutta, ma potrebbe diventare ancora più brutta», rispose uno di loro.

«Avrà un solo occhio nel centro della fronte», aggiunse un altro.

«E un rospo le cadrà dalla bocca ad ogni parola che pronuncerà, e ogni cosa che ella toccherà diverrà sudicia», disse un terzo.

«Ecco quello che accadrà», gridarono tutti gli altri in coro.

Quindi Margot si recò in chiesa, prese il libro della madre da sotto la panca e ritornò a casa.

«Ecco il libro», disse, gettandoglielo contro, tutto sporco e puzzolente.

E nello stesso istante tre rospi uscirono dalla sua bocca.

«Che cosa ti è successo, mia povera bambina?» gridò la madre, sconvolta. «Il tuo aspetto è un assoluto disastro! … Chi ti ha fatto questo? Hai visto i danzatori della notte, e hai ballato con loro?».

«Io? .. Ballare con quelle orrende creature! Che vadano al diavolo!».

E di nuovo dalla sua bocca saltarono fuori tanti rospi quante furono le parole da lei pronunciate.

«Va' a letto, figlia mia», disse la madre, furiosa per ciò che aveva appena visto, e promettendo a se stessa di vendicarsi di Levenes.

Ma, fortunatamente, la figliastra si sposò poco tempo dopo con un ricco giovane del luogo che la portò con sé nel suo castello, mentre la matrigna e sua figlia quasi morirono d'invidia e di gelosia.

IL FANTASMA CHE RUBAVA IL SANGUE

Per gli antichi Celti la morte aveva un significato assai diverso da quello che ha oggigiorno. Attualmente la consideriamo come la fine del nostro coinvolgimento negli affari terreni, ma per loro non era altro che il passaggio da una sfera d'esistenza ad un'altra. Da un luogo noto come l'Oltretomba, una sorta di dimora a metà strada tra questo mondo e un'Eternità a stento immaginata, i morti osservavano la vita dei propri discendenti con un misto di preoccupazione e di orgoglio. Oltre a ciò, essi avevano la facoltà di ritornare sulla terra per eseguire determinati compiti nell'interesse della propria progenie o per portare a termine delle faccende che avevano lasciato in sospeso da vivi. Non si trattava, ovviamente, degli esili ed eterei spiriti che avrebbero popolato i racconti di fantasmi dell'età vittoriana. Queste erano entità assolutamente corporee e tangibili che potevano mangiare, bere e agire come avevano fatto quando erano in vita. Nella maggior parte dei casi i defunti facevano ritorno per motivi altruistici, per avvertire, consigliare e ricompensare i membri della propria stirpe, ma occasionalmente alcuni tornavano dal regno dei morti con scopi più malvagi. Potevano, ad esempio, punire i propri discendenti per un affronto commesso verso di loro. Di fatto, questo era ciò che la Chiesa stessa insegnava. Se i membri delle congregazioni trascuravano di ricordare i loro cari con le Messe in suffragio, una regolare fonte di reddito per le parrocchie locali, di conseguenza i loro antenati, condannati a trascorrere lunghi periodi in Purgatorio, sarebbero tornati per vendicarsi della loro negligenza. Fu così che vennero posti i primi semi di un'idea che considerava i morti come entità ostili. Il seguente racconto di Jeremiah Curtin (1835-1906), di provenienza irlandese, è tratto da *Tales of the Faries and of the Ghost World from Oral Tradition in South-West Munster* (Racconti di creature fatate e di fantasmi della tradizione orale del Munster sudoccidentale) e venne pubblicato nel 1895; esso riflette questa credenza popolare e presenta un morto vivente così terrificante da poter tranquillamente appartenere ad un moderno racconto dell'orrore.

Tratto da Tales of the Faries and of the Ghost World from Oral Tradition in South-West Munster
di Jeremiah Curtin

Vi era un giovane che abitava nel distretto rurale di Drimalegue, nella contea di Cork e che corteggiava tre ragazze allo stesso tempo; egli non sapeva decidersi su quale scegliere, poiché erano tutte di eguale fortuna e ugualmente a lui gradite. Un giorno, mentre stava tornando a casa dalla fiera con le sue due sorelle, esse iniziarono questa conversazione:

«Ebbene, John», disse una, «perché non ti sposi? Perché non prendi in moglie Mary, o Peggy, o Kate?».

«Non ve lo posso dire», disse John, «finché non avrò scoperto quale di loro mi desidera di più».

«E come farai a scoprirlo?» chiese l'altra sorella.

«Ve lo dirò non appena qualcuno della nostra parrocchia passerà a miglior vita».

Nel giro di tre settimane a partire da quel giorno un vecchio morì. John si recò alla veglia funebre e quindi al funerale. Mentre stavano seppellendo il corpo nel cimitero, John si avvicinò ad un tomba che si trovava presso quella del defunto e quando tutti si furono allontanati dopo la sepoltura, rimase in piedi un po' da solo, come se stesse riflettendo, poi mise il suo bastone di prugnolo sulla tomba, rimase lì accanto ancora per un po', e andandosene dal cimitero lasciò là il bastone. Quindi andò a casa e cenò. Dopo cena, John si recò a casa di un vicino presso il quale la sera i giovani erano soliti riunirsi, e dove, guarda caso, c'erano anche le tre fanciulle. John rimase in silenzio, in modo che tutti lo notassero.

«Che cosa ti turba stasera, John?» chiese una delle ragazze.

«Oh, sono dispiaciuto per il mio bel bastone di prugnolo», egli rispose.

«Lo hai perso?».

«No», disse John, «l'ho lasciato sulla tomba accanto a quella dell'uomo sepolto oggi, e chiunque di voi tre lo andrà a prendere, quella sarà la donna che sposerò. Ebbene, Mary, andrai tu a prendere il mio bastone?» domandò.

«In fede mia, non ci andrò», rispose Mary.

«Ebbene, Peggy, ci andrai tu?».

«Anche se dovessi rimanere zitella per sempre», ribatté Peggy, «non ci andrò».

«Ebbene, Kate», disse il giovane alla terza, «andrai tu a prendermi il bastone? Se lo farai diverrai mia moglie».

«Mantieni la tua parola», disse Kate, «e io andrò a prendere il bastone».

«Credimi, lo farò», disse John.

Kate lasciò il gruppo e andò in cerca del bastone. Il cimitero si trovava a una distanza di tre miglia ed ella dovette camminare parecchio. Giunse infine sul posto e trovò la tomba presso la fossa appena scavata. Non appena ebbe afferrato il bastone, udì una voce che chiamava da sotto terra:

«Lascia il bastone dov'è e apri la tomba per farmi uscire».

Kate iniziò a tremare e fu colta da un grande timore ma qualcosa la obbligò ad obbedire; non poté farne a meno.

«Togli il coperchio della bara, adesso», disse il morto quando Kate ebbe aperto il sepolcro, «e portami fuori di qui, caricami sulla tua schiena».

Non osando dire di no, ella tolse il coperchio dalla bara e caricò il cadavere sulle spalle, mettendosi in cammino nella direzione da lui indicata. Camminò per circa un miglio. Il carico, essendo molto pesante, quasi le spezzava la schiena rischiando di ucciderla. Proseguì ancora per mezzo miglio finché giunse ad un villaggio; le case costeggiavano il ciglio della strada.

«Portami nella prima casa», ingiunse il morto.

E così ella fece.

«Oh, non possiamo entrare», egli disse quando giunsero vicino. «Gli abitanti hanno acqua pulita all'interno, e anche dell'acqua santa. Portami nella casa accanto».

Ella si recò alla casa vicina.

«Non possiamo entrare», egli disse, quando si fermarono davanti all'uscio. «Hanno acqua pulita all'interno, e anche dell'acqua santa».

Ella andò alla terza casa.

«Entra», disse il morto. «In questo luogo non vi è acqua pulita e nemmeno acqua santa. Possiamo fermarci qui».

E così entrarono.

«Prendi una sedia, adesso, e mettimi a sedere accanto al fuoco. Poi trovami qualcosa da mangiare e da bere».

Ella lo mise a sedere su una sedia accanto al focolare, ispezionò la casa, trovò un piatto di farina d'avena e glielo portò. «Non ho nulla da darti da bere, tranne dell'acqua sporca», gli disse.

«Portami un piatto e un rasoio».

Ella gli portò un piatto e un rasoio.

«Adesso», egli disse, «saliamo nella stanza qui sopra».

Essi salirono nella stanza che si trovava al piano superiore, dove tre giovani, i figli del proprietario della casa, stavano dormendo nel loro letto, e Kate dovette reggere il piatto mentre il morto estraeva loro il sangue.

«Questo è per il padre e la madre», egli disse, «in cambio dell'acqua sporca», e ciò significava che se in casa ci fosse stata dell'acqua pulita, non avrebbe tolto il sangue ai ragazzi. Il morto fece rimarginare le ferite in modo che non rimanesse alcun segno. «Ora mescola il sangue con la farina e prendi un piatto per te e un altro per me».

Kate prese due piatti e vi versò la farina d'avena dopo averla mescolata con il sangue, quindi portò due cucchiai. Ella indossava un fazzoletto sulla testa; lo fece scivolare sotto il collo e lo legò, fingendo di mangiare il cibo, mentre in realtà lo nascondeva nel fazzoletto fino a quando il suo piatto non fu vuoto.

«Hai mangiato la tua parte?» chiese il morto.

«Sì», rispose Kate.

«Finirò la mia in un minuto», disse lui, e subito dopo le porse il piatto vuoto. Ella ripose i piatti nella credenza, senza preoccuparsi di lavarli. «Vieni, adesso», disse il morto, «e riportami là dove mi hai trovato».

«Oh, come posso riportarti là, sei un carico troppo pesante; mi stavi quasi uccidendo mentre ti trasportavo qui». Ella aveva paura ad uscire nuovamente dalla casa.

«Ora che hai mangiato, sei più forte di prima. Riportami alla mia tomba».

E così fu costretta ad obbedire, pur non volendo. Vi era un profondo buco nel muro della cucina, presso la porta, dove la sbarra era inserita quando l'uscio veniva serrato; in questo buco ella mise il fazzoletto pieno di cibo. Al ritorno tagliò attraverso un campo, secondo le istruzioni del morto. Quando giunsero in fondo al campo, Kate chiese se ci fosse una cura per guarire quei tre ragazzi ai quali era stato estratto il sangue.

«Non vi è alcuna cura», disse il morto, «tranne una. Se fosse rimasto un po' di cibo, tre bocconi posti nella bocca di ciascuno dei tre giovani li riporterebbe in vita, e nulla si ricorderebbero della loro morte».

«Allora», disse Kate tra sé e sé, «avranno quella cura».

«Vedi questo campo?» chiese il morto.

«Lo vedo».

«Ebbene, vi è così tanto oro sepolto da rendere ricchi tutti coloro a cui vuoi bene. Vedi quelle tre *leachtan* (pile di piccoli sassi)? Sotto a ciascuna di esse vi è una pentola piena d'oro». Il morto si guardò attorno per un po', quindi Kate proseguì il cammino senza fermarsi fino a quando giunse al muro del cimitero, e proprio allora udirono un gallo cantare.

«Il gallo canta», disse Kate, «è ora che io me ne torni a casa».

«Non è ancora il momento», disse il morto, «quello è un gallo bastardo».

Un attimo dopo un altro gallo cantò. «Il gallo canta per la seconda volta», ella disse. «No», disse il morto, «è sempre il gallo bastardo, non è quello giusto». Essi giunsero al sepolcro e un gallo cantò per la terza volta.

«Ebbene», disse la ragazza, «questo dev'essere il gallo giusto».

«Ah, fanciulla, quel gallo ti ha salvato la vita. Se non fosse stato per lui, saresti rimasta con me per sempre nella tomba; e se io avessi saputo che quel gallo avrebbe cantato prima che vi fossi entrato, non sapresti quello che sai adesso riguardo al campo e all'oro. Rimettimi dove mi hai trovato. Datti il tempo necessario e sistemami bene. Non posso più sfiorarti, adesso, e mi dispiace molto dovermi separare da te».

«Mi vuoi dire chi sei?», chiese Kate.

«Hai mai sentito tuo padre o tua madre nominare un uomo chiamato Edward Derrihy o suo figlio Michael?».

«Li ho uditi spesso parlare di loro», disse la ragazza.

«Ebbene, Edward Derrihy era mio padre, e io sono Michael. Quel bastone di prugnolo che sei venuta a prendere stanotte al cimitero doveva essere il tuo bastone della fortuna, ma se avessi conosciuto il pericolo che incombeva su di te, non ti saresti mai avventurata qui. Sistemami con attenzione e richiudi bene il sepolcro dietro di te».

Ella lo chiuse nella bara con molta attenzione, serrò la tomba dietro di sé, prese il bastone di prugnolo e si precipitò a casa. La notte era quasi trascorsa quando vi arrivò. Era esausta, e aveva tutte le ragioni di esserlo. Gettò il bastone sul ripiano che si trovava sopra la porta della casa e bussò. La sorella si alzò e le aprì la porta.

«Dove hai trascorso la notte?» le chiese la sorella. «La mamma ti ucciderà perché l'hai passata tutta fuori di casa».

«Va' a letto», disse Kate, «e non preoccuparti per me».

Andarono a letto e Kate si addormentò non appena toccò il cuscino, tanto era sfinita per ciò che le era successo quella notte.

Quando il padre e la madre dei tre giovani si alzarono il mattino seguente e videro che non vi era segno dei figli, la madre andò nella loro stanza per svegliarli e li trovò morti tutti e tre. Iniziò allora a lanciare alte grida e a torcersi le mani. Poi corse per strada, urlando e piangendo. Tutti i vicini si affollarono intorno a lei per capire che cosa le fosse accaduto. Ella allora riferì che i suoi tre figli, morti durante la notte, giacevano nel letto e subito la notizia si diffuse in ogni direzione. Quando il padre e la madre di Kate lo vennero a sapere, si affrettarono a fare visita alla famiglia dei tre ragazzi morti. Quando rientrarono in casa, Kate era ancora a letto; la madre allora prese un bastone e iniziò a battere la ragazza per essere stata fuori tutta la notte ed essere rimasta a letto tutto il giorno.

«Alzati, adesso, lazzarona», le ordinò, «e recati alla veglia funebre nella casa dei nostri vicini, poiché i loro tre figli sono morti».

Kate non l'ascoltò nemmeno. «Sono molto stanca e sto male», disse. «Per favore, lasciami in pace e dammi da bere».

La madre le portò un bicchiere di latte e qualcosa da mangiare, e a metà giornata la fanciulla si alzò.

«Devi vergognarti di non essere ancora andata alla veglia», disse la madre, «sbrigati, adesso».

Quando Kate raggiunse la casa, vi era una gran folla di persone davanti a lei e molti si lamentavano. Ella non piangeva, ma osservava la scena senza intervenire. Il padre era come impazzito, saliva e scendeva le scale e si torceva le mani.

«Stai tranquillo», gli disse Kate. «Controllati».

«Come posso farlo, mia cara ragazza, con i miei tre cari figlioli che giacciono morti in questa casa?».

«Che cosa saresti disposto a dare», chiese Kate, «alla persona che te li riportasse in vita?».

«Non mi tormentare così», la pregò l'uomo.

«Non ti sto tormentando e non voglio nemmeno prendermi gioco di te», disse Kate. «Posso davvero riportali in vita».

«Se veramente tu potessi farlo, ti darei tutto ciò che vi è in questa casa, e anche tutto ciò che vi è al di fuori».

«Tutto ciò che desidero», disse Kate, «è il tuo figlio maggiore come sposo e Gort na Leachtan come dote». [*Nota del curatore*: cioè, il campo in cui si trovavano le pile di sassi]

«Mia cara, avrai tutto questo con la mia più grande benedizione».

«Mettimi per iscritto che mi darai il campo, che tuo figlio voglia sposarmi o meno».

Il padre, allora, le concesse il campo con un documento firmato di suo pugno. La fanciulla quindi disse a tutti coloro che si trovavano in casa di uscire, uomini e donne. Alcuni ridevano di lei e altri piangevano, credendola impazzita. Ella sprangò la porta con il catenaccio dal di dentro, e andò a riprendere il fazzoletto, lo trovò e mise tre bocconi della farina d'avena mescolata al sangue nella bocca dei tre giovani; non appena l'ebbe fatto, essi ripresero il loro colorito naturale e il loro aspetto era quello di tre ragazzi addormentati. Kate aprì la porta, richiamò tutti dentro e disse al padre di andare a svegliare i figli.

Egli chiamò ciascuno dei tre con il loro nome, e quando si svegliarono sembravano molto stanchi dopo la notte di riposo; si vestirono e rimasero assai sorpresi nel vedere tutta quella folla attorno a loro. «Che cosa succede?» chiese il figlio maggiore.

«Non vi ricordate nulla di ciò che vi è successo durante la notte?» domandò il padre.

«Assolutamente no», dissero i figli. «Non ci ricordiamo nulla dal momento in cui ci siamo addormentati ieri sera».

Il padre quindi narrò loro ogni cosa, ma essi non riuscivano a crederci. Kate se ne tornò a casa e raccontò al padre e alla madre del suo viaggio notturno al cimitero, e promise di dire di più in seguito.

Quel giorno ella incontrò John.

«Hai preso il bastone?» le chiese.

«Trovatelo da te, il tuo bastone», ella disse, «e non osare rivolgermi mai più la parola».

Dopo una settimana la fanciulla si presentò alla casa dei tre giovani e disse al padre: «Sono venuta per ciò che mi hai promesso».

«Lo avrai con la mia benedizione», disse il padre. Egli chiamò il figlio maggiore e in disparte gli chiese se volesse sposare Kate, la figlia dei loro vicini. «Con piacere», rispose il figlio. Tre giorni dopo i due si sposarono con una splendida cerimonia. Per tre settimane si godettero piacevolmente la vita senza preoccupazioni o affanni, quindi Kate disse: «Questo non fa per noi; dobbiamo metterci al lavoro. Vieni con me domani e darò a te e ai tuoi fratelli molte cose da fare, e lo stesso a mio padre e ai miei fratelli».

Il giorno successivo ella li portò presso una delle pile di pietre a Gort na Leachtan. «Scostate le pietre su un lato», disse.

Essi pensarono che la ragazza fosse impazzita, ma ella disse loro che ben presto avrebbero visto con i loro occhi di cosa si trattava. Si misero quindi al lavoro e continuarono fino a quando ebbero scavato una fossa profonda sei piedi, allorché trovarono una lastra di pietra di tre piedi quadrati, con un gancio di ferro nel mezzo.

«Di certo deve esserci qualcosa qui sotto», dissero gli uomini. Sollevarono la lastra e sotto trovarono una pentola piena d'oro, e si rallegrarono tutti grandemente. «Vi è dell'altro oro in questo luogo», disse Kate. «Venite, adesso, andiamo all'altra pila». Andarono all'altra pila di pietre, scavarono e scoprirono un'altra pentola piena d'oro. Si spostarono quindi alla terza pila e trovarono una terza pentola piena d'oro. Su un lato della terza pentola vi era un'iscrizione, ma essi non riuscirono a capire che cosa dicesse. Dopo averla svuotata posero la pentola accanto alla porta di casa.

Circa un mese più tardi un insegnante povero in canna si trovò a passare per la strada dove si trovava la loro casa e mentre stava per bussare alla porta vide la pentola e l'iscrizione incisa su un lato. Si mise quindi a interpretarne il significato.

«Devi essere un insegnante di grande talento se riescia leggere l'iscrizione sulla pentola», osservò il giovane marito.

«Certo che posso», confermò l'insegnante squattrinato. «E ti farò sapere che cosa dice: "Troverai oro in abbondanza sul lato meridionale rispetto al punto in cui hai trovato le pentole"».

Il giovane non disse nulla, ma mettendosi la mano in tasca diede al dotto una generosa ricompensa. Quando questi se ne fu andato, gli uomini si rimisero al lavoro, scoprendo ancora grandi quantità di oro sepolto nel lato meridionale di ciascuna pila di pietre. Essi vissero tutti molto felici e molto ricchi, poterono acquistare diverse fattorie e costruire bellissime dimore, e verso la fine della loro vita si convinsero tutti che quello che era stato sepolto sotto i *leachtan* era il denaro di Derrihy, anche se non poterono mai scoprire una ragione plausibile. Ma in fin dei conti, che cosa importava? Quando morirono lasciarono un patrimonio che rese ricchi i loro discendenti fino alla settima generazione.

La seconda vista o il Taish

Tra i Celti il concetto di divinazione – la capacità di vedere nel futuro – aveva un'importanza fondamentale. I guerrieri desideravano sapere se sarebbero tornati o no dalla battaglia; i giovani uomini e le giovani donne desideravano sapere chi avrebbero sposato; altri desideravano semplicemente conoscere ciò che il futuro aveva in serbo per loro. Il dono di prevedere il futuro era proprio dei druidi (i sacerdoti pagani celtici) che riuscivano a stabilire che cosa sarebbe successo in base ai movimenti degli uccelli o delle nuvole, o dal modo in cui alcuni bastoncini incisi cadevano dopo essere stati lanciati in aria, oppure dalle viscere di determinati animali. Vi erano anche individui che si riteneva possedessero un potere particolare: riuscire realmente a «vedere» il futuro. Si diceva che questo potere fosse stato loro concesso in dono o dagli dei in persona o da altri esseri soprannaturali, come il Buon Popolo (le creature fatate). La tradizione di riuscire a «vedere» un altro mondo futuro, o di trarre delle interpretazioni da visioni che nessun altro era in grado di percepire, continuò anche molto tempo dopo la scomparsa dei druidi. In alcune comunità vi erano individui che si credeva avessero il dono di ciò che divenne noto come «la seconda vista» (la capacità di «vedere» cose che dovevano ancora succedere oppure che si trovavano al di là della capacità visiva dei comuni mortali). Molti di coloro che possedevano questa capacità la consideravano in realtà una maledizione, dal momento che le visioni avvenivano in maniera involontaria e potevano giungere loro senza alcun preavviso. In molti casi esse erano messaggere di sventura e facevano pesare sul veggente la responsabilità di una conoscenza terribile.

In nessun altro luogo questa capacità era altrettanto prevalente quanto nelle Higland e nelle Isole Occidentali della Scozia. I Veggenti delle Highland, uomini e donne dotati della «seconda vista», erano famosi in ogni angolo del mondo celtico. Essi includevano personaggi come il celebre veggente Brahan (Kenneth MacKenzie) del Ross-shire fino alle locali «sibille» delle isole Ebridi. Gli irlandesi facevano riferimento al dono della preveggenza come al *taish* e affermavano fosse infallibile. Grande era il loro rispetto per i cugini scozzesi, nei quali risiedeva «il dono più grande».

Il seguente brano riguardante la seconda vista è tratto dal testo quasi indispensabile di Martin Martin, *A Description of the Western Isles of Scotland* (Una descrizione delle Isole occidentali della Scozia), pubblicato per la prima volta nel 1695.

Tratto da *A Description of the Western Isles of Scotland*

di Martin Martin

La seconda vista è la singolare facoltà di vedere un oggetto altrimenti invisibile, senza alcun mezzo utilizzato in precedenza dalla persona che lo vede per il medesimo fine: la visione crea un'impressione viva nei veggenti al punto che essi non vedono e non pensano a null'altro tranne che alla visione per tutta la durata della stessa e inoltre appaiono pensierosi o gioviali, a seconda dell'oggetto da loro percepito.

Di fronte ad una visione, le palpebre della persona sono sollevate; gli occhi continuano a fissare l'oggetto fino a quando questo svanisce. Ciò appare evidente per coloro che si trovano vicino alla persona che ha una visione, ed è accaduto più di una volta in presenza mia e di altri che erano con me.

Vi è un veggente sull'isola di Skye, di cui ho osservato l'operare, al quale durante il verificarsi di una visione la parte interna delle palpebre si gira a tal punto verso l'alto che, dopo la scomparsa dell'oggetto, deve tirarle giù con le dita, e a volte chiedere ad altri di tirarle giù, cosa che egli trova più facile.

La facoltà della seconda vista non si tramanda in linea diretta all'interno di una famiglia, come alcuni credono, poiché conosco diversi genitori che possiedono questo dono mentre i loro figli no, e viceversa. Analogamente non può derivare da un accordo precedente. E, dopo una rigorosa indagine, nessuna delle persone coinvolte mi ha mai confermato che tale facoltà potesse essere trasmissibile in un qualunque modo.

Il veggente non conosce né l'oggetto, né il tempo, né

il luogo di una visione prima che questa accada: e il medesimo oggetto viene spesso osservato da persone diverse, che vivono a una distanza notevole l'una dall'altra. Per esprimere un giudizio corretto in merito al tempo e alle circostanze legati a un oggetto occorre basarsi sull'osservazione, dal momento che diverse persone giudiziose, prive di questa facoltà, sono in grado di valutare il significato di una visione più di quanto non lo sia un veggente alle prime armi. Se una visione si verifica di giorno o di notte, essa si avvererà prima o dopo a seconda del momento in cui è comparsa.

Se un oggetto appare di mattina presto (cosa che non succede di frequente) la visione si realizza nel giro di poche ore. Se a mezzogiorno, generalmente la visione si avvera nel corso di quella stessa giornata. Se la visione si verifica di sera, probabilmente essa si realizzerà quella notte stessa; se una visione compare dopo l'accensione delle candele, l'evento si compirà quella notte; e se l'apparizione avviene di notte essa si avvererà nel giro di settimane, mesi e a volte anni, a seconda dell'ora della notte in cui si verifica la visione.

La visione di un lenzuolo funebre attorno a qualcuno rappresenta un sicuro pronostico di morte. Il momento del decesso è valutato a seconda dell'altezza del lenzuolo attorno alla persona; poiché se questo non supera l'altezza del giro vita, l'evento luttuoso non si verificherà probabilmente per almeno un anno e a volte anche qualche mese in più, mentre se, come avviene di frequente, il telo sembra superare la testa, si deve concludere che la morte è prossima, nel giro di pochi giorni se non di poche ore, come conferma l'esperienza quotidiana. Esempi di questo tipo mi furono mostrati quando la persona di cui si era avuta allora la visione godeva di perfetta salute.

In un caso recente di questi, il veggente, un principiante, predisse la morte di un mio conoscente, e ciò venne comunicato solo a poche persone e nella massima riservatezza; essendo anch'io tra queste, non la presi minimamente in seria considerazione fino a quando la morte di quella persona, all'incirca al momento previsto, mi confermò la veridicità della predizione. Il principiante citato prima è adesso un abile veggente, come appare evidente da molti esempi recenti; egli vive nel distretto della parrocchia di St. Mary, la più settentrionale dell'isola di Skye.

Se nella visione una donna sta in piedi alla sinistra di un uomo, ciò significa che diverrà sua moglie, sia che essi siano spostai con altri sia che non siano sposati al momento dell'apparizione.

Se due o tre donne compaiono contemporaneamente in piedi alla sinistra di un uomo, colei che gli è più vicina sarà indubbiamente la sua prima moglie, e di seguito le altre, sia che le tre o l'uomo siano sposati sia che non lo siano al momento della visione; e di questo vi sono diversi esempi recenti tra i miei conoscenti. È un fatto comune per un veggente avere la visione dell'uomo che si presenterà a casa sua di lì a poco; e se il veggente non lo conosce, ne fornirà comunque una descrizione così vivida per quanto riguarda la statura, l'aspetto, le abitudini ecc. che quando arriverà corrisponderà sotto tutti i punti di vista alla rappresentazione data.

Se la persona della visione rientra nella cerchia dei conoscenti del veggente, questi ne dirà il nome e altri particolari, e sarà in grado di capire in base all'espressione del suo volto se è di buono o di cattivo umore.

Io stesso venni percepito in questo modo da veggenti di entrambi i sessi a qualche centinaia di miglia di distanza; alcuni di coloro che mi videro in visione non mi avevano mai conosciuto personalmente, e tutto avvenne secondo le loro visioni senza che io avessi progettato in precedenza di recarmi in quei luoghi, ed essendo la mia venuta puramente accidentale.

È comune per un veggente vedere case, giardini e alberi in luoghi privi di tutti questi elementi; ma la loro percezione, nel corso del tempo, si realizza; questo è ciò che avvenne a Mogstot, sull'isola di Skye, dove esistevano solo poche misere stalle ricoperte di paglia, eppure nel giro di pochi anni una visione che ricorreva di frequente si realizzò, con la costruzione di diverse belle case esattamente nel luogo percepito dal veggente, e con la piantagione di alcuni frutteti.

Vedere una scintilla infuocata cadere sul braccio o il petto di qualcuno preannuncia la morte di un bambino che verrà visto in braccio a quella persona, e di ciò esistono diversi esempi recenti.

Vedere un sedile vuoto mentre qualcuno vi è seduto rappresenta il presagio della morte di quella persona nel giro di poco tempo.

Quando un principiante, o qualcuno che ha appena ottenuto la seconda vista, ha una visione notturna fuori casa e si avvicina a un fuoco, cadrà subito in estasi.

Alcuni si ritrovano come se fossero in mezzo ad una folla che trasporta un cadavere; dopo queste visioni i veggenti iniziano a sudare e descrivono le persone presenti: se tra queste ve ne sono alcune di loro conoscenza, elencano i loro nomi, come quelli dei portatori, ma non hanno alcuna informazione riguardo al morto.

Non sempre queste visioni compaiono contemporaneamente a tutti coloro che sono dotati della seconda vista, anche se in quel momento si trovano insieme. Ma se uno che ha questa facoltà tocca di proposito un suo compagno veggente nel momento in cui compare la visione, anche il secondo vedrà ciò che vede il primo; e ciò viene a volte percepito da coloro che si trovano vicino a loro in tali occasioni.

Vi è un modo di predire la morte di qualcuno quando si ode un grido che viene definito *taisk*, e che nelle Lowland alcuni attribuiscono ad uno spettro.

All'esterno dell'abitazione si ode un alto grido, esattamente simile alla voce di una certa persona, della quale è quindi possibile predire la prossima dipartita. L'ultimo esempio di questo genere di cui mi è giunta notizia si verificò nel villaggio di Rigg, sull'isola di Skye.

Cinque donne stavano sedute insieme nella medesima stanza, e tutte udirono un alto grido che proveniva dall'esterno, nelle vicinanze della finestra; credettero tutte di riconoscere la voce di una fanciulla che faceva parte del gruppo; ella al momento arrossì, pur senza accorgersene, contrasse una febbre il giorno successivo e morì prima della fine della settimana.

È anche possibile fare previsioni legate a determinati cibi la cui prossima presenza in una casa viene predetta attraverso l'olfatto, a volte nel modo seguente. Chi è dotato di questo dono percepisce di frequente odore di pesce o di carne provenire dal fuoco, anche se in quel momento né l'uno né l'altra si trovano in casa, o con ogni probabilità nessuno ne ha toccato da diversi mesi o diverse settimane. Ciò perché queste persone non mangiano quasi mai la carne e anche se vivono vicino al mare prendono raramente pesci in inverno e in primavera. Diverse persone possiedono questo particolare olfatto, pur non godendo della seconda vista, e la previsione si verifica nel giro di pochissimo tempo.

Bambini, cavalli e bovini sono anch'essi in grado di percepire ciò che vede in quel momento il veggente, come pure uomini e donne avanti negli anni.

Che i bambini vedano l'oggetto della visione risulta evidente dal loro pianto nell'istante in cui un cadavere o un'altra visione appare agli occhi di un normale veggente. Ero presente anch'io in una casa nel momento in cui un bambino si mise a piangere all'improvviso; quando gli venne chiesto il perché, rispose che aveva visto un grosso oggetto bianco disteso su un'asse che si trovava in un angolo. Nessuno gli credette finché un veggente che era presente disse che il bambino aveva ragione, dal momento che, egli disse, io stesso ho appena visto un cadavere ricoperto da un sudario, e l'asse sarà usata per costruirvi una bara o verrà utile in altro modo per il cadavere. E accadde effettivamente che essa servisse a costruire una bara per qualcuno che, all'epoca della visione, era in perfetta salute.

Che i cavalli abbiano la stessa percezione è evidente dal loro violento e improvviso trasalimento nel momento in cui il cavaliere o il veggente che li accompagnano hanno una qualsiasi visione, di giorno o di notte. Si osserva comunemente che il cavallo si copre di sudore e si rifiuta di proseguire per quel cammino, rendendo necessario farlo deviare per un percorso distante dalla strada comunale.

Un cavallo legato presso la strada comunale nei pressi di Loch Skeriness sull'isola di Skye ruppe la corda a mezzogiorno e si mise a correre su e giù senza la minima causa visibile. Ma due della zona che si trovavano per caso a poca distanza e vedevano il cavallo, scorsero allo stesso tempo un gran numero di persone che, trasportando un feretro, si dirigeva verso la chiesa di Snizort; e ciò si avverò nel giro di pochi giorni con la morte di una gentildonna che viveva a tredici miglia dalla chiesa e che apparteneva ad un'altra parrocchia, dalla quale giungevano pochissime persone per essere sepolte a Snizort.

Che i bovini abbiano accesso alla seconda vista appare evidente dal fatto che se una donna che sta mungendo una vacca ha per caso una visione, l'animale fugge subito via terrorizzato, e per un certo tempo sarà difficile calmarlo.

Prima di citare altri particolari scoperti intorno al dono della seconda vista, credo sia opportuno rispondere alle obiezioni che sono state recentemente rivolte contro l'effettiva esistenza di questo fenomeno.

Obiezione 1. I veggenti sono persone visionarie e melanconiche che si immaginano di vedere cose che di fatto non appaiono davanti ai loro occhi o a quelli di chiunque altro.

Risposta. Gli abitanti di queste isole, e in particolare i veggenti, sono persone molto sobrie, e la loro dieta è semplice e controllata sia nella qualità sia nella quantità, sicché è improbabile che il loro cervello venga disturbato dai fumi indigesti del mangiare o del bere. Entrambi i sessi sono esenti da crisi isteriche, convulsioni e da molti altri disturbi di tale sorta; tra loro non vi sono matti, né casi di suicidio. È stato osservato tra loro che se un uomo è ubriaco, non è dotato di seconda vista; e se è un visionario lo si scoprirà in questa come in molte altre cose; e coloro che sono dotati della seconda vista non sono considerati visionari da nessuno dei loro amici o dei loro conoscenti.

Obiezione 2. Nessuno tra gli eruditi è in grado di fornire al mondo una spiegazione soddisfacente di queste visioni, che di conseguenza non vanno credute.

Risposta. Se tutto ciò di cui gli eruditi non sono in grado di fornire una spiegazione soddisfacente dovesse essere giudicato impossibile, potremmo scoprire che molte cose alle quali generalmente si crede dovrebbero essere rifiutate in base alla medesima regola. Ad esempio, lo sbadiglio e l'influenza che esercita sugli altri, e il fatto che la calamita attiri il ferro: questi fatti sono veri ed innocui, eppure non siamo in grado di dare una spiegazione soddisfacente delle loro cause. Come possiamo aspettarci di poterlo fare riguardo a cose d'origine soprannaturale?

Obiezione 3. I veggenti sono impostori, e coloro che prestano loro fede sono dei creduloni, che si fanno ingannare facilmente.

Risposta. I veggenti sono solitamente gente incolta e di buon cuore, e nel complesso priva di cattive intenzioni, e non ho mai avuto notizia che uno qualunque di loro abbia minimamente ricavato qualcosa da questo dono, oltre al fatto che chi possiede tale facoltà non è in genere considerato degno di particolare stima. A ciò si aggiunge il fatto che gli abitanti delle isole non sono tanto ingenui da credere implicitamente a qualcosa prima che la cosa predetta si sia verificata, ma quando questa effettivamente accade non ritengono sia in loro potere negarla senza fare violenza ai loro sensi e alla loro ragione. Oltre a questo, se i veggenti fossero dei truffatori non sarebbe ragionevole immaginare che tutti gli isolani che non possiedono il dono della seconda vista debbano mettersi d'accordo e fare violenza alla loro intelligenza e ai loro sensi per obbligarsi a credere ad una menzogna che verrebbe trasmessa di generazione in generazione. Vi sono diverse persone tra loro che, per nascita o educazione, sono al di sopra di ogni sospetto di contribuire ad un'impostura solo per gratificare persone ignoranti e disprezzabili; e nessuna persona ragionevole crederebbe che i bambini, i cavalli e i bovini possano essere anticipatamente coinvolti in accordi illeciti al fine di persuadere il mondo della realtà della seconda vista.

Coloro che negano queste visioni danno credito a taluni brani di storia che si fondano sull'autorità di storici vissuti diversi secoli prima della nostra era, negando però alla gente della nostra generazione la libertà di credere ai propri amici intimi e ai propri conoscenti, uomini di sicura onestà e di reputazione indiscutibile, la cui veridicità è certamente più certa di quella di qualsiasi storico del passato.

Ogni visione percepita si verifica esattamente secondo le vere regole dell'osservazione, benché i principianti e le persone disattente non giudichino sempre in base a tali regole. Ricordo che i veggenti diedero questa risposta alle mie obiezioni e mi fornirono diversi esempi al riguardo, tra i quali il seguente.

Un ragazzo di mia conoscenza veniva spesso sorpreso dalla vista di una bara vicino alla sua spalla. Questa visione lo gettò nel terrore e lo convinse che fosse un presagio della propria morte, e anche i vicini erano convinti che fosse quello il significato della visione. Ma un veggente che viveva nel villaggio di Knockow, dove il ragazzo lavorava come domestico, disse loro che si sbagliavano grandemente e volle che il ragazzo cogliesse la prima opportunità che gli si presentasse: se si fosse recato ad una sepoltura doveva ricordarsi di portare la bara per alcuni istanti. Ciò egli fece nel giro di lì a poco, quando un suo conoscente morì, e dal quel momento in poi il ragazzo non venne mai più turbato dalla vista di una bara vicino alla sua spalla, benché ne abbia viste molte ad una certa distanza, appartenenti ad altri. Egli è attualmente ritenuto uno dei veggenti più precisi nel distretto della parrocchia di St. Mary, sull'isola di Skye dove vive.

Un altro esempio è quello di una donna dell'isola di Skye che aveva spesso la visione di una figura femminile avvolta fino alla cintola in un sudario: questa le appariva sempre di spalle e l'abito con il quale sembrava vestita assomigliava al suo. Ciò rimase un mistero per un po' di tempo, fino a quando la donna non tentò un esperimento per soddisfare la propria curiosità; ella cioè si vestì al contrario rispetto a come faceva di solito e mise dietro la parte del vestito che normalmente andava davanti, ritenendo che la visione, alla successiva comparsa, sarebbe stata più facile da individuare. Ciò avvenne effettivamente, poiché la visione comparve subito dopo con il volto e il vestito rivolti verso la donna, dimostrando di essere in tutto e per tutto somigliante a lei; la donna infatti morì poco tempo dopo.

Vi sono visioni percepite da diverse persone, ma che non si verificano nel corso della loro vita; e questo è uno dei motivi per cui si ritiene che alcune cose che sono state previste non si avvereranno mai, e vi sono anche diverse visioni che non vengono comprese fino al momento del loro compimento.

La seconda vista non è una trovata inventata di recente secondo la quale una o due persone vedono qualcosa di vago in un luogo impervio o su una remota isola, ma interessa diversi individui di entrambi i sessi, su un gran numero di isole separate da circa quaranta o cinquanta leghe l'una dall'altra. Prevalentemente gli abitanti di queste isole non hanno mai avuto contatti tra loro, né per iscritto né di persona; e il fatto che, come ci narra la tradizione, la facoltà di avere visioni sia in questi luoghi una costante sin dagli albori della civiltà e che non è mai stata confutata nemmeno dal più esperto degli scettici, mi sembra essere, dopo una severa indagine, una chiara prova della sua veridicità.

LEGGENDE GALLESI SUI CHANGELING

Se le creature fatate erano effettivamente una razza a sé, separata dall'Umanità, vi era però la credenza diffusa che la loro popolazione rimanesse sostanzialmente stabile. I folletti di sesso femminile, si diceva, facevano molta fatica a dare alla luce un figlio. Vi sono molti racconti originari dell'Irlanda, della Scozia, del Galles e della Bretagna che narrano di levatrici umane chiamate ad assistere a faticosi parti fatati, nessuno dei quali sembra andasse a buon fine, mentre gli anziani della specie sopravvivevano per secoli attraverso una vecchiaia stizzosa. Al fine di alleviare questa situazione e portare nuova linfa nel sangue fatato, si credeva che spesso i folletti rapissero bambini umani – in particolare bambine o uno di due gemelli – per portarli a vivere tra loro e aumentare così la loro popolazione. In cambio lasciavano uno di loro, una creatura vecchia, avvizzita e piagnucolante che essi «camuffavano» magicamente per dargli l'aspetto del bambino rapito. Tuttavia non riuscivano realmente a mascherare il fatto che questo essere fosse smunto ed emaciato o che avesse un pessimo carattere.

In epoche e luoghi in cui le malattie infantili come la tubercolosi erano comuni, tali credenze servivano spesso a spiegare perché un bambino sano e di dimensioni normali diventava nel giro di una notte una creatura invalida piangente, scarna e smunta. E se il bambino moriva (come avveniva di frequente), l'idea forniva allora una qualche sorta di conforto ai genitori in lutto. Dopo tutto, quello che era morto non era il *loro* bambino – questi era ancora in vita in mezzo alle creature fatate – ma una sorta di essere vecchio e avvizzito. Se i piccoli corpi fossero stati successivamente esumati, si affermava, tutto ciò che si sarebbe trovato sarebbe stato un vecchio bastone annerito.

Ovviamente i genitori non volevano assolutamente che i loro figli venissero rapiti, e di conseguenza escogitavano tutta una serie di misure di protezione per liberare la casa da questi *changeling* (folletti trasformati in umani). Se si sospettava che un bambino fosse un *changeling*, vi erano dei modi per scoprirlo. Quello più comune era riuscire a convincere il *changeling* con un inganno a rivelare la sua vera età, che sarebbe stata assai superiore a quella di un bambino umano. Vi erano ovviamente anche misure più drastiche in Irlanda, come dare da bere alla creatura una miscela di latte e di polvere di digitale. Dal momento che quest'ultima sostanza è tossica, ciò accelerava solamente la morte dello sventurato bambino, anche se si credeva che avrebbe bruciato le viscere di una creatura fatata. Un metodo ancora più drastico era porre il bambino su un sostegno di ferro che veniva poi posto sul fuoco vivo. Il metodo migliore, quindi, era innanzitutto evitare che il bambino venisse rapito.

Il battesimo cristiano era il modo più sicuro per prevenire che un bambino venisse «preso», ma in molte remote regioni di campagna ci volevano a volte alcuni giorni prima che il religioso riuscisse a compiere la cerimonia. Il bambino quindi doveva essere protetto durante i giorni cruciali direttamente successivi alla nascita. Crocifissi e ornamenti religiosi venivano spesso posti intorno alla culla per evitare che il Popolo Fatato si avvicinasse troppo; un paio di forbici aperte poteva essere lasciato ai piedi della culla per scacciare le potenze malvagie; e vi erano molti altri deterrenti. Delle pinze di ferro del focolare tenute aperte, ad esempio, potevano essere poste di traverso sulla biancheria del letto, oppure un chiodo preso da un ferro di cavallo poteva essere nascosto tra le coperte. (Si riteneva che il ferro rappresentasse un anatema contro il popolo fatato). Non essendo io mai stato battezzato, ricordo in modo vago che mia nonna poneva di traverso sul mio letto un capo di vestiario di mio padre, per ricordare «alle creature fatate e ai morti» che ero un bambino umano e proprietà di mio padre. Questa usanza continuò, credo, finché non ebbi compiuto i cinque anni e anche un po' oltre. Nonostante tali protezioni, il bambino umano poteva comunque essere «portato via» e un *changeling* lasciato al suo posto.

La seguente selezione di racconti riguardanti i *changeling* è originaria del Galles rurale e si trova nel testo del reverendo Elias Owen, *Welsh Folklore* (Folklore gallese), pubblicato nel 1896.

Racconti tratti da Welsh Folklore
del reverendo Elias Owen

La leggenda dei changeling di Corwrion

Un tempo, nel quattordicesimo secolo, la moglie di un uomo di Corwrion ebbe due gemelli; un giorno andò a lamentarsi con la strega che viveva non lontano da lei, a Tyddin y Barcut, del fatto che i bambini non crescevano, e che piangevano sempre, di giorno e di notte. «Sei sicura che siano i tuoi bambini?» chiese la strega, e aggiunse che non le sembrava che i piccoli le assomigliassero.

«Anch'io ho i miei dubbi», rispose la madre.

«Mi chiedo se qualcuno non abbia scambiato i suoi bambini con i tuoi», suggerì la strega.

«Non so», disse la madre.

«Ma perché non cerchi di scoprirlo?» chiese l'altra.

«E come posso fare?» volle sapere la madre. La strega rispose: «Fa qualcosa di molto strano davanti ai loro occhi e osserva bene che cosa si dicono l'un l'altro».

«Ma non so che cosa fare», disse la madre.

«Oh», disse l'altra, «prendi un guscio d'uovo e metti la birra a fermentare al suo interno in una camera vicina alla loro e vieni poi a dirmi che cosa hanno detto al riguardo i bambini». La donna andò a casa e fece ciò che la strega le aveva indicato, e i due bambini sollevarono la testa dalla culla per vedere che cosa stesse facendo, osservando e ascoltando con attenzione. Quindi uno disse all'altro:

«Ricordo di avere visto una quercia fare le ghiande», alla qual cosa l'altro replicò: «E io ricordo di avere visto una gallina fare un uovo». E uno dei due aggiunse: «Ma non ricordo di avere mai visto prima fare la birra dentro a un guscio d'uovo».

La madre allora si recò dalla strega e le riferì quello che avevano detto i gemelli, e questa le consigliò di recarsi al ponticello di legno che si trovava poco lontano, con ciascuno di quegli strani bambini sotto ciascun braccio e giunta lì di lasciarli cadere dal ponte nel fiume sottostante. La madre rincasò e fece come le era stato ordinato, e al suo rientro scoprì con suo grande stupore che i suoi due veri gemelli le erano stati restituiti.

[*Nota del curatore*: Questo racconto è estremamente popolare e possiede molte varianti in tutto il mondo celtico. In Irlanda è noto con il titolo «La distillazione dei gusci d'uovo», in cui un *changeling* viene scacciato dal fuoco della graticola dopo che con un inganno erano riusciti a fargli rivelare la sua vera età: più di mille anni.]

Un'altra versione di questo racconto mi venne riferita da un mio giovane amico, il reverendo D. H. Griffiths della canonica di Clocaenog presso Ruthlin. La storia gli venne raccontata da Evan Roberts, di Ffriddagored, presso Llanfwrog. Il signor Roberts è un anziano contadino.

La leggenda del changeling di Llanfwrog

Dovendosi recare al campo a spigolare, una madre portò con sé il proprio bambino e lo lasciò a dormire all'ombra dei covoni di grano mentre era impegnata nella spigolatura. In quel campo giunsero anche i folletti e si presero il bel bambino lasciando al suo posto uno dei loro piccoli. Sul momento la madre non notò alcuna differenza tra il proprio bambino e quello che era stato messo al suo posto, ma dopo un po' di tempo iniziò a osservare con dolore che il piccolo che allattava non si irrobustiva, non cresceva e non cercava per nulla di camminare. Accennò questo fatto ai vicini che le dissero di fare qualcosa di bizzarro e di prestare quindi orecchio alle sue parole. Ella prese un guscio d'uovo e finse di farvi fermentare della birra, e fu stupita quando il bambino, che aveva osservato attentamente le sue azioni, disse:

Mi welais fesan gan dderwen,
Mi welais wy gan iar
Ond ni welais I eriod ddarllaw
Mewn cinyn wy iar.

Ho visto una quercia fare una ghianda,
Ho visto una gallina fare un uovo,
Ma non ho mai visto in vita mia
Fare la birra in un guscio d'uovo.

Questo discorso dimostrò le origini del precoce fanciullo che giaceva nella culla. Le strofe sembrano ricalcare le esatte parole di Roberts. Ma questo non ci dice che fine fece il *changeling* fatato.

In Irlanda, un metodo per esigere la restituzione del bambino rapito dalle creature fatate era quello di prendere il *changeling* e porlo sulla cima di un mucchio di letame, e quindi di intonare un canto che supplicasse i folletti di restituire il piccolo rapito.

Nel Galles pare vi fosse una formula magica, che verrà fornita qui di seguito, alla quale si faceva ricorso per esigere dai folletti la restituzione di un bambino. La madre che aveva perso il proprio piccolo doveva portare il *changeling* sulla riva di un fiume, accompagnata però da uno stregone che doveva avere un ruolo fondamentale nella cerimonia. Giunti sulla riva del fiume lo stregone doveva gridare:

Crap ar y wrach

Stringo forte la borsa.
E la madre doveva rispondere:

Rhy hwyr gyfralach

Troppo tardi vecchio decrepito.

Dopo aver profferito queste parole la donna doveva gettare il piccolo nel fiume e andarsene; si credeva che al suo rientro a casa avrebbe trovato il proprio bambino sano e salvo.

Esporrò adesso una storia in qualche modo simile alle precedenti, anche se in quest'ultimo caso il supposto *changeling* diventa il principale sostegno della famiglia. La leggenda di *Gors Goch* è tratta da un saggio del signor D. Williams, di Llanfachreth, nel Merionetshire, che vinse un premio all'Eisteddfod di Liverpool del 1870; la leggenda è anche comparsa su una rivista chiamata *Y Gordofigion*, pubblicata dal signor I Foulkes di Liverpool.

La leggenda del changeling di Gors Goch

Questo racconto, tradotto in inglese dice così... C'era una volta una famiglia felice che viveva in un luogo chiamato Gors Goch. Una notte, come al solito, essi andarono tutti a letto ma non riuscirono a chiudere occhio nemmeno per un attimo a causa del frastuono che proveniva dall'esterno della casa. Alla fine il padrone di casa si alzò e tutto tremante chiese che cosa ci fosse lì fuori e che cosa si volesse da loro. Una voce chiara e dolce gli rispose così:

«Vogliamo un luogo caldo dove poter ripulire i bambini». La porta fu aperta e la casa si riempì di *Tylwyth Teg* (le creature fatate del Galles) che si misero immediatamente a lavare i loro piccoli. E quando ebbero finito iniziarono a cantare una melodia incantevole. Eccellenti erano anche le loro danze e il loro modo di cantare. Quando se ne andarono diedero loro del denaro, e non poco, per aver potuto disporre dell'abitazione. E in seguito fecero visita spesso a quella famiglia, ricevendo ogni volta una calorosa accoglienza per via dei doni generosi che lasciavano sempre in cucina. Ma alla fine si verificò un episodio doloroso che si rivelò essere addirittura uno scambio di bambini. Il piccolo di Gors Goch era un bambino grassottello, dolce, grazioso e affettuoso, mentre quello che venne lasciato al suo posto era un essere sgradevole, malaticcio, smunto e deforme, che non faceva altro che piangere e mangiare, e che pur divorando tutto con la voracità di un cane mastino non cresceva per nulla. Alla fine la moglie di Gors Goch morì di crepacuore e lo stesso avvenne per tutti gli altri suoi bambini, mentre il padre visse una lunga vita e divenne un uomo ricco, dal momento che la famiglia del suo nuovo erede gli aveva portato oro e argento in abbondanza.

La leggenda del changeling di Garth Uchaf e Llanuwchllyn

La moglie di Garth Uchaf, Llanuwchllyn, se ne uscì un giorno per falciare il fieno e lasciò il bambino nella culla. Sfortunatamente non mise le pinze del focolare di traverso sulla culla, e di conseguenza le creature fatate poterono sostituire il bambino, così che quando ella tornò a casa nella culla vi era solo un *changeling* vecchio e decrepito, che sembrava mezzo morto di fame. Ella, tuttavia, lo allattò come fosse suo.

La ragione per cui gli esseri fatati scambiavano i loro piccoli con quelli umani era il desiderio di ottenere bambini sani e ben formati, al posto della propria deforme e gracile progenie, anche se questa, tuttavia, non è una spiegazione soddisfacente della loro condotta. L'amore di una madre viene sempre descritto come un sentimento così intenso che la deformità di un figlio fa aumentare e non diminuire il suo affetto per lo sventurato bambino. Un tempo si pensava che ogni sette anni le creature fatate fossero obbligate a pagare al grande nemico dell'umanità un tributo con l'offerta di uno dei loro piccoli, o di un bambino umano in sua vece, e dal momento che una madre è sempre una madre, che si tratti della progenie degli elfi o della progenie di Eva, questa cercava sempre di sostituire suo figlio con quello di qualcun altro, ed ecco la ragione dello scambio di bambini.

La teoria del reverendo Peter Roberts era che la razza più debole rapiva i figli della razza più forte che occupava il paese facendo loro concorrenza, allo scopo di aumentare la forza del proprio popolo.

John Gay, in versi citati in *Brand's Popular Antiquities* (Antiche tradizioni popolari di Brand), irride l'idea dell'esistenza dei *changeling*. Per bocca di un folletto mette in ridicolo la superstizione:

Da dove viene quest'inutile e presuntuosa bugia
Che noi di allocchi il mondo popoliamo?
Ma come! Cedere la nostra allegra progenie
Per i tristi e sventurati figli della polvere.
Inoltre, anche se non lo diamo troppo a vedere,

Anche noi, come voi, stravediamo per i nostri piccini.
Dove mai si è trovata una madre
Che cederebbe il suo bambino per un altro?
E dovessimo scambiarlo con un umano,
Allora sì che passeremmo per degli allocchi!

Con questa graziosa satira concludo qui le mie osservazioni sui *changeling* fatati.

L'Ankou

Per gli antichi Celti la morte era una transizione da una forma di esistenza ad un'altra; dal mondo materiale che conosciamo e sperimentiamo ogni giorno ad un mistico Aldilà che giaceva appena al di fuori del regno della consapevolezza. Questa transizione da una realtà ad un'altra si compiva in diversi modi. Il morente poteva essere accompagnato nel trapasso da splendide fanciulle, come nella morte del celtico re Artù, oppure essere portato via da cavalieri vestiti di nero, che compaiono in numerosi racconti irlandesi e dell'isola di Man.

Il modo più comune per trasportare le anime dei morti in Irlanda, Scozia e in Bretagna, tuttavia, era il «carro dei morti», un inquietante veicolo che viaggiava di notte lungo le strade, raccogliendo gli spiriti di coloro che erano morti per portarli nell'Aldilà (e in epoca cristiana, in Paradiso o all'Inferno). In Irlanda era conosciuto come «coshta-bodhr», (o *coach-a-bower* carro dell'oscuro recesso) o «carro dei sordi», poiché quando passava non emetteva alcun rumore benché ciò fosse vero solo in parte. Infatti, a volte il carro sfrecciava lungo le strade irlandesi con un tale fragore da dare fuoco ai cespugli lungo il cammino. Era di certo un mezzo di trasporto che ispirava terrore e sgomento.

In Bretagna quest'orrendo veicolo non era altro che un carretto scricchiolante, carico delle anime dei morti e guidato da una creatura nota come l'Ankou. Spiegazioni riguardanti la vera natura di questo essere variano da un luogo all'altro. In alcune zone della Bretagna egli è il Signore dei Morti, responsabile della custodia dei defunti fino a quando questi non ricevono la loro ultima ricompensa; in altre regioni, egli è un fantasma o uno spettro. Incarna sempre la Morte o il Padre Tempo.

La seguente descrizione dell'Ankou – probabilmente la migliore che esista – è tratta dalla fondamentale opera sulla morte e il soprannaturale presso i Bretoni dello scrittore bretone e studioso di folklore Anatole Le Braz (1859-1926), *La Legende de la mort en Basse-Bretagne, croyances et usages des Bretons armoricains* (pubblicato a Parigi nel 1893).

Tratto da La Legende de la mort en Basse-Bretagne, croyances et usages des Bretons armoricains

di Anatole Le Braz

In molti luoghi, l'ultima persona a morire ogni anno diventa l'Ankou; in alcune zone, invece, è il primo a morire.

Quando in un dato anno vi è un numero di morti superiore al normale, si dice che l'Ankou è malvagio.

A volte l'Ankou è descritto come un uomo alto, magro, con lunghi capelli bianchi e il volto nascosto da un ampio cappello di feltro; a volte compare in forma di scheletro avvolto in un sudario, mentre la sua testa gira di continuo, come un segnavento, in modo da riuscire a cogliere con un unico sguardo tutte le regioni che dovrà attraversare.

In qualunque caso, egli regge una falce. Questa si differenzia da quelle normali per il fatto di avere la lama rivolta al contrario, così che quando egli la usa, invece di portarla verso di sé, la spinge in avanti.

Il carro dell'Ankou è simile a quelli usati nei tempi antichi per trasportare i morti.

È generalmente trainato da due cavalli attaccati uno di fronte all'altro. Quello davanti è smunto, emaciato e quasi non si regge in piedi. Quello dietro è grasso, ha un mantello luminoso ed è senza pettorale.

L'Ankou rimane in piedi nel carro.

È scortato da due compagni, entrambi a piedi. Uno di loro conduce il primo cavallo per le briglie. L'altro ha il compito di aprire i cancelli dei campi e le porte delle case; egli deve anche ammucchiare i morti sul carro, i morti che l'Ankou ha mietuto.

Quando l'Ankou si mette in viaggio, si dice che il suo carro sia pieno di piccoli sassi, in modo che proceda più pesantemente, facendo più rumore.

Quando raggiunge una casa in cui si trova qualcuno che egli deve mietere, scarica di colpo il suo carico, per potere fare spazio alla sua nuova «zavorra».

Ecco perché nelle case in cui vi è un moribondo, proprio nel momento in cui questi esala l'ultimo respiro, si ode spesso un suono di ciottoli.

Il carro dei morti

Era una notte di giugno, in un'epoca in cui i cavalli vengono lasciati fuori tutta la notte.

Un giovane aveva condotto le sue bestie nei campi. Fischiettava mentre faceva ritorno a casa, poiché la notte era chiara e la luna splendeva. Udì un carro dirigersi verso di lui, un carro il cui asse mal lubrificato cigolava con insistenza.

Ma egli fu certo che fosse il carro dei morti.

«Almeno riuscirò a vedere quel carro con i miei occhi», pensò.

Attraversò il fossato e si nascose in un folto di noccioli, di modo da poter guardare senza essere visto.

Il carro infine apparve.

Era trainato da tre bianchi cavalli attaccati uno dietro l'altro. Due uomini li accompagnavano, ciascuno vestito di nero e con in testa un cappello di feltro dall'ampia tesa. Uno di loro conduceva il primo cavallo tenendolo per le briglie, l'altro stava ritto in piedi sulla parte anteriore del carro.

Come il carro giunse di fronte al folto di noccioli dove era nascosto il giovane, l'asse si spezzò con uno schiocco.

«Fermati», ingiunse l'uomo sul carro a quello che guidava i cavalli.

Quello gridò «Woa» e le bestie si fermarono.

«Il perno dell'asse si è appena rotto», disse l'Ankou. «Vai a tagliare ciò di cui hai bisogno per fabbricarne uno nuovo da quel folto di noccioli laggiù».

«Sono perduto», pensò il giovane, che si pentì immediatamente della sua curiosità indiscreta.

Tuttavia, al momento non venne punito. L'uomo tagliò un ramo, lo modellò, lo inserì nell'asse e quindi i cavalli ripresero il loro cammino.

Il giovane poté ritornare a casa sano e salvo, ma verso mattina fu colto da una febbre sconosciuta e fu sepolto il giorno successivo.

[*Nota del curatore*: Racconto narrato da Françoise, figlia di Jean Le Gac, nel 1890.]

Gab Lucas

Gab Lucas lavorava presso il podere di Rune-Riou. Tornava ogni sera a Kerdrenkenn dove viveva con la moglie Madelaine e cinque figli nella casupola dal tetto di paglia più disgraziata di tutto quel povero villaggio, poiché Gab Lucas aveva solo i dieci penny che guadagnava con il suo duro lavoro ogni giorno. Ciò non gli impediva di avere una natura lieta e di essere un gran lavoratore. I proprietari di Rune-Riou lo tenevano in gran conto. Nel fine settimana lo invitavano spesso a trascorrere il sabato sera con loro per bere del *flip* (una bevanda calda a base di rum e sidro) e mangiare castagne arrostite. Allo scoccare delle dieci il fattore pagava a Gab il suo salario settimanale e la moglie aggiungeva sempre dei doni per la sua famiglia di Kerdrenkenn.

Un sabato sera ella gli disse:

«Gab, ho messo da parte un sacco di patate per te. Dalle a Madelaine da parte mia».

Gab Lucas la ringraziò, si caricò il sacco in spalla e si mise in cammino verso casa, dopo avere augurato a tutti la buonanotte.

Ci sono più di tre quarti di lega da Rune-Riou a Kerdrenkenn. Gab all'inizio camminava allegramente. La luna brillava e il flip che aveva bevuto gli riscaldava lo stomaco. Fischiettava un'aria bretone per tenersi compagnia, lieto che Madelaine avrebbe gioito vedendolo rientrare con un bel sacco di patate. Ne avrebbero cucinato una grossa pentola il giorno seguente, avrebbero aggiunto una fetta di pancetta e se la sarebbero davvero goduta.

Tutto andò bene per un quarto di lega.

Ma quando le virtù del flip svanirono nel freddo della notte, Gab sentì tutta la stanchezza della giornata di lavoro piombargli addosso. Il sacco di patate iniziò a pesargli sulla spalla e ben presto gli passò la voglia di fischiettare.

«Se solo un carretto passasse di qua», pensò. «Ma non sarò tanto fortunato».

In quel momento raggiunse la croce che indicava il punto in cui il sentiero che parte dalla fattoria di Nizilzi si ricongiungeva alla strada principale.

«Be'», si disse Gab, «posso sempre sedermi sui gradini della croce per un momento mentre sto riprendendo fiato».

Posò il sacco, si sedette di fianco ad esso e accese la pipa.

Attorno a lui la campagna era silenziosa.

Improvvisamente i cani di Nizilzi iniziarono a guaire penosamente.

«Perché diavolo stanno facendo un tale baccano?» si domandò Gab.

Quindi udì il suono di un carretto proveniente da Nizilzi. Il suo asse malamente oliato cigolava fastidiosamente.

«Sembra che il mio desiderio stia per avverarsi; probabilmente trasportano un carico di sabbia, e porteranno il mio sacco davanti alla porta di casa», si disse Gab.

Prima vide comparire i cavalli, e poi il carretto. Erano terribilmente magri ed emaciati, quei cavalli. Di sicuro non erano di Nizilzi, dal momento che là i cavalli avevano sempre un aspetto pingue e un pelo lucido. Per quanto riguardava il carretto, la base era fatta da tavole di legno tenute insieme alla bell'e meglio e ai lati vi erano due rozze transenne. Un individuo goffo ed enorme, altrettanto smunto quanto le sue bestie, guidava la misera pariglia. Un ampio cappello di feltro gli copriva il viso. Gab non lo riconobbe, ma ciononostante lo salutò.

«Amico, avresti un po' di spazio per questo sacco sul tuo carretto? Ho la schiena a pezzi. Vado fino a Kerdrenkenn».

Il carrettiere non rispose.

«Probabilmente non mi ha sentito», si disse Gab. «Quell'orrendo carretto fa un frastuono terribile».

L'opportunità era troppo buona per farsela scappare. Gab spense rapidamente la pipa, se la ficcò nella tasca della giacca, afferrò il suo sacco di patate e si mise a correre dietro il carro, che procedeva ad una certa velocità. Alla fine lo raggiunse e vi lasciò cadere il suo sacco di patate, dando un sospiro di sollievo.

Ma come spiegarlo? Il sacco attraversò le vecchie tavole e atterrò al suolo.

«Ma che genere di carro è mai questo?» si chiese Gab.

Raccolse il sacco e lo rimise nuovamente sul carretto, ma questa volta un po' più avanti.

Ma la base del carro non era solida, dal momento che Gab ci passò attraverso insieme al suo sacco. Entrambi rotolarono al suolo.

La bizzarra pariglia continuò il suo cammino. Il misterioso carrettiere non aveva nemmeno voltato la testa.

Gab lasciò che si allontanassero. Quando furono scomparsi, si rimise in marcia per Kerdrenkenn, dove giunse mezzo morto dallo spavento.

«Che cosa c'è?» gli chiese Madelaine, vedendolo tanto turbato.

Gab le raccontò la sua avventura.

«È molto semplice», gli disse la moglie, «hai incontrato il carro dei morti».

A Gab per poco non pigliò un colpo. Il giorno successivo udirono suonare la campana della chiesa. Il signore di Nizilzi era morto la notte precedente, verso le dieci e mezza.

[*Nota del curatore*: Storia riferita da Marie-Yvonne, di Port Blanc.]

CANWYLL CORPH: LA CANDELA DEI DEFUNTI

In tutto il mondo celtico i pronostici, in particolare quelli che prevedevano la morte, erano assai diffusi. Nelle epoche più antiche i Celti erano un popolo guerriero ed era vantaggioso per i capi locali conoscere in anticipo il risultato di una certa battaglia o se sarebbero ritornati vivi. Per questo motivo sia gli indovini sia i presagi d'origine soprannaturale possedevano un'importanza fondamentale. Tra i Celti uno dei più noti presagi di morte è, ovviamente, la *banshee* irlandese. Questa «donna fatata» viene generalmente descritta come uno spettro gemente il cui lugubre lamento funebre preannuncia la morte di chi l'ascolta o di un suo parente prossimo. Si diceva che apparisse solo a coloro nelle cui vene scorreva antico sangue irlandese o a chi aveva una qualche connessione con individui simili. Benché attualmente la si consideri un fantasma, si ritiene che originariamente la *banshee* fosse una donna in carne ed ossa che fungeva da indovina per le antiche case reali d'Irlanda, avvisando re e capi clan della loro prossima dipartita o di un pericolo imminente. In alcuni racconti vi sono, di fatto, dei riferimenti ad una *banshee* vivente chiamata

Aoibheall, definita la banshee della Casa Reale del Munster, che si dice abbia predetto la morte di Brian Boru, sommo re d'Irlanda, nella battaglia di Clontarf del 1014. La *banshee* è divenuta in tutto il mondo il *più celebre* presagio di morte.

Tuttavia ella non è l'unico segno premonitore di questo genere. Altre zone del mondo celtico possiedono i propri araldi di morte e di sventura. Anticamente il *canwyll corph* gallese, o candela dei defunti, ricopriva un ruolo centrale nella mente dei Celti tanto quanto la *banshee*, persino in Irlanda. In ogni parte del mondo gaelico vi sono racconti di luci tremolanti, che segnalano la dipartita di qualcuno e persino che guidano le persone al loro ultimo luogo di riposo. La seguente descrizione relativa a questo fenomeno soprannaturale è tratta dal saggio del reverendo Edmund Jones (1702-1793), *A Relation of Ghosts and Apparitions* (Rapporto sui fantasmi e le apparizioni), pubblicato nel 1840, con un commento aggiunto nel 1896 dallo studioso gallese di folklore Elias Owen.

Tratto da *A Relation of Ghosts and Apparitions*

del reverendo Edmund Jones

La candela dei defunti o *canwyll corph* era una luce simile a quella di una candela che si diceva uscisse dalla casa in cui stava per verificarsi un decesso e che seguisse il tragitto che avrebbe percorso in seguito il funerale fino al luogo della sepoltura. Questo era il modo comune di procedere, ma si credeva anche che questa luce misteriosa si dirigesse verso l'abitazione della persona che stava per morire. Si potrebbero fornire degli esempi per entrambi i tipi di apparizione.

Ho conosciuto diverse persone in varie parti del Galles che mi riferirono di avere visto una candela dei defunti. La descrissero come una pallida luce azzurrognola che si muoveva lentamente, sollevata dal suolo, per una breve distanza. Strane storie si raccontano del percorso compiuto dalla luce. Una volta fu vista superare delle siepi e dirigersi verso il muro del camposanto. Ciò inizialmente non venne compreso, ma quando vi fu realmente un funerale, il terreno era ricoperto da grossi cumuli di neve che costrinsero la processione a procedere lungo i campi e attraverso le siepi, oltre il muro del camposanto, come indicato dalla candela dei defunti.

Era una pessima idea scherzare con la candela dei defunti. Il reverendo J. Jenkins, vicario di Hirnant, mi riferì che a Borth un marinaio gli aveva raccontato che una volta, da ubriaco, si era avvicinato ad una candela dei defunti e con essa aveva cercato di accendersi la pipa, ma era stato spinto lontano e quando era tornato in sé aveva scoperto di trovarsi molto distante dalla strada, nella palude.

Alcuni hanno visto le sembianze di un teschio che trasportava la candela, altri la sagoma della persona che sarebbe morta che recava la candela davanti al viso reggendola tra gli indici. Altri ancora affermano di avere visto la sagoma di coloro che sarebbero stati presenti alla sepoltura.

Coloro che ebbero occasione di seguire la luce dichiararono che essa generalmente raggiungeva la chiesa, illuminava l'intero edificio, quindi ne usciva e aleggiava per un po' di tempo al di sopra di un determinato punto del cimitero, sprofondando poi nel terreno nel luogo in cui sarebbe stato sepolto il defunto.

Esiste una tradizione che sostiene che San Davide, pregando, ottenne la candela dei defunti come testimonianza per i vivi della realtà di un altro mondo, e che originariamente essa fosse limitata alla sua diocesi. Questa tradizione non trova riscontro nella Vita del Santo, riportata nel testo *Cambro-British Saints* (Santi gallesi e britannici), pur essendo molte le cose meravigliose attribuite a questo santo.

Si riteneva possibile che una persona incontrasse la propria candela. Si narra di un uomo che si imbatté in una candela e la colpì con il proprio bastone, ma questa si divise in tante scintille, che tuttavia si riunirono. L'uomo fu colto da enorme terrore, si ammalò e morì. Durante la processione funebre, nel luogo dove egli aveva colpito la candela il catafalco si spezzò e la bara cadde al suolo, corroborando in tal modo il racconto dell'uomo.

Riferirò adesso una storia abbastanza insolita che mi fu narrata da una persona ancora in vita.

Il racconto della candela dei defunti

Il mio informatore mi disse che un certo John Roberts, di Felin-y-Wig, aveva l'abitudine di rimanere seduto all'esterno della sua abitazione per breve tempo dopo che la famiglia si era ritirata per la notte, per rilassarsi e fumare tranquillamente la sua pipa, e l'ultima cosa che generalmente faceva prima di coricarsi era gettare un'occhiata nel buio della notte. Una sera, mentre si guardava intorno, vide in lontananza una luce; sapeva bene che in quella direzione non vi erano case, e osservando con più attenzione notò che il luccichio stava lentamente spostandosi da Bettws-Gwerfil-Goch a Felin-y-Wig. Laddove la strada digradava la luce spariva, solo per ricomparire, tuttavia, in quelle parti di percorso che erano visibili dalla casa di John Roberts. Inizialmente l'uomo pensò che il chiarore provenisse da una lanterna, ma ciò era un evento così insolito in quelle zone che rinunciò ben presto all'idea e si mise ad osservare attentamente i movimenti della luce. Essa si avvicinava alla casa di Roberts che, evidentemente, era la sua meta finale. Egli tentò di verificare se la luce fosse portata da un uomo o da una donna, ma non riuscì a scorgere altro che la luce. Quando, perciò, questa svoltò nel viottolo che conduceva alla casa di Roberts, egli, considerevolmente spaventato, entrò in casa e chiuse la porta, aspettando con terrore il suo approssimarsi. Con orrore la vide passare attraverso la porta sbarrata, aleggiare tremolante al di sotto del tetto, quindi svanire. Quella notte il domestico morì: il suo letto si trovava esattamente al di sopra del punto dove la luce era scomparsa.

Il funerale spettrale o Drychiolaeth

Questo era un genere di processione «fantasma» che preannunciava un vero funerale. Nel Galles meridionale è chiamato *toilu*, *toila* o *teulu* (la famiglia), e *anghladd* (insepolto); nel Montgomeryshire viene chiamato *Drychiolaeth* (spettro).

Non posso fare altro che citare da *Parochial Account of Llanidloes* (*Montgomeryshire Collections*, vol. X, p. 256) (Rapporto dal distretto di Llanidloes) del signor Hamer, la descrizione di uno di questi funerali fantasma. Egli scrive:

«Solo pochi anni fa si creò un certo scompiglio in quella parte di cittadinanza che prestava fede alle superstizioni a causa delle dichiarazioni di un certo minatore, che all'epoca lavorava nella miniera di Brynpostig. Mentre si recava in miniera una notte senza luna, disse di essere rimasto assolutamente pietrificato dal terrore in China Street nel vedere un funerale spettrale lasciare la casa di un certo Hoskiss, che all'epoca era a letto molto malato. Nell'agitazione, il minatore girò la schiena all'edificio con l'intenzione di tornarsene a casa ma, mezzo svenuto dalla paura, non riuscì quasi a spostarsi dalla traiettoria della processione che avanzava e che poco a poco lo raggiunse e infine lo circondò, per proseguire poi lungo Longbridge Street in direzione della chiesa. Impaurito, l'uomo riuscì con difficoltà a trascinarsi a casa, ma stette così male che non fu in grado di recarsi al lavoro per diversi giorni».

Il seguente bizzarro racconto mi è stato narrato dal reverendo Philip Edwards. Posso affermare di avere udito varianti della storia da altre fonti.

«Mentre la linea ferroviaria Manchester-Milford era in via di costruzione, vi fu un grande afflusso di sterratori nel Galles e molti agricoltori parsimoniosi integravano i propri guadagni ospitando a pensione i lavoratori impegnati sulla linea. Diversi di loro erano alloggiati presso un podere chiamato Penderlwyngoch, abitato da un uomo di nome Hughes.

«Una sera, mentre gli uomini erano seduti attorno al fuoco che ardeva allegramente, si udirono i cani della fattoria abbaiare, come sempre avveniva all'approssimarsi di un estraneo. Subito dopo si avvertì un calpestio di piedi che si mescolava all'ululato di spavento dei cani, e poi questi smisero di abbaiare, come se fossero fuggiti terrorizzati. Non erano trascorsi che pochi minuti, quando gli abitanti della casa udirono spalancarsi la porta di servizio e una folla di persone entrò, trasportando un pesante carico simile ad un uomo morto che depositarono nel salone, e all'improvviso il rumore cessò. Assai spaventati gli uomini accesero una lanterna e si recarono nel salone per accertarsi di ciò che era avvenuto. Tuttavia non vi trovarono nulla, come pure non rinvennero alcun segno di piedi nella stanza né impronte all'esterno della casa, videro soltanto i cani accucciati nel cortile che parevano l'immagine del terrore. Dopo questo inutile tentativo di indagare le cause di quel terrificante suono, i gallesi presenti tra loro compresero bene il motivo della strana visita. Il giorno successivo uno degli uomini che sedeva attorno al fuoco fu ucciso, e il suo corpo venne trasportato dai compagni fino alla tenuta, e di fatto ogni cosa si svolse secondo quanto era accaduto la notte precedente». La maggior parte dei testimoni della visione è, sostiene il mio informatore, ancora in vita.

Il regno fatato

In tutto il mondo celtico la vicinanza del regno fatato era percepita molto acutamente. Esso si trovava, dichiarava la saggezza tradizionale, ovunque, poco più in là della percezione visiva dei comuni mortali. Gli antichi abitanti del mondo fatato andavano e venivano in ogni luogo non visti da coloro che vivevano accanto a loro. Di tanto in tanto, tuttavia, permettevano a dei mortali prescelti di gettare di sfuggita un'occhiata attraverso il velo che separava i due mondi e potevano persino concedere loro di passare da un regno all'altro.

Che genere di posto era il regno dei Sidhe? Com'era organizzato? Come vivevano i suoi abitanti e, cosa più importante, che aspetto avevano? A queste e altre domande potevano rispondere solo coloro che avevano potuto vedere l'Altro Mondo.

Il reverendo Robert Kirk (c.1630-1692), ministro scozzese di Balquhidder nel distretto di Callander (luogo di sepoltura del celebre eroe scozzese Rob Roy) e successivamente di Aberfoyle sui monti Trossach, fu tra coloro che poté gettare lo sguardo nel regno fatato e che fu in grado di mettere per iscritto ciò che aveva visto e appreso. Si riteneva che Kirk, settimo figlio di un settimo figlio, avesse il «dono» di poter vedere il mondo degli antichi Sidhe e possedeva le competenze e le capacità per registrare ciò che sapeva. Il suo libro, *The Secret Commonwealth* (nella traduzione italiana: *Il Regno Segreto*) è considerato uno degli studi più dettagliati sul mondo incantato. La sua relazione rimase in forma manoscritta fino a circa il 1815; di certo non è mai stata rintracciata un'edizione anteriore.

Poco si sa dello stesso Kirk, tranne il fatto che si sposò due volte e che prima di morire portò a termine una traduzione in gaelico di parte della Bibbia (il Libro dei Salmi). Dati i suoi precedenti connessi all'ambito religioso, era considerato anche, in qualche modo, un esperto del soprannaturale. Si diceva che si recasse di frequente a conversare e intrattenersi con le creature fatate sulla collina di Doon (una *dun-shi*, o collina fatata) nei pressi della sua canonica, che si riteneva fosse un passaggio per l'Altro Mondo. Con la loro benedizione, sembra, egli redasse una descrizione assai coinvolgente del mondo invisibile che, benché possa semplicemente avere avuto inizio come annotazioni personali o monografia, si trasformò gradualmente in *The Secret Commonwealth*.

Kirk morì il 14 maggio del 1692, mentre passeggiava come al solito sulla collina di Doon. Il suo corpo venne rinvenuto ai lati della strada e fu trasportato alla canonica. La leggenda narra che, dopo il funerale, Kirk sia apparso ad uno dei suoi cugini per annunciare che in realtà non era morto ma viveva nel regno fatato.

Robert Kirk, ovviamente, rifletteva le credenze e i punti di vista della sua comunità. Come osservò R. E. Cunningham-Graham: «Indubbiamente la congregazione che l'ingenuo ministro serviva era composta perlopiù da devoti credenti nella tradizione di miti che riguardavano il mondo fatato... dal momento che l'avevano succhiata con il latte materno e la consideravano, non per convinzione poiché non ragionavano mai di queste cose, ma in modo assolutamente naturale, come parte integrante di loro stessi; e in tale ambiente culturale non era strano che lo scrittore del libro ci credesse anch'egli». *The Secret Commonwealth* rappresenta quindi un nucleo di tradizione popolare scozzese che, all'epoca di Kirk, era stata tramandata attraverso i secoli rimanendo più o meno intatta. Questo breve brano è tratto dall'opera originale, scritta intorno al 1691. Nel testo inglese qui tradotto sono state apportate delle modifiche al dialetto scozzese usato da Kirk, al fine di rendere più comprensibile il discorso.

Tratto da *The Secret Commonwealth*

del reverendo Robert Kirk

I Sith, o creature fatate, vengono chiamati *Sleagh Maith* (o Buon Popolo, per prevenire, sembra, gli strali dei loro attacchi dannosi) e pare che abbiano una natura intermedia tra uomini e angeli, come anticamente si riteneva avessero i demoni, e che possiedano uno spirito intelligente e vivace e un corpo leggero e mutevole (come il corpo chiamato astrale), simile alla natura di una nuvola condensata e meglio visibile al crepuscolo. I loro corpi sono così duttili e soggetti alla finezza degli spiriti che li agitano che questi sono in grado di farli apparire e sparire a loro piacere. Alcuni hanno un corpo, o veicolo, così spugnoso, sottile e puro da potersi nutrire anche solo succhiando liquori delicati, che penetrano come l'aria pura o come un olio; altri si cibano in modo più grossolano della parte nutritiva o sostanziosa del grano e dei liquidi, o del grano che cresce sulla superficie della terra, che questi folletti rubano in parte in modo invisibile, in parte depredando i granai come fanno i topi e le cornacchie. Per la qual cosa in questa stessa epoca li si ode a volte cuocere il pane, martellare e compiere altri simili attività all'interno delle collinette che in gran parte abitano. In epoche antiche, prima che il Vangelo disperdesse il paganesimo, e ancora oggi in alcuni paesi barbari, taluni entrano nelle case dopo che tutti si sono coricati e riordinano la cucina, pulendo tutte le stoviglie. Questi spiriti o esseri soprannaturali sono noti con il nome di *brownie*. Noi viviamo nell'abbondanza mentre essi vivono frugalmente nelle loro case (perché non sono in grado di procurarsi prede in ogni luogo a loro piacimento), pur tuttavia i loro furti spesso fanno sì che i grandi covoni di grano non «rendano» bene (come dicono loro) o non si dimostrino tanto copiosi quanto si aspettava il proprietario.

I loro corpi di aria condensata vengono a volte trasportati in alto, altre volte strisciano a terra assumendo diverse forme, ed entrano in tutte le fessure o crepe della terra dove l'aria riesce ad intrufolarsi, fino a raggiungere le loro dimore abituali; la terra infatti è piena di cavità e di recessi oscuri e non vi è alcun luogo privo di creature, ma si ritiene che altri animali (più grandi o più piccoli) abitino al suo interno e sopra di essa; e non esiste in tutto l'universo un luogo totalmente deserto e desolato.

Noi, quindi, (genia più terrestre, che si è adesso insediata in ogni nazione) lavoriamo tanto per quel popolo nascosto quanto per noi stessi. Quando diverse nazioni non erano ancora abitate da noi, anch'essi erano soliti coltivare il terreno agevolmente come facciamo noi adesso. I segni dei solchi dei loro aratri si possono osservare ancora sui pendii delle alte colline, e furono creati quando le radure erano ancora coperte dai boschi e dalle foreste.

Essi cambiano dimora all'inizio di ogni trimestre, e continueranno a spostarsi fino al giorno del giudizio poiché non sono assolutamente capaci di rimanere fissi in un solo posto e si sentono più felici viaggiando e trovando nuovi luoghi in cui abitare. I loro corpi mutevoli nuotano nell'aria non lontani dal suolo trasportando ogni genere di bagaglio; e in questi momenti di cambio di stagione i veggenti, cioè uomini dotati della seconda vista (dal momento che raramente le donne possiedono tale qualità), hanno degli incontri terrificanti con loro, persino sulle strade di grande passaggio; per questo essi evitano assolutamente di mettersi in viaggio in questi quattro periodi dell'anno e quindi è diventata un'abitudine che sopravvive fino ai giorni nostri tra gli scozzesi d'origine celtica di recarsi in chiesa debitamente ogni prima domenica della stagione per essere esorcizzati o santificare se stessi, il loro grano e il loro bestiame contro i colpi e i furti di queste tribù vagabonde. E molta di questa gente superstiziosa non metterà più piede in chiesa fino all'inizio della stagione successiva, come se non avessero doveri o obblighi da assolvere e come se l'unica utilità del culto e dei sermoni fosse quella di salvarli dagli strali che volano nell'oscurità.

Queste creature sono divise in tribù e ordini e hanno bambini, nutrici, matrimoni, morti e sepolture, in apparenza proprio come noi (a meno che non si tratti solo di una messa in scena, o per pronosticare che una cosa simile accadrà tra di noi).

Gli uomini dotati della seconda vista li possono vedere chiaramente mangiare ai banchetti funebri. Per questa ragione molti tra gli scozzesi d'origine celtica non mangiano carne in tali occasioni, per timore che tale cibo sia stato toccato o avvelenato da loro. E li vedono anche trasportare la bara o la cassa con il cadavere al luogo di sepoltura in mezzo ai becchini. Alcuni tra coloro che hanno il dono della vista superiore (per esercizio o per natura) mi hanno riferito di avere scorto, grazie al loro potere, un uomo doppio, ovvero la figura dello stesso uomo in due luoghi contemporaneamente; cioè un abitante del mondo sotterraneo e uno del mondo della superficie che erano perfettamente somiglianti l'uno all'altro in ogni aspetto, anche se il veggente riusciva facilmente a distinguerli grazie a un comportamento o un segnale segreto, recandosi a parlare con lui, suo vicino e intimo amico, senza prestare alcuna attenzione al suo doppio o all'apparizione.

Questi veggenti affermano che per ogni elemento e ogni diverso stato dell'essere vi sono animali che assomigliano a quelli di un altro elemento, come a volte vi sono dei pesci nel mare che assomigliano in tutto e per tutto a monaci di un antico ordine con i loro cappucci e i loro abiti; e analogamente l'invenzione romana dei demoni buoni e cattivi e degli angeli custodi specificamente assegnati a ogni uomo viene da loro definita un errore nato dall'ignoranza, derivante solo da questa causa originaria. [*Nota del curatore*: Kirk sta qui facendo riferimento alla Chiesa Cattolica Romana, che era, all'epoca, considerata particolarmente superstiziosa e credulona.] Essi chiamano questo uomo riflesso «compagno di strada», in ogni aspetto simile ad un uomo quasi fosse un suo fratello gemello o un sosia, poiché lo segue di continuo come un'ombra, e spesso lo si vede e lo si incontra in mezzo alla gente (essendo assolutamente identico all'originale), sia prima sia dopo la morte dell'originale. E un tempo si vedeva di frequente il doppio entrare in una casa, e da ciò chi vi abitava sapeva che l'individuo somigliante gli avrebbe fatto visita entro pochi giorni. Questa copia, quest'eco o immagine vivente, fa infine ritorno al proprio gregge. Ha tenuto compagnia a quella persona per un tempo così lungo e così spesso per scopi noti a lui solo, ora per proteggerlo contro gli assalti segreti di alcuni del suo stesso popolo ora solo per imitare scherzosamente tutte le sue azioni. In ogni caso le storie delle vecchie streghe provano in maniera incontrovertibile che ogni genere di creature, siano essi spiriti che assumono corpi eterei oppure esseri corporei usciti di senno e controllati da spiriti a loro estranei, sembrano trarre un certo piacere (almeno per lenire il dolore o la melanconia) a fare capriole e saltellare come fanno i satiri, o a fischiettare ed emettere acuti stridii (come uccelli del malaugurio) nelle loro profane sinagoghe e nei Sabba. Se si domanda loro con insistenza, questi spiriti accompagnatori si fanno conoscere ed entrano in intimità con l'uomo; altrimenti, trovandosi in uno stato di natura e in un elemento differente, non sono in grado né vogliono conversare con gli umani. Essi *[i veggenti, N.d.T.]* affermano che un individuo goloso, o un grande mangiatore, ha come assistente un elfo insaziabile; questi è chiamato «colui che mangia insieme» o «colui che divide onestamente in due il cibo», e si nutre del midollo e della quintessenza di ciò che l'uomo mangia. Tuttavia questo genere di creature si mantiene magra come uno sparviero o un airone e, nonostante il suo vorace appetito, sembra che porti altrove la sua sostanza, dal momento che questi esseri sotterranei mangiano pochissimo nelle loro abitazioni, e il loro cibo è assolutamente puro e viene loro servito da graziosi fanciulli, simili a burattini incantati.

Si sostiene che le loro dimore siano grandi e belle e (tranne che in occasioni particolari) invisibili all'occhio comune, come avviene per Rachland e altre isole incantate, illuminate da torce, luci e fuochi perpetui, che spesso sembrano ardere senza essere alimentati da alcun combustibile. [*Nota del curatore*: Si credeva che Rachland fosse un'isola fatata che si trovava al largo della costa nordoccidentale della Scozia. La si riteneva abitata dalle creature fatate oppure dai discendenti dei vichinghi, e compariva davanti agli occhi dei mortali una volta ogni sette anni, anche se i puri di cuore potevano scorgerla in ogni momento.] Vivono ancora delle donne che narrano di essere state rapite durante il puerperio per allattare i figli delle creature fatate mentre al loro posto era stata lasciata una copia perdurante e vorace (come un'immagine riflessa allo specchio). Questa (quasi fosse una sorta di spirito insaziabile all'interno di un corpo di cui si era appropriato) sembrava inizialmente nutrirsi dei cibi che astutamente portava via, lasciando quindi il corpo come se fosse deceduto di una morte comune e naturale. Il bambino e il fuoco, insieme al cibo e ad altre cose necessarie, vengono messe di fronte alla nutrice non appena questa entra, ma ella non scorge mai nessuna via d'uscita né vede che cosa fanno queste persone negli altri locali dell'abitazione. Quando il bambino è svezzato la nutrice muore, o viene riportata indietro, o le viene offerta la possibilità di restare. Ma se alcuni degli esseri che vivono sulla superficie della terra sono tanto astuti da mettere in atto degli inganni per procurarsi la conoscenza segreta di uno qualunque dei loro misteri – come ad esempio l'utilizzo dei loro unguenti che, come l'anello di Gige, rendono invisibili o agilissimi, o li fanno cadere in trance, o alterano la loro forma, o fanno comparire oggetti a grande distanza, e così via –, li colpiscono senza provocare in loro alcun dolore, come con un soffio di vento, e li privano della vista naturale e di quella acquisita in un batter di ciglia (entrambi queste capacità visive, una volta comparse, si trovano nello stesso organo e sono inseparabili), oppure li colpiscono a morte. [*Nota del curatore*: Il riferimento all'anello di Gige evoca un racconto citato nella *Repubblica* di Platone, in cui il pastore lidio Gige entrò in una caverna venuta alla luce dopo un terremoto. Trovando al suo interno un anello al dito di un cadavere su un trono, egli lo rubò e scoprì che aveva il potere di rendere invisibili. Facendo uso del magico manufatto egli uccise il sovrano della Lidia e ascese lui stesso al trono. Si riteneva che il re Creso, il famoso re che trasformava in oro quello che toccava, discendesse da Gige. Versioni diverse e contraddittorie di questa leggenda circolarono in tutto il mondo antico – una storia notevolmente differente viene narrata da Erodoto, ad esempio.] Fino ai nostri giorni i *tramontanes*, gli scozzesi del nord, mettono del pane, la Bibbia, o un pezzo di ferro accanto alle donne per proteggerle durante il parto da ogni possibile rapimento, e si afferma comunemente che le creature soprannaturali selvagge e misteriose non si lascino spaventare da nulla di terrestre tanto quanto dal freddo ferro. [*Nota del curatore*: L'uso del termine *tramontanes*, che si ritiene abbia origini francesi, è interessante in questo contesto. È stato usato anche per descrivere i catalani, ma viene qui utilizzato probabilmente in senso religioso per descrivere gli indigeni scozzesi di origine gaelica – prevalentemente cattolici – che venivano considerati incredibilmente superstiziosi.] La ragione di questo, essi affermano, è che estendendosi l'inferno tra le gelide tempeste e i tizzoni ardenti dei metalli incandescenti e del ferro del nord – da cui deriva il fatto che il magnete provoca una tendenza verso quel punto – sin dalle più remote antichità, queste creature odiose ne sentono l'odore da lontano, e rifuggono e paventano tutto ciò che proviene da un luogo aborrito, nel quale il loro tormento è iniziato o dal quale temono giungerà in seguito.

I loro indumenti e il loro modo di parlare sono simili a quelli della popolazione e del paese presso il quale vivono. Così li si vede indossare *plaid* e abiti dai colori variegati nelle Highland scozzesi, e analogamente *suanach* (coperte di lana a scacchi) in Irlanda. Parlano poco, e con una sorta di fischio limpido, non rozzo. Gli stessi diavoli che vengono evocati in un determinato paese rispondono con la lingua di quel paese; ma a volte gli esseri sotterranei parlano in modo più distinto che in altri momenti. Si dice che le loro donne filino con un filo finissimo, tingano, tessano e ricamino, ma se si tratti di operazioni manuali su mateli a mezzo di strumenti solidi oppure solo di strane ragnatele, arcobaleni impalpabili e di una fantastica imitazione delle azioni dei mortali, lo lascio alle congetture altrui, dal momento che nemmeno un veggente sarebbe in grado di appurarlo.

I loro uomini vanno spesso in giro, o per predire o per imitare le azioni orrende e tragiche di alcuni di noi, ma compiono anche azioni dannose per conto proprio, come insulti, lotte, sfregi, ferite e sepolture, sia in terra sia nell'aria. Essi vivono molto più a lungo di noi, ma alla fine anch'essi muoiono, o per lo meno svaniscono dallo stato in cui si trovano. È uno dei loro principi che nulla perisca ma (come il sole e l'anno) ogni cosa si muova in un circolo maggiore o minore, rinnovandosi e ravvivandosi nelle sue rivoluzioni; e ve ne è anche un altro, cioè che ogni corpo nella creazione si muove (il che rappresenta una sorta di vita) e che nulla si muove che non abbia un altro animale che si muova in esso, e così via, fino al più minuto corpuscolo che sia capace di essere ricettacolo di vita.

Si ritiene che abbiano leggi e governanti aristocratici, ma nessuna religione riconoscibile, né amore o devozione per Dio, il benedetto Creatore di ogni cosa; essi spariscono non appena sentono invocare il Suo nome o quello di Gesù (al quale si inchinano, volontariamente o se costretti, tutti coloro «degli esseri celesti e dei terrestri, e di quei sottoterra», Filippesi, II, 10), e non possono più fare nulla, in quella occasione, dopo avere udito il Sacro nome. Il Taiblsdear, o veggente, che ha rapporti con questo genere di familiari, con un incantesimo può farli apparire a se stesso o ad altri quando più gli garba, tanto prontamente quanto fece la strega di Endor con quello del suo genere. Egli dichiara che essi sono sempre pronti a svolgere incarichi che causino danno, ma raramente saranno latori dei messaggi dei grandi uomini di animo buono. Il veggente non è spaventato dalla loro vista quando è lui a chiamarli, ma se li vede all'improvviso (come avviene spesso) si terrorizza, e sarebbe ben lieto di liberarsene, a causa degli orrendi spettacoli ai quali assiste tra loro, come la tortura di un qualche spirito o folletto, gli sguardi insistenti, fissi e spettrali, le zuffe e cose simili. Essi non compiono tutto il male che, in apparenza, avrebbero il potere di fare, e non li si vede mai afflitti da grande dolore, a parte il fatto che di solito sono silenziosi e cupi. Si dice che abbiano molti libri allegri e divertenti, ma l'effetto di questi testi si fa sentire solo in alcune parossistiche esplosioni di gioia frenetica e bizzarra, quasi venissero rapiti e provocati da un nuovo spirito che si fosse impossessato di loro in quell'istante, più leggero e giocondo di loro. Hanno anche altri libri dal significato più contorto e astruso, simili nello stile a quelli dei Rosacroce. Non possiedono nulla della Bibbia, se non una raccolta di brani di incantesimi e contro-incantesimi, non tanto per difesa quanto per operare su altri animali, dal momento che sono invulnerabili alle armi. Infatti, benché il corpo fisico delle streghe e dei lupi mannari possa – e questo in virtù dell'unione dello spirito con la natura che scorre attraverso tutte le creature e che duplica e trasmette il colpo dall'uno all'altra – essere ferito nella loro dimora allorché il corpo astrale o quello che hanno assunto sono colpiti altrove – come le corde di un' arpa che vibrassero in sintonia con un'altra arpa che sia stata la sola ed essere pizzicata –, queste creature non possiedono un secondo corpo materiale che possa essere passato così da parte a parte, ma esso è simile all'aria che quando viene divisa si riunisce nuovamente, e quando provano dolore a causa di un colpo, sono medici migliori di noi e guariscono rapidamente. Essi non sono soggetti a malattie molto dolorose, ma si riducono e decadono ad un certo punto, tutti alla stessa età. Alcuni affermano che la loro continua tristezza sia dovuta al loro stato sospeso (come gli uomini descritti in Luca, XIII, 2-6) [*Nell'originale la citazione è errata, quella corretta è, con grande probabilità, Luca XVII, 30-37, N.d.T.*], incerti riguardo a ciò che avverrà di loro dopo l'ultima rivoluzione, quando verranno fissati in una condizione immutabile; e se hanno degli scoppi di allegria giocosa, questa assomiglia al ghigno forzato di una testa di morto oppure è come se la rappresentassero su un palcoscenico e fossero mossi da qualcun altro, piuttosto che se provenisse sinceramente da loro. Ma altri uomini che hanno la seconda vista, essendo analfabeti e non consapevoli di ciò che vedono, differiscono da questi: alcuni sostengono infatti che gli abitanti del regno sotterraneo sono anime che hanno abbandonato il corpo e che rimangono per un certo tempo in questo stato inferiore, rivestite dei corpi che si sono procurati grazie alle loro opere di carità in questa vita, veicoli fluidi, attivi ed eterni che li trattengono in modo che non si disperdano e non si mettano a vagare, perdendosi nel Tutto o nel loro Nulla originario; ma si dice che se alcuni sono stati tanto empi da non avere mai compiuto opere di carità; quando le loro anime lasciano il corpo, queste dormiranno in uno stato di inattività fino al momento in cui riavranno i loro corpi terrestri. Altri affermano che ciò che gli scozzesi delle Basse Terre chiamano fantasma e gli irlandesi *taibhse*, o messaggero di morte (che compare a volte sotto forma di un piccolo cane dal pelo irsuto che, se gli si fa il segno della croce e lo si scongiura in tempo, verrà placato dalla morte di un'altra creatura al posto della persona ammalata) è solamente la condensazione dei vapori emanati dall'uomo morente, esalati e coagulati in varie forme (come navi ed eserciti vengono a volte riprodotti nell'aria); questi sono chiamati corpi astrali, che si agitano come fuochi fatui nel vento, e non sono né anime né spiriti che assumono l'aspetto di qualche essere. Eppure non pochi dichiarano (si dice) che queste creature formano invece un popolo assai numeroso, che possiede le loro strutture politiche; tutte queste diversità di giudizio possono generare diverse contraddizioni in questa relazione, anche dopo avere eseguito l'esame più accurato e minuzioso.

RACCONTI DI FANTASIA

INTRODUZIONE

I cantastorie locali – gli uomini e le donne che sedevano presso il camino nelle notti d'inverno per intrattenere i membri della comunità narrando di grandi imprese avvenute in epoche remote e raccontando favole che parlavano del mondo soprannaturale che li circondava – non furono gli unici a fare riferimento all'antico corpus di credenze e tradizioni. I successori dei narratori orali, gli scrittori e i pittori, trassero anch'essi ispirazione dalla cultura dei tempi passati per le loro storie e i loro dipinti. Alcuni autori misero semplicemente per iscritto le storie che avevano udito, ma altri usarono i temi e le suggestioni assorbiti nella campagna celtica come base attorno alla quale costruire racconti originali di propria invenzione. In un certo senso, essi seguivano una tradizione che risaliva ai bardi celtici, i quali modificavano e abbellivano alcuni degli eventi comuni che erano oggetto delle loro declamazioni, trasformandoli in qualcosa di meraviglioso e di eccezionale.

Gran parte di questi autori possedeva una cultura celtica di base o era interessata alla tradizione celtica. Scrittori relativamente recenti, come l'americano H.P. Lovecraft, che descrive gli orrori occulti che si celano tra le colline del Rhode Island rurale, o autori britannici come Arthur Machen, con le sue storie di strane piccole creature che si nascondono nelle cavità delle campagne gallesi, devono molto ai racconti e ai cantastorie delle epoche antiche. Essi si rifanno anche a un abile tessitore di storie come Joseph Sheridan Le Fanu, che scrisse di stregoni che emergevano dai laghi e di giovani fanciulle che andavano in spose a cadaveri in disfacimento (un tema comune in alcune delle più raccapriccianti leggende irlandesi e scozzesi); oppure a compilatori di raccolte di folklore rurale come Jeremiah Curtin, Elias Owen o Lady Gregory, con le loro terribili storie di bambini rapiti da creature fantasmatiche che vivevano tra (e a volte sotto) le oscure colline. Questi racconti hanno fornito la base di gran parte della letteratura del fantastico e del terrore che da anni ci appassiona.

Persino il più grande personaggio del terrore della tradizione, l'oscuro conte Dracula dal nero mantello, può avere avuto le sue origini nella mitologia celtica. Benché venga descritto come un nobile originario della Transilvania (Europa dell'Est), è possibile affermare che il conte possa avere avuto origine dalle brume del folklore celtico. Si ricordi che l'autore di *Dracula*, Bram Stoker, era un irlandese cresciuto a Dublino, dove la famiglia aveva a servizio domestiche provenienti dalla contea di Kerry. È assai probabile che da bambino egli avesse udito antichi racconti che parlavano delle terribili creature che bevevano il sangue e che infestavano i monti di Magillycuddy Reeks. In seguito, facendo visita da adulto ai suoi vecchi amici Sir William e Lady Wilde, entrambi compilatori di raccolte di leggende popolari, è possibile che avesse udito vecchie storie riguardanti il cannibalismo degli antichi capi clan irlandesi del North Derry, ed è quindi probabile che tutti questi elementi abbiano influenzato la sua descrizione del nobile vampiro della Transilvania. E racconti analoghi possono anche aver spinto il suo predecessore, Le Fanu, a comporre una delle prime storie di vampiri, la celebre «Carmilla». Non è allora assolutamente da escludersi che romanzi e persino film di epoca moderna siano stati influenzati dai racconti narrati attorno ai focolari celtici in tempi ormai trascorsi.

Anche altri autori si sono ispirati alle tradizioni celtiche per i loro racconti. Storie di spiriti inquieti, di antichi incantesimi e luoghi stregati compaiono in molti racconti ancora ai giorni nostri. Anche serie televisive come *X-Files* e, più recentemente, *Buffy L'Ammazzavampiri* hanno, di tanto in tanto, tratto spunto dalle tematiche celtiche, riaccendendo l'interesse in questi antichi miti. E ogni anno vengono pubblicati romanzi e antologie che riflettono, in modo ora conscio ora inconscio, gran parte delle idee e dei punti di vista di un primitivo folklore celtico.

Questi antichi temi popolari hanno percorso un lungo cammino: dalle storie sussurrate nell'oscurità mentre gli antichi guerrieri erano in attesa di coricarsi, sono passati ai racconti narrati dai cantastorie locali attorno al focolare delle case di campagna all'approssimarsi della sera, per poi approdare ai libri, ai film e alle serie televisive del nostro mondo moderno, frenetico e «sofisticato». Forse, almeno in parte, le antiche storie si sono adattate e sono divenute, in maniera quasi impercettibile, un filo conduttore nella nostra stessa cultura, il che serve a dimostrare quale animale intelligente sia la leggenda popolare. Essa rimarrà con noi negli anni a venire, dal momento che rappresenta una parte fondamentale della nostra eredità e della nostra cultura, e, soprattutto, è una parte fondamentale di *noi stessi*, indipendentemente dal fatto che le nostre origini siano celtiche o meno.

DA NON ASSUMERSI PRIMA DI ANDARE A LETTO

Sin dalle epoche più arcaiche tutti i popoli della terra hanno tentato di influenzare o di modificare il corso naturale degli eventi tramite l'utilizzo di incantesimi e formule magiche. I Celti non erano un'eccezione. Con grande probabilità i loro sciamani utilizzavano incantesimi e materiali che si supponevano dotati di proprietà magiche per influire sul risultato delle battaglie, sull'elezione di un re, sulla vita di tutti giorni. Ciò, ovviamente, era parte di un'ininterrotta credenza celtica che sopravvisse fino in epoca relativamente moderna. Ancora agli inizi del ventesimo secolo si testimoniava l'uso di alcune «rime» magiche e di erbe speciali in molte parti del mondo rurale celtico.

Si potrebbe affermare che non si faceva ricorso con tanta frequenza ad incantesimi, formule magiche e invocazioni se non nel tentativo di infondere l'amore nel cuore della persona desiderata. I Celti si servivano di una varietà di elementi naturali – erbe, parti di animali, pezzi di oggetti sacri – che macinavano trasformandoli in polveri e pozioni, oltre che per potenziare l'effetto dei loro talismani. Essi utilizzavano anche le acque di determinate fonti o estratti di piante particolari. Alcuni ingredienti erano assolutamente repellenti. Apparentemente più l'incantesimo era disgustoso maggiori erano le probabilità di successo. Il più raccapricciante di tutti gli incantesimi d'amore era il *burragh-boos*, o *burragh-bos*, che a quel che si supponeva proveniva direttamente da remote epoche pagane e che per i popoli successivamente convertiti al cristianesimo era in odore della più cupa stregoneria.

Nel suo racconto «Not to Be Taken at Bedtime» (Da non assumersi prima di andare a letto), pubblicato in *All The Year Around* (Per tutto l'anno) nel 1865, l'autrice gotica Rosa Mullholland (1841-1921), nativa di Belfast, prende spunto dalla tradizione e dalle leggende relative a questo spaventoso incantesimo. Questa è una terribile storia d'amore e di follia che contiene echi sia di J. S. Le Fanu sia di William Carleton. Narra dell'oscuro Coll Dhu e della Locanda del Diavolo.

DA NON ASSUMERSI PRIMA DI ANDARE A LETTO

di Rosa Mullholland

Questa è la leggenda di una casa chiamata la *Locanda del Diavolo*, che si erge tra l'erica sulle cime dei monti di Connemara, in una valle poco profonda tra cinque picchi montuosi. A volte i turisti riescono a scorgerla nelle giornate di settembre, un'apparizione confusa tra le brume, con il sole che brilla rabbioso tra le colline, battendo sui vetri delle finestre. Si sa tuttavia che le guide la evitano con cura.

La casa fu costruita da uno straniero, venuto nessuno sa da dove, e che la gente chiamava Coll Dhu (Coll il Nero) a causa del suo tetro portamento e delle sue abitudini solitarie. La sua dimora era chiamata la *Locanda del Diavolo* poiché nessun viaggiatore esausto era mai stato invitato a riposare sotto il suo tetto né si sapeva di amici che avessero varcato la sua soglia. Nessuno gli teneva compagnia in questo recesso, eccetto un vecchio dal volto avvizzito che rifuggiva il saluto dei contadini che gli passavano accanto con passo stanco nelle sue occasionali escursioni al villaggio più vicino per fare provviste per se stesso e il suo padrone, e che non si lasciava sfuggire una sola parola riguardo al passato di entrambi.

Durante il primo anno della loro permanenza nella regione furono avanzate molte congetture riguardo a chi fossero e che cosa facessero in mezzo alle nuvole e alle aquile. Alcuni sostenevano che Coll Dhu fosse il rampollo di un'antica famiglia che aveva perso il dominio sulle terre circostanti, e che, amareggiato dalla povertà e ferito nell'orgoglio, fosse venuto a seppellirsi in un luogo solitario per meditare sulle sue sventure. Altri insinuavano di un crimine e della fuga da un paese straniero; altri ancora sussurravano che fosse tra quelli maledetti sin dalla nascita, che non possono mai sorridere, né stringere amicizia con i propri simili fino al giorno della loro morte. Ma quando furono trascorsi due anni lo stupore si era in qualche modo affievolito e quasi nessuno pensava più a Coll Dhu, tranne quando un pastore in cerca di una pecora incrociava il cammino del grande uomo dal mantello nero che, con il fucile in mano, si aggirava tra le montagne e al quale non osava dire: «Il Signore ti protegga», o quando una donna, dondolando la culla del suo piccolo in una notte d'inverno, esclamava, dopo che uno scroscio di pioggia aveva scosso il tetto della sua capanna: «Ecco, è Coll Duh che si è stufato dell'aria fresca sopra la sua testa questa notte, poveretto!» e si faceva il segno della croce.

Coll Dhu viveva così in solitudine da alcuni anni quando si venne a sapere che il colonnello Blake, il nuovo signore di quelle terre, stava per giungere in visita nella zona. Scalando uno dei picchi che circondavano il suo eremo, Coll riusciva a vedere sotto di sé un vecchio edificio grigio, che da lontano appariva minuscolo, con i camini ricoperti d'edera e le mura erose dalle intemperie. La dimora si ergeva tra alberi sparsi e tetre rocce minacciose che le davano l'aspetto di una fortezza, rivolta verso l'Atlantico con le sue finestre, come occhi vigili, quasi a porre in continuazione la domanda: «Che notizie giungono dal Nuovo Mondo?».

Egli poteva scorgere muratori e falegnami che sciamavano in ogni direzione, come formiche al sole, e che invadevano la vecchia casa dalle fondamenta al tetto, stuccando da una parte e martellando da un'altra, abbattendo mura che parevano a Coll, lassù in mezzo alle nuvole, una manciata di sassolini e costruendone altre che sembravano i piccoli recinti della fattoria-giocattolo di un bambino. Per diversi mesi, probabilmente, egli osservò le formiche affaccendate nel loro lavoro di distruzione e riparazione, di deturpazione e di abbellimento; ma quando tutto fu terminato non ebbe alcuna curiosità di scendere a valle per ammirare la splendida pannellatura della nuova sala da biliardo, oppure la vista magnifica che l'ampio bovindo del salotto permetteva di avere sulla rotta che conduceva attraverso le acque fino a Terranova.

L'estate avanzata stava sfumando nell'autunno e le striature ambrate della stagione in declino stavano iniziando ad insinuarsi e a sovrapporsi al porpora intenso della brughiera e delle montagne quando il colonnello Blake, la sua unica figlia e un gruppo di amici arrivò in paese. La grigia casa sottostante pullulava di vita e di allegria, ma Coll Dhu non aveva più alcun interesse ad osservarla dal suo nido d'aquila. Quando guardava il sole sorgere o tramontare preferiva salire su uno spuntone di roccia che non dava su alcuna dimora abitata dall'uomo. Quando usciva in escursione, fucile alla mano, si dirigeva verso le distese più isolate, inoltrandosi nelle vallate più solitarie e scalando le vette più spoglie. Quando si imbatteva casualmente in altri escursionisti, egli si immergeva, stringendo il suo fucile, nell'oscurità di qualche cavità, rifuggendo ogni contatto. Ma era destino, nonostante ciò, che Coll e il colonnello Blake si incontrassero.

Una splendida giornata di settembre, verso sera, il vento cambiò e nel giro di mezz'ora le montagne furono avvolte da una foschia densa e impenetrabile. Coll Dhu si trovava lontano dal suo rifugio, ma conosceva così bene quelle montagne ed era a tal punto assuefatto al loro clima che né le tempeste, né la pioggia, né la nebbia riuscivano a inquietarlo. Tuttavia, mentre procedeva verso casa, il grido flebile e disperato di una voce umana lo raggiunse attraverso la fitta nebbia. Egli identificò rapidamente l'origine del suono e si ritrovò accanto ad un uomo che incespicava, rischiando la morte ad ogni passo.

«Seguitemi!» disse Coll Dhu all'uomo e nel giro di un'ora lo riportò sano e salvo in pianura, sotto le mura del palazzo dalle vigili finestre.

«Sono il colonnello Blake», disse schiettamente l'ufficiale e, ormai lontani dalla nebbia che avevano lasciato dietro di sé, i due rimasero l'uno di fronte all'altro alla luce delle stelle sotto le finestre illuminate. «Vi prego, ditemi subito a chi devo la vita».

Mentre parlava, gettò uno sguardo al suo benefattore, un uomo imponente dal viso cupo e bruciato dal sole.

«Colonnello Blake», disse Coll Dhu dopo una strana pausa, «vostro padre suggerì al mio di puntare la sua tenuta al tavolo da gioco. Così avvenne, e a vincere fu il tentatore. Entrambi sono morti; ma voi ed io siamo vivi, ed io ho giurato di vendicarmi».

Il colonnello rise bonariamente al volto inquieto che lo osservava.

«E la prima cosa che avete fatto per mantenere il vostro giuramento è stata salvarmi la vita?» disse. «Venite! Sono un soldato, e so come affrontare un nemico; ma preferirei di gran lunga incontrare un amico. Non sarò soddisfatto fino a quando non avrete mangiato con me. Questa sera festeggiamo il compleanno di mia figlia. Volete unirvi a noi?».

Coll Dhu guardò a terra caparbiamente.

«Vi ho detto chi sono e che cosa sono, e non intendo oltrepassare la soglia della vostra casa».

Ma in quel momento (così narra la mia storia) tra le aiuole accanto alle quali essi si trovavano una portafinestra si aprì e apparve una visione che congelò le parole sulle labbra di Coll. Una fanciulla di nobile aspetto, con un abito di raso bianco, si stagliò contro la finestra ricoperta d'edera, e la calda luce che proveniva dall'interno avvolse la sua figura perfettamente modellata inondando la notte. Il suo volto era pallido come il suo abito, gli occhi erano pieni di lacrime, ma un sorriso luminoso era impresso sulle sue labbra mentre tendeva le mani verso il padre. La luce dietro di lei sfiorava le lucenti pieghe del suo vestito, le perle splendenti attorno al collo, la ghirlanda di rose rosso sangue che le incorniciava le trecce raccolte dietro la nuca. Raso, perle, rose... gli occhi di Coll Dhu, della *Locanda del Diavolo*, avevano mai ammirato tali bellezze prima d'ora?

Ma Evleen Blake non era una fanciulla avvezza alle lacrime. Poche rapide parole – «Grazie a Dio! Sei salvo; gli altri sono a casa da un'ora» – e una leggera pressione alle dita del padre tra le sue mani ingioiellate furono gli unici segni che tradirono il suo disagio.

«Ascolta, tesoro mio, devo la vita a questo coraggioso gentiluomo», disse in tono lieto il colonnello. «Convincilo a entrare e ad essere nostro ospite, Evleen. Intende tornare a rintanarsi tra le sue montagne e perdersi nuovamente nella nebbia dove l'ho trovato, o meglio, dove lui ha trovato me! Venite, signore», aggiunse rivolto a Coll, «non vorrete dire di no ad un'ospite tanto graziosa».

Quindi il padre fece le presentazioni. «Coll Dhu!» mormorò Evleen Blake, poiché aveva udito le storie che circolavano su di lui; ma con un sincero gesto di benvenuto invitò il salvatore del padre a godere dell'ospitalità della sua casa.

«Vi prego di entrare, signore», lo invitò, «se non fosse stato per voi la nostra gioia sarebbe divenuta disperazione. Un'ombra peserà sul nostro divertimento se il nostro benefattore si rifiuterà di unirsi a noi».

Con una dolce grazia, unita a una certa superbia che non la lasciava mai, tese la sua bianca mano verso la figura alta e imponente che si stagliava fuori dalla finestra; egli l'afferrò e la strinse con un tale impeto che gli occhi dell'altera fanciulla avvamparono per lo stupore, e la piccola mano si ritrasse, nascondendosi quasi avesse subito un oltraggio tra le pieghe del suo abito. Questo Coll Dhu era forse un pazzo, o un villano?

L'uomo accettò l'invito, e seguì la bianca figura in un piccolo studio dove una lampada era accesa e alla cui luce il misterioso straniero, il colonnello dall'aria bonaria e la giovane padrona di casa poterono finalmente rivelarsi l'uno agli occhi dell'altro. Evleen gettò uno sguardo al viso cupo del nuovo arrivato e rabbrividì con una sensazione di indescrivibile terrore e disgusto, che al padre giustificò recitando con leggerezza un detto popolare: «Qualcuno sta camminando sulla mia tomba».

Coll Dhu prese quindi parte alla festa di compleanno di Evleen Blake. Stava lì, tra le mura che avrebbero dovuto essere sue, un estraneo, conosciuto solo con un soprannome, schivo e solitario. Stava lì, dopo avere vissuto in mezzo alle aquile e alle volpi nell'attesa di poter attuare il suo feroce proposito e vendicarsi del nemico di suo padre per la povertà e la vergogna causate, per il dolore che aveva spezzato il cuore di sua madre, per la perdita di un padre che aveva posto fine da solo alla sua vita, per il penoso esilio dei suoi fratelli e delle sue sorelle. Stava lì, un Sansone privato della sua forza; e tutto questo a causa di un'altezzosa fanciulla dallo sguardo struggente, dalle morbide labbra e dall'aspetto radioso con l'abito di raso e la ghirlanda di rose rosse.

Impareggiabile, pur in mezzo a molte bellezze, ella si muoveva tra gli amici, tentando di non prestare attenzione all'oscuro fuoco di quegli strani occhi che la seguivano senza posa ovunque andasse. E quando il padre la pregò di mostrare cortesia verso l'ospite solitario e di metterlo a suo agio, ella lo condusse gentilmente ad ammirare la nuova sala dei dipinti adiacente al salone dei ricevimenti, spiegando in quali bizzarre circostanze il colonnello avesse raccolto ora quel quadro ora l'altro; facendo appello al suo orgoglio avrebbe potuto esaudire il desiderio del padre e soddisfare al contempo la propria necessità di riservatezza, cercando di distogliere da sé l'opprimente attenzione del suo ospite per spostarla verso gli oggetti che di volta in volta gli descriveva. Coll Dhu seguiva la sua guida e udiva la sua voce, ma ciò che diceva non contava nulla per lui; ella non riuscì nemmeno a strappargli molte parole di commento o di risposta, fino a quando si fermarono in un angolo appartato illuminato da una luce fioca, davanti ad una finestra la cui tenda era scostata. I vetri erano aperti e non si vedeva altro che acqua; l'Atlantico era immerso nella notte, mentre la luna piena sembrava cavalcare un banco di nuvole, creando scie argentate che si stagliavano sulla distesa di infinito mistero che separava due mondi. E qui si narra si sia svolta la seguente scena.

«Questa finestra è stata progettata da mio padre in persona, la cosa non fa forse onore al suo senso estetico?» volle sapere la giovane padrona di casa, mentre ritta in piedi, sfolgorante di bellezza quasi fosse un sogno, ammirava il chiaro di luna.

Coll Dhu non rispose, ma all'improvviso, si dice, le chiese una delle rose che ornavano, insieme ad altri fiori, il pizzo che le copriva il petto.

Per la seconda volta quella notte gli occhi di Evleen Blake brillarono di una luce ostile. Ma quell'uomo aveva salvato la vita del padre. Ella ruppe un fiore e, con garbo e con la dignità regale che ben sapeva assumere, glielo porse. In risposta a quel gesto non solo egli afferrò la rosa, ma anche la mano che gliela offriva, che ricoprì di baci ardenti.

E allora la rabbia della giovane si riversò su di lui.

«Signore», ella gridò, «se siete un gentiluomo dovete essere pazzo! Se non siete pazzo, allora non siete un gentiluomo!».

«Abbiate pietà di me», disse Coll Dhu. «Io vi amo. Oh, Dio, non ho mai amato una donna in vita mia! Ah!» gridò, mentre sul viso di lei compariva un'espressione di disgusto, «voi mi odiate. Siete rabbrividita la prima volta che i vostri occhi hanno incontrato i miei. Io vi amo e voi mi odiate!».

«È vero», gridò Evleen con veemenza, dimenticando ogni cosa tranne la propria indignazione. «La vostra presenza è qualcosa di malvagio per me. Amarmi? I vostri sguardi mi avvelenano. Vi prego, signore, non parlatemi più in questo modo».

«Non vi disturberò più», disse Coll Dhu. E, dirigendosi con impeto verso la finestra, appoggiò una mano possente sul davanzale e con un salto svanì.

A capo scoperto com'era, Coll Dhu si avviò a grandi passi verso le montagne, ma non verso casa. Si suppone che per le rimanenti ore oscure di quella notte egli abbia vagato tra i labirinti delle colline, fino a quando, all'alba, un forte vento non iniziò a disperdere le nuvole. A digiuno, e in cammino sin dal mattino del giorno precedente, egli fu lieto di imbattersi in una capanna. Vi entrò, chiese dell'acqua da bere e un angolo dove potersi ritirare per riposare.

Nella casa era in corso una veglia funebre, e la cucina era piena di persone, tutte spossate per la notte insonne; i vecchi sonnecchiavano fumando la pipa nell'angolo del focolare e qua e là una donna dormiva profondamente con la testa abbandonata sulle ginocchia di una vicina. Coloro che erano svegli si fecero il segno della croce quando la sagoma di Coll Dhu oscurò il vano della porta, a causa della sua cattiva nomea, ma un vecchio della casa lo invitò ad entrare, gli offrì del latte e gli promise di fargli avere di lì a poco una patata arrostita, conducendolo quindi in una piccola stanza attigua alla cucina, in cui vi era, in un angolo, dell'erica sparsa sul pavimento e dove vi erano solo due donne che chiacchieravano accanto al fuoco.

«Un viaggiatore», annunciò il vecchio facendo un cenno con la testa verso le due donne, che abbassarono il capo come per dire: «Ha il diritto dei viaggiatori». E Coll Dhu si gettò sul mucchio di erica, nell'angolo più remoto della piccola stanza.

Le donne sospesero il loro discorso per un po', ma ben presto, credendo che lo straniero si fosse addormentato, ripresero a parlare sussurrando appena. Vi era solo una piccola finestra dalla quale penetrava il grigiore dell'alba, ma Coll riusciva a vedere le figure illuminate dalla luce del caminetto verso il quale erano chinate; una vecchia sedeva piegata in avanti con le rugose mani protese verso le braci, mentre una ragazza stava appoggiata contro il muro del caminetto, con il viso florido, gli occhi vivaci e gli abiti color cremisi che rosseggiavano a sprazzi alla luce guizzante della fiamma.

«Lo so», disse la ragazza, «ma è il matrimonio più bizzarro di cui abbia mai sentito parlare. Pensa che solo tre settimane fa lui le ha detto che l'odiava come fosse veleno!».

«Taci, sciocchina!» la redarguì la vecchia, chinandosi in avanti in modo confidenziale. «Le sappiamo tutti queste cose. Ma che cosa poteva farci, poveretto! Lei gli ha messo addosso il *burragh-bos*!».

«Il *che cosa*?» chiese la ragazza.

«Non conosci il *burragh-bos*? È un capestro di morte, mia cara; e adesso lei lo ha legato per bene a sé, la sventurata!».

La vecchia fu scossa da un brivido e soffocò il grido che stava prorompendo dalle sue labbra nascondendo il viso nel mantello.

«Ma che cos'è?» domandò la ragazza con impazienza. «Che cos'è il *burragh-bos*, e comunque dove lo si trova?».

«Calma, calma! Non va bene che queste cose siano udite da giovani orecchie se non tra i sussurri! È la striscia di pelle di un cadavere, prelevata senza strappi o fessure dalla testa fino ai talloni, altrimenti l'incantesimo si spezza; poi viene arrotolata e avvolta su un cordino dalla persona che vuole essere amata e appesa al collo della persona che non ne vuole sapere. E di certo metterà il fuoco nei loro cuori, forte e selvaggio, prima che siano trascorse ventiquattro ore».

La ragazza si era scossa dalla sua pigrizia e guardava la compagna con occhi dilatatati dall'orrore.

«Signore salvaci!» gridò. «Non una sola anima sulla

terra si attirerebbe mai la maledizione del cielo per un atto così orribile!».

«Tranquilla, non è finita! C'è una che lo fa, e non è certo il diavolo. Suvvia, piccola, hai mai sentito parlare di Pexie na Pishrogie, che vive tra le due colline di Maam Turk?».

«Ne ho sentito parlare», disse la ragazza, con il fiato sospeso.

«Ebbene, è proprio lei che lo fa. Lo fa per denaro ogni volta che glielo si chiede. Certo l'hanno cacciata dal camposanto di Salruck quando andò a dissotterrare i morti; e, gloria a Dio, l'avrebbero uccisa se non avessero perso le sue tracce, e non sono riusciti a ritrovarle da allora».

«Silenzio, madre», disse la ragazza, «il viaggiatore si sta alzando per rimettersi in cammino! Accidenti, però, ha riposato solo un attimo, povera anima».

Per Coll era comunque abbastanza. Si era alzato per rientrare nella cucina, dove il vecchio aveva portato un piatto di patate da arrostire, invitando quindi calorosamente il visitatore e sedersi e a mangiarne. Coll accettò prontamente, e avendo recuperato le forze dopo il pasto si rimise in marcia verso le montagne, proprio mentre il sole nascente dardeggiava tra le cascate e spingeva la foschia notturna a disperdersi nelle valli sottostanti. Al tramonto, quella stessa sera, egli si ritrovò sulle colline di Maam Turk, e chiese ai mandriani la strada per la capanna di una certa Pexie na Pishrogie.

Fu in una casupola sulla brughiera bruna e desolata, circondata da ogni lato da lugubri colline che si perdevano in lontananza, che egli trovò Pexie, una megera dal viso ingiallito, che indossava una coperta rosso scuro, con ciocche di capelli stopposi e arruffati che spuntavano da sotto un fazzoletto arancione avvolto attorno alle guance rugose. Era china su una pentola posta sul fuoco, dove stavano sobbollendo delle erbe; sollevò il capo con uno sguardo maligno quando Coll Dhu oscurò il vano della porta.

«Vostro onore è qui per il *burragh-bos*?» chiese dopo che egli le ebbe comunicato la sua richiesta. «Sì, certo; ma soldi, soldi, dove sono i soldi di Pexie? Il *burragh-bos* è difficile da ottenere».

«Pagherò», disse Coll Dhu, gettando sulla panca davanti a lei una sovrana d'oro.

La strega fece un balzo per ghermirla, e ridacchiando lanciò al visitatore un'occhiata che fece rabbrividire persino Coll.

«Vostro onore è un gran re», disse, «e merita di certo di avere il *burragh-bos*. Ah! Ah! Certo avrà il *burragh-bos* di Pexie. Ma il denaro non basta. Ancora, ancora!».

Allungò la sua mano simile ad un artiglio, nella quale Coll lasciò cadere un'altra sovrana d'oro, alla qual cosa ella si abbandonò a ulteriori convulse manifestazioni di soddisfazione.

«Ascoltami!» gridò Coll. «Ti ho pagata bene ma se il tuo infernale incantesimo non funziona, ti farò cacciare come una strega!».

«Funzionare!» gridò Pexie rovesciando gli occhi. «Se l'incantesimo di Pexie non funziona, Vostro onore potrà tornare e caricarmi sulle spalle l'intera montagna. Certo che funzionerà. Se la fanciulla odia vostro onore come fosse il diavolo, pur tuttavia amerà vostro onore con tutta la sua anima prima che il sole sorga o tramonti. Così avverrà», aggiunse con un maligno sguardo furtivo, «o la fanciulla diverrà pazza nel giro di un'ora».

«Strega!» ringhiò Coll Dhu, «quest'ultima parte è

un'infernale invenzione della tua mente. Non ho mai sentito parlare di pazzia. Se vuoi altro denaro, parla, ma non tentare i tuoi odiosi giochetti con me».

La strega fissò i suoi astuti occhi su di lui, assecondando subito la sua veemenza.

«Vostro onore ha visto giusto», disse con un sorriso affettato; «Pexie vuole ancora un po' di denaro».

Nuovamente ella protese la mano ossuta. Coll Dhu evitò di toccarla, e gettò l'oro sul tavolo.

«Re, mio re!» ridacchiò Pexie. «Vostro onore è un gran re. Vostro onore ha tutto il diritto di ottenere il *burragh-bos*. La fanciulla l'amerà con tutta la sua anima innocente. Ah! Ah!».

«Quando sarà pronto?» chiese Coll Dhu, con impazienza.

«Vostro onore tornerà da Pexie fra dodici giorni, esattamente fra dodici giorni, poiché il *burragh-bos* è difficile da ottenere. Il cimitero solitario è lontano, e il cadavere è pesante da sollevare».

«Silenzio!» gridò Coll Dhu, «non un'altra parola. Verrò a prendere il tuo ripugnante sortilegio, ma che cosa è o come lo ottieni, non voglio saperlo».

Poi, promettendo di ritornare nel giro di dodici giorni, si congedò. Girandosi per guardare indietro dopo avere percorso un po' di strada nella brughiera, vide Pexie che lo osservava ritta sulla nera collina, stagliandosi in rilievo contro il bagliore livido dell'alba, simile, nella sua cupa immaginazione, ad una furia accompagnata dal corteo dell'inferno.

Nel giorno convenuto Coll Dhu ottenne l'incantesimo promesso. Lo cucì, insieme ad essenze profumate, all'interno di una fodera di tessuto dorato e lo fissò ad una catena splendidamente lavorata. Lo depose quindi in un cofanetto che aveva un tempo contenuto i gioielli di sua madre, morta di crepacuore, nel quale il ciondolo appariva lucente e scintillante. Nel frattempo le genti della montagna stavano imprecando davanti al fuoco nelle loro capanne, poiché si era verificata un'altra incursione sacrilega nel camposanto e intendevano riunirsi per andare a caccia del criminale.

Trascorsero quindici giorni. Come o dove avrebbe potuto trovare Coll Dhu un'occasione per porre la catena stregata attorno al collo dell'altera figlia del colonnello? Altro oro venne lasciato cadere nelle avide mani di Pexie, che promise così di assisterlo nel suo dilemma.

Il mattino seguente la strega si vestì con abiti rispettabili, si sistemò i capelli arruffati sotto una candida cuffia, distese le rughe maligne del suo volto e, con un cestino al braccio, chiuse a chiave la porta della sua casupola e si diresse verso la pianura. Sembrava che Pexie avesse rinunciato alla sua disdicevole occupazione per diventare una semplice raccoglitrice di funghi. La governante della dimora grigia comprava ogni mattina i funghi della povera Muireade. E immancabilmente ogni mattina ella lasciava un mazzolino di fiori selvatici per Miss Evleen Blake, che Dio la benedica! Non aveva mai visto la cara fanciulla con i propri occhi, pur desiderandolo tanto, ma com'era possibile non aver sentito parlare del suo dolce viso grazioso, anche se abitava a chilometri di distanza! E infine, una mattina, le capitò proprio di imbattersi in Miss Evleen in carne ed ossa, di ritorno da una passeggiata. Cogliendo l'occasione, la povera Muireade «si prese la libertà» di offrirle i fiori di persona.

«Ah», disse Evleen, «siete voi che mi lasciate i fiori tutte le mattine? È un pensiero gentile».

Muireade le si era avvicinata solo per ammirare il suo

volto stupendo. E adesso che l'aveva visto, splendente come il sole e puro come un giglio, avrebbe potuto raccogliere il suo cestino e andarsene soddisfatta. Ma indugiò ancora un attimo.

«Mia signora, non siete mai andata a passeggiare su quell'alta montagna?» chiese Muireade, che altri non era che Pexie.

«No», rispose Evleen, ridendo; temeva di non riuscire a salire così in alto.

«Ma, sì, mia signora, dovreste andarci su quelle alte montagne, in compagnia di altre signore e di altri gentiluomini, a cavallo di quei graziosi asinelli. Oh, ci sono cose meravigliose da vedere, mia signora!».

Così ella si mise all'opera, e intrattenne per un'ora la sua ascoltatrice incantandola con la descrizione di storie meravigliose relative a quelle regioni dalle vette elevate. E volgendo gli occhi alle imponenti cime delle colline, Evleen pensò che forse poteva esserci un senso nei suggerimenti di quella vecchia. Doveva veramente essere un mondo stupendo, quello lassù.

Sia come sia, non molto tempo dopo Coll Dhu fu avvertito che una comitiva proveniente dalla dimora grigia avrebbe fatto un'escursione sulle montagne il giorno successivo; che Evleen Blake avrebbe fatto parte della spedizione; e che lui, Coll, avrebbe dovuto prepararsi ad accogliere e rifocillare un gruppo di persone esauste che, in serata, sarebbero state condotte, stremate e affamate, davanti alla sua porta. Esse avrebbero trovato la semplice raccoglitrice di funghi nascosta nel suo umile riparo tra le verdi colline, e costei si sarebbe offerta come volontaria per guidare la comitiva, che avrebbe condotto lontano dal tragitto attraverso le montagne; su per erti pendii li avrebbe fatti salire e attraversare i luoghi più pericolosi, e per uscire indenni avrebbe consigliato ai domestici di gettare via i cesti con le provviste che trasportavano.

Coll Dhu non rimase con le mani in mano. Venne allestito un banchetto, e mai prima d'ora ne era stato imbandito uno simile lassù in mezzo alle nuvole. Si narra di piatti meravigliosi preparati per intervento malefico e in un luogo che si ritiene sia molto più caldo di quanto sia necessario per cuocere i cibi. Si narra anche che le nude stanze di Coll Dhu vennero improvvisamente ricoperte di drappi di velluto e guarnizioni d'oro; che le mura spoglie e bianche si accesero di colori delicati e dorature; che dipinti preziosi comparvero all'improvviso tra i pannelli del muro; che sui tavoli risplendevano posate d'oro e d'argento e scintillavano i cristalli più rari; che furono serviti a profusione i vini più pregiati che gli ospiti avessero mai assaggiato; che domestici nelle più ricche livree, tra i quali il vecchio dal volto avvizzito divenne invisibile, apparvero, pronti a servire pietanze meravigliose, alla cui straordinaria fragranza le aquile accorsero battendo con il becco alle finestre e le volpi si avvicinarono alle mura, annusando l'aria.

Certamente, a tempo debito, l'esausta comitiva giunse in vista della *Locanda del Diavolo* e Coll Dhu andò loro incontro, invitandoli a varcare la sua umile soglia. Il colonnello Blake (al quale Evleen, nella sua delicata sensibilità, non aveva detto nulla dell'atteggiamento dello straniero solitario verso di lei) salutò la sua comparsa con grande gioia, e l'intera compagnia, decisamente di buon umore, si sedette a banchettare con Coll. Inoltre, si racconta, espressero grande stupore per lo sfarzo mostrato dal solitario abitatore delle montagne.

Entrarono tutti per godere del banchetto di Coll,

tranne Evleen Blake, che rimase in piedi sulla soglia; esausta, ma restia a riposarsi in quel luogo; affamata, ma non disposta a mangiare tra quelle mura. Il suo bianco abito di batista era increspato sulle braccia, sgualcito e macchiato per le fatiche della giornata; ma il pallido viso era leggermente abbronzato e la piccola testa dalle nere trecce un po' scarmigliate era esposta all'aria di montagna e alla luce del sole che tramontava; le sue mani erano avvolte mollemente nei lacci del cappello e il piede a volte batteva leggermente contro la pietra della soglia. Fu così che tutti la videro.

I contadini raccontano che Coll Dhu e il padre si recarono da lei pregandola di entrare, e che gli splendidi domestici in livrea le portarono il cibo fin sulla soglia, ma ella si rifiutò categoricamente di mettere piede all'interno o di assaggiare anche un solo boccone.

«Veleno, veleno!» mormorò, gettando il cibo a manciate alle volpi che fiutavano l'aria nella brughiera.

Ma fu molto diverso quando Muireade, la vecchia gentile, la semplice raccoglitrice di funghi, con tutte le rughe maligne cancellate dal volto, si avvicinò alla fanciulla affamata, e con cortese e paziente insistenza le offrì un saporito pasticcio fatto con i suoi ottimi funghi, servito su un comune piatto di terracotta.

«E, mia cara signora, la povera Muireade li ha cucinati personalmente, e nessuno in questa casa li ha toccati né ha gettato uno sguardo sui funghi della povera Muireade».

Quindi Evleen prese il piatto e mangiò quel pasto delizioso. Aveva appena terminato, che una pesante sonnolenza scese su di lei e, incapace di reggersi in piedi, si mise a sedere sul gradino di pietra della soglia. Appoggiando la testa contro l'intelaiatura della porta, cadde subito in un sonno profondo, o in una trance. Fu così che la trovarono.

«Ragazzina capricciosa e ostinata!» disse il colonnello, appoggiando la mano sulla bella testa addormentata. E, prendendola tra le braccia, la trasportò in una stanza che (così dicono i cantastorie) non era stata altro che un ripostiglio misero e spoglio, ma che adesso mostrava un esotico e sontuoso arredo. Qui egli la depose su uno sfarzoso divano, con una trapunta cremisi a coprirle i piedi. E qui, nella luce tenue che filtrava dai vetri riccamente decorati, dove il giorno prima vi era montata una rozza finestra, il padre posò il suo ultimo sguardo sul suo bel viso.

Il colonnello ritornò dal suo ospite e dagli amici e di lì a poco la compagnia al completo si mise in marcia per ammirare la luce di uno sfolgorante tramonto avvolgere di bagliori di fiamma le colline. Si trovavano già ad una certa distanza allorché Coll Dhu si ricordò del suo binocolo e tornò indietro a prenderlo. Non rimase via a lungo, ma abbastanza per entrare nella stanza in penombra con passo furtivo e far scivolare una sottile catena attorno al collo della fanciulla addormentata, nascondendo poi tra le pieghe del suo vestito l'orribile e scintillante *burragh-bos*.

Quando se ne fu andato, Pexie si recò con passo furtivo alla porta della stanza, l'aprì leggermente e si sedette su una stuoia che si trovava lì fuori, avvolgendosi nel suo mantello. Era passata un'ora, ma Evleen Blake era ancora addormentata, e il suo respiro sollevava appena il ciondolo mortale appoggiato sul suo petto. Poi ella iniziò a mormorare e a gemere, e Pexie rizzò le orecchie. Subito dopo un rumore nella stanza rivelò che la vittima era sveglia e che si era alzata. Pexie, allora, sporse la testa nell'apertura della porta e guardò dentro, lanciò un urlo carico di sgomento e fuggì dalla casa, non facendosi mai più rivedere nel paese.

La luce stava sfumando tra le colline, e gli escursionisti stavano facendo ritorno alla *Locanda del Diavolo*, quando un gruppo di signore che si trovava notevolmente avanti rispetto agli altri si imbatté in Evleen Blake che avanzava verso di loro sulla brughiera, con i capelli scompigliati dal sonno e la testa scoperta. Notarono qualcosa di lucente, come l'oro, che oscillava e mandava bagliori seguendo i movimenti della sua figura. Esse avevano scherzato tra loro su quel bizzarro capriccio di Evleen di volersi addormentare sul gradino della soglia invece di entrare a cenare con loro e avanzavano adesso ridendo, decise a prenderla bonariamente in giro per questo. Ma la ragazza le fissò in modo strano, come se non le conoscesse, e passò oltre. Le amiche si risentirono molto e iniziarono a fare commenti sul suo umore eccentrico, solo una si girò a guardarla e venne presa in giro dalle compagne quando espresse la sua preoccupazione nei confronti dell'indisponente fanciulla.

Quindi proseguirono il loro cammino, e la figura solitaria si allontanò ondeggiante, con l'abito bianco che rosseggiava inondato di luce e il fatale *burragh-bos* che luccicava sotto il riflesso del cielo. Una lepre attraversò la sua strada ed ella, ridendo forte, batté le mani e si gettò all'inseguimento. Poi si fermò e iniziò a porre domande alle rocce, colpendole con il palmo della mano perché non rispondevano. (Uno sbalordito pastorello seduto dietro un masso fu testimone di questo strano comportamento). Dopo poco ella iniziò a fare il verso agli uccelli, con voce stridula e selvaggia, che riecheggiava sinistra nella valle. Un gruppo di gentiluomini che faceva ritorno su un sentiero impervio udì l'insolito suono e si fermò ad ascoltare.

«Che cos'è?» domandò uno.

«Una giovane aquila», rispose Coll Dhu, il cui volto si era fatto livido, «spesso mandano grida di questo tipo».

«Era insolitamente simile a una voce di donna», fu la risposta; e immediatamente un'altra nota selvaggia risuonò nella loro direzione dalle rocce sovrastanti, uno spoglio crinale frastagliato che digradava in lontananza e che sporgeva sopra un abisso. Di lì a poco videro la leggera figura di Evleen Blake fluttuare in direzione del vertiginoso strapiombo.

«La mia Evleen!» gridò il colonnello, riconoscendo la figlia. «È pazza ad avventurarsi in quel luogo!».

«Pazza!» ripeté Coll Dhu. Quindi scattò in aiuto di lei con tutta la forza e l'agilità delle sue membra possenti.

Quando arrivò a pochi passi da lei, ella aveva quasi raggiunto l'estremità della terribile roccia. Con grande cautela le si avvicinò, intendendo afferrarla con le sue robuste braccia prima che la ragazza fosse consapevole della sua presenza, allontanarla di parecchi metri dal luogo del pericolo. Ma in un momento fatale, Evleen voltò la testa e lo vide. Un grido di odio e di orrore, selvaggio e sonoro, che fece trasalire persino le aquile e disperse uno stormo di chiurli che volavano sopra la sua testa, irruppe dalle sue labbra. Fece un passo indietro, e si trovò sull'orlo della distruzione.

Un disperato, eppur cauto, slancio in avanti, ed ella si dimenava nell'abbraccio di Coll. Gli bastò un'occhiata per capire che stava combattendo con una pazza. Indietro, indietro, ella lo trascinava e non vi era nulla a cui aggrapparsi. La roccia era scivolosa e le sue scarpe non riuscivano a farvi presa. Indietro, indietro! Un ansimare affannoso e rauco, un furioso oscillare in avanti e poi indietro; quindi la roccia si erse nuda contro il cielo, e non vi fu più nessuno, mentre Coll Dhu ed Evleen Blake volavano verso l'abisso, sfracellandosi nella scarpata sottostante.

Il Brownie delle Paludi Nere

I rapporti tra le creature fatate ed i loro vicini umani erano sempre problematici. Per gli antichi Celti fate e folletti erano ovunque. Rappresentavano l'incarnazione delle forze naturali che popolavano il paesaggio circostante. Ma, anche se si trattava di esseri soprannaturali, essi a volte esibivano qualità che erano chiaramente umane: era possibile adularli, attrarli, farli arrabbiare o irritarli. Potevano anche esibire il loro fastidio, la loro rabbia o la loro assoluta crudeltà, se sceglievano di farlo. E si diceva anche che potessero mostrare odio e amore, proprio come fanno gli umani. Di fatto molti indovini celtici affermavano che essi provavano queste emozioni in maniera assai più intensa degli umani.

Vivere a stretto contatto con creature tanto imprevedibili era spesso difficile per i vicini umani. Un antico racconto dell'isola di Rathlin, al largo delle coste settentrionali dell'Irlanda, narra di come le creature fatate vennero a maledire una famiglia per avere lavato le patate troppo vicino ad un tumulo fatato e per avere permesso all'acqua di filtrare nel loro salone. La famiglia non riuscì più a prosperare dopo questi fatti, e parecchi di loro, si dice, morirono prematuramente, mentre diversi altri non ebbero figli. Tale fu la punizione per avere disturbato le creature incantate.

Bisognava fare attenzione anche in altri modi. In molte parti della Scozia, dell'Irlanda e del Galles era considerato foriero di sventura parlare ad un essere fatato, anche quando era questi a parlare per primo. Ovunque si riteneva che accettare denaro dal popolo incantato avrebbe provocato disastri. Di fatto, era meglio non avere assolutamente nulla a che fare con fate e folletti e intrattenere relazioni solo con i propri simili.

Il poeta e scrittore scozzese James Hogg (1770-1835), meglio noto come «il Pastore di Ettrick», era pienamente consapevole delle forze e delle energie che popolavano il paesaggio che lo circondava e di quanto queste potessero essere capricciose. Nato e cresciuto nella foresta di Ettrick sul confine scozzese, gran parte degli scritti e delle poesie di Hogg, «The Mountain Bard» (Il bardo di montagna, 1807), «The Forest Minstrel» (Il menestrello della foresta, 1810), «Mador of the Moor» (Mador della brughiera, 1816) e il suo celebre «Private Memoirs and Confessions of a Justified Sinner» (Memorie e confessioni private di un peccatore redento, 1824), riflette la sua cultura rurale e i punti di vista della gente di campagna. Egli scrisse anche diversi racconti sul tema del soprannaturale, tra i quali «The Brownie of the Black Haggs» (nella traduzione italiana «Il Brownie delle paludi nere»): una storia di ricompensa e di giustizia soprannaturali che riflette abilmente il rapporto tra gli umani e le creature fatate.

Il Brownie delle Paludi Nere

di James Hogg

Quando gli Sprot erano proprietari di Wheelhope, e questo fu molto tempo fa, una delle signore aveva una pessima fama nel paese. Nessuno asseriva apertamente che Lady Wheelhope fosse una strega, ma a tutti dava molto fastidio sentirla nominare, e quando per caso ciò avveniva i vecchi scuotevano la testa e dicevano: «Ach, lasciamola in pace! Meno abbiamo a che fare con quella, meglio è!». Le vecchie comari smettevano di filare e con la scusa di attizzare il fuoco tendevano le orecchie per udire tutto quello che si diceva di lei; quindi, dopo una serie di colpetti di tosse e di borbottii carichi di significato, dicevano casualmente: «E certo, signori! È proprio vero quello che si dice!» o qualcosa di ugualmente saggio e pregnante.

In breve, Lady Wheelhope era ritenuta una donna molto malvagia. Era un'inesorabile tiranna in famiglia e aveva sempre da ridire con i domestici, contro i quali inveiva spesso e che spesso venivano messi alla porta, specialmente se erano religiosi: questi, infatti, ella non riusciva proprio a sopportare, sospettandoli di ogni aberrazione. Ogniqualvolta scopriva che uno dei domestici che servivano nella tenuta del signore era una persona religiosa, lo consegnava subito ai soldati perché lo fucilassero. [*Nota del curatore*: Nel tardo 1600 e in parte del 1700, l'unica forma di culto ammessa nelle Isole Britanniche era l'anglicanesimo. Ciò aveva lo scopo di danneggiare la Chiesa Cattolica, ma creava problemi anche ai presbiteriani, in particolare ai *Covenanters*, i presbiteriani del *National Covenant*, il Patto Nazionale Scozzese, molti dei quali vivevano sul confine tra

Inghilterra e Scozia. Il presbiterianesimo era ampiamente considerato un atto di tradimento, e coloro che praticavano questo culto erano punibili con la morte.] E si suppone che si fosse sbarazzata di diverse ragazze che praticavano il culto eliminandole con il veleno. Era di certo una donna crudele, a meno che tutta quella brava gente non si sbagliasse sul suo carattere, e i poveri perseguitati *Covenanters* si vedevano costretti a unire le loro preghiere contro di lei.

Per quanto riguarda il padrone di casa, era un'assoluta nullità. Un individuo grosso, dal viso spento e dal corpo gonfio, al quale non interessava né il bene né il male e che non sapeva distinguere l'uno dall'altro. Rideva delle bizze e delle sfuriate della sua signora, e più questa dava in escandescenze, maggiore era secondo lui il divertimento. Un giorno, quando due domestiche corsero da lui dicendo che la signora aveva ammazzato una delle loro compagne, il signore rise di cuore, dicendo che non ne dubitava.

«Ma signore, come può ridere?» dissero le donne. «La poveretta è stata uccisa».

«Assai probabile, assai probabile», disse il signore. «Ebbene, ciò le insegnerà a stare attenta a non farla arrabbiare».

«Ma, signore, vostra moglie verrà impiccata».

«Assai probabile; ebbene così imparerà a non colpire con tale impeto. Ha ha ha! Non è vero, Jessy?».

Ma quando la stessa Jessy morì all'improvviso una mattina, il signore rimase profondamente sconcertato e parve comprendere vagamente che qualcuno aveva giocato sporco. Pochi dubitavano che fosse stata eliminata con il veleno, ma se la signora lo avesse fatto per gelosia, questo non fu mai rivelato pubblicamente; quel fatto, però, frustrò e sconvolse a tal punto il povero signore che i suoi nervi cedettero e la sua mente vacillò. In apparenza si venne a trovare nel medesimo stato d'animo di un collie che un tempo avevo posseduto. L'animale era estremamente affezionato al mio fucile, purché con esso non uccidessi nessuno (all'epoca non vi era ancora nessuna legge venatoria nella foresta di Ettrick) e si divertiva a inseguire le lepri quando le mancavo. Ma un giorno, miracolosamente, ebbi la fortuna di colpirne una, a pochi passi dal suo naso. Non dimenticherò mai lo stupore che la povera bestia manifestò lì per lì. Fissò per un po' il fucile, e per un altro po' la lepre morta, e sembrò trarne la conclusione che, se le cose stavano così, nessuna creatura poteva più essere certa della propria vita. Infine, mise la coda tra le zampe e scappò a casa, e non volle più trovarsi di fronte un fucile finché visse.

Questo è esattamente ciò che avvenne al signor Sprot, proprietario di Wheelhope. Fino a quando l'ira della sua signora produsse solo rumore e sfuriate tra i domestici, egli la ritenne assai divertente, ma quando vide ciò che credeva fossero i terribili effetti di tale ira, divenne come un organetto stonato, e riuscì ad emettere solo una nota, che suonava a chiunque incontrasse. «Spero che non abbia preso qualcosa che le ha fatto male». Questa nota egli la ripeteva al mattino e alla sera, mentre dormiva e quando si svegliava, da solo e in compagnia, dal momento in cui Jessy morì fino a quando la seppellirono; e recandosi al cimitero in testa al corteo funebre, la sussurrò ai parenti della ragazza per tutto il tragitto. Quando giunsero alla fossa, si pose alla testa della bara, rifiutandosi di fare posto persino al padre della ragazza, e rimase così, in piedi, come un enorme pilastro, come se non vedesse e non udisse nulla, e quando ebbe deposto la testolina un tempo graziosa nella bara, lasciò andare la corda che la reggeva, sollevò lentamente il cappello con una mano, si asciugò gli occhi velati con il dorso dell'altra, e disse in tono profondo e tremulo: «Povera piccina! Spero che non abbia preso qualcosa che le ha fatto male».

Questa morte destò grande scalpore tra la gente comune; ma a quell'epoca non vi era protezione per la vita dei subalterni, e chiunque, uomo o donna, poteva ucciderne a suo piacimento, purché fosse un suddito leale e sincero e nemico giurato dei presbiteriani. Quindi non vi fu nessuno che prese ufficialmente atto delle circostanze della morte della povera Jessy.

Dopo questo episodio, la signora si mantenne in disparte per circa due o tre anni. Aveva capito che si era resa odiosa e aveva perso completamente il sostegno del marito, fatto che detestava sopra ogni cosa. Ma la cattiva inclinazione non poté essere superata e dopo il ritrovamento, una mattina, del cadavere di un povero ragazzo che il signore, per compassione, aveva preso al suo servizio, la gente del paese non si trattenne più e si recò in massa dallo sceriffo, insistendo perché venisse aperta un'inchiesta. Fu dimostrato che la donna detestava il ragazzo, che lo aveva spesso minacciato e che il pomeriggio prima che morisse gli aveva dato un intingolo di miele e farina, ma la causa venne infine archiviata e gli accusatori multati.

Nessuno può dire a quali altezze di perfidia ella avrebbe adesso potuto innalzarsi se non avesse trovato sul suo cammino un ostacolo di genere molto particolare. Tra i domestici che si presentarono a servizio la stagione successiva ve ne era uno che si faceva chiamare Merodach; e che era invero un personaggio singolare.

Aveva il corpo di un ragazzino ma i lineamenti di un centenario, eccettuai gli occhi che avevano una brillantezza e un'irrequietezza assolutamente straordinarie e presentavano una forte somiglianza a quelli di una nota specie di scimmie. Egli era insolente e caparbio in ogni sua azione, e non si curava del piacere o del dispiacere di nessuno, ma svolgeva bene i suoi compiti e con apparente facilità. Sin dal momento in cui mise piede in casa, la signora concepì un'antipatia mortale verso di lui, e pregò il marito di cacciarlo. Ma questi, da parte sua, non cacciava nessuno, e inoltre lo aveva assunto per un salario ridicolo, e a quel tipo non mancava certo la costanza né l'energia. La conseguenza naturale di questa situazione fu che la signora si mise immediatamente all'opera per rendere insopportabile la vita di Merodach, al fine di sbarazzarsi presto di un domestico che in ogni cosa la disgustava. Il suo odio per lui era diverso dalla comune antipatia che un umano prova nei confronti di un altro; ella lo odiava come si può odiare un rospo o una serpe; e dal momento che la sua occupazione di maneggione (come il padrone definiva il suo domestico tuttofare) faceva sì che le fosse sempre intorno, la situazione dovette rivelarsi altamente sgradevole.

Ella lo rimproverava, lo angariava, ma egli si burlava semplicemente della sua rabbia, sghignazzando e ridendole in faccia con il dileggio più provocatorio. La signora tentò di eliminarlo più e più volte, ma mai, nonostante tutti i suoi tentativi, riuscì a colpirlo, e mai alzò la mano su di lui senza che poi non avesse a pentirsene. Ella era pesante e impacciata, mentre lui era rapido nei movimenti come una scimmia; inoltre, Merodach suscitava in lei una tale rabbia incontrollabile che quando si scagliava contro di lui sapeva a stento ciò che faceva.

Una volta ella fece per percuoterlo con un bastone ma egli, nello stesso istante, si scansò con tale destrezza che il colpo raggiunse il capo dei domestici o sovrintendente; alla qual cosa Merodach si mise a ridere così calorosamente che la donna, sollevando l'attizzatoio della cucina, glielo scagliò addosso con l'assoluta intenzione di rompergli la testa, ma il missile frantumò tutti piatti e i recipienti sulla credenza.

Ella allora si affrettò dal padrone di casa piangendo amaramente e dicendo che non avrebbe tollerato che quel disgraziato di Merodach, come lo chiamava, trascorresse un'altra notte sotto il suo stesso tetto.

«Ebbene, allora mandalo via e non disturbarmi più con questa faccenda», disse il marito.

«Mandarlo via!» ella esclamò. «Gli ho già ordinato di andarsene centinaia e centinaia di volte, ingiungendogli di non farmi mai più vedere la sua brutta faccia; ma egli si burla di me, e mi dice che prima dovrà vedere me all'inferno».

La protervia di quell'individuo divertiva enormemente il signore, che per la soddisfazione alzò verso il cielo gli occhi velati, quindi all'improvviso guardò intorno a sé, le voltò le spalle e cominciò a ridere finché le lacrime non rigarono le sue guance spente. Ma tutto quello che riuscì a profferire fu: «Adesso hai proprio quel che ti meriti».

La collera furiosa della donna crebbe ulteriormente per quest'atto di derisione ed ella si scagliò contro il marito, dicendo che non era degno di essere chiamato uomo finché non si fosse liberato di quella creatura pestifera, per il modo in cui l'aveva trattata.

«Ma, Sushy, mia cara, che cosa ti ha fatto?».

«Che cosa mi ha fatto! Non ha forse fatto in modo che

colpissi John Thomson? Non so nemmeno se il poveretto riuscirà mai più a riprendersi!».

«Hai fatto fuori il tuo amato John Thomson?» disse il signore, ridendo più calorosamente di prima. «Avresti potuto fare di peggio. Ma che cosa aveva fatto di male?».

«E non ha forse frantumato ogni piatto e ogni recipiente dell'intera credenza?» continuò la donna furibonda, incurante della domanda. «E dopo tutta quella devastazione egli si burla del mio disappunto – si burla di me di continuo – e se tu non lo cacci via, e non lo fai impiccare, e fucilare, per le sue malefatte, non sei degno di chiamarti uomo».

«Oh, ahimè! Quale devastazione tra le porcellane», commentò il signore e mandato a chiamare Merodach disse: «Dimmi, tu, malvagio Merodach di Babilonia, come hai osato colpire il preferito della tua signora, John Thomson?».

«Non sono stato io, vostro onore. È stata la signora in persona, che si è infuriata a tal punto contro di me da colpire l'uomo sbagliato e stendere il signor Thomson; quel brav'uomo adesso ha il cranio fracassato».

«È molto strano», disse il signore, ridendo di soppiatto, «non capisco. E poi, perché diavolo hai frantumato tutte le ceramiche e le porcellane della mia signora? È stato certo un atto infame e provocatorio».

«Ha fatto tutto da sola, vostro onore. Mi sarei molto spiaciuto di rompere anche un solo piatto appartenente a vossignoria. Prendo tutti i domestici a testimoni, che è stata la mia signora a fracassare tutti i piatti con un attizzatoio, e adesso getta la colpa su di me».

Il padrone di casa volse gli occhi velati e soddisfatti sulla moglie, che adesso piangeva di rabbia e di irritazione e sembrava meditare un altro attacco contro il colpevole, cosa che questi non parve assolutamente voler evitare, ma piuttosto incoraggiare. Tuttavia ella sfogò la sua ira minacciando la più profonda e orribile vendetta, mentre per tutta risposta Merodach le assicurò che ogni suo tentativo sarebbe stato un fiasco e che in tutti gli scontri futuri, alla fine sarebbe stata lei ad avere la peggio. Egli era deciso a compiere il suo dovere, quindi, davanti al suo padrone, la sfidò.

Il signore pensò più di quanto ritenne prudente rivelare, ma non aveva dubbi sul fatto che la moglie avrebbe attuato la sua vendetta sul tuttofare come aveva dichiarato, e ancor meno dubitava della sua capacità di farlo. Quasi rabbrividì ricordando qualcuno che aveva preso *qualcosa che le aveva fatto male.*

In breve, l'evidente malevolenza della signora di Wheelhope contro quest'unico obiettivo fu come la verga di Mosé, che inghiottì tutti gli altri serpenti. Tutta la sua cattiveria e le sue crudeli predisposizioni sembrarono soppiantate da essa, se non in essa completamente assorbite. Il resto della famiglia viveva adesso in relativa tranquillità e pace; poiché dal mattino presto a notte tarda la sua malevolenza si scatenava contro il tuttofare, e su di lui soltanto. Era un delirio di odio e di vendetta al quale era diretta ogni sua capacità e inclinazione. Non riusciva a stare lontana da quella creatura, e negli intervalli in cui lo era, consumava il fiato in maledizioni ed imprecazioni e poi, incapace di trovare riposo, correva a cercarlo, con gli occhi che brillavano di soddisfazione nell'anticipazione della vendetta, mentre, ogni volta, il danno, il ridicolo e le offese ricadevano completamente su di lei.

Non era forse strano che ella non riuscisse a liberarsi di quest'unico fastidio che tormentava la sua vita?

Chiunque avrebbe creduto che fosse facilmente in grado di farlo. Ma questa volta non vi era nulla di più lontano dalle sue intenzioni; ella cercava la vendetta, una piena, adeguata e deliziosa vendetta sul suo audace avversario. Ma questi era una creatura bizzarra e terribile e aveva sempre a disposizione, così sembra, degli strumenti di ritorsione.

Pane e latte dolce erano gli unici cibi che Merodach apprezzasse ed egli, avendo contrattato a lungo per ottenerli, non voleva mai rimanerne privo, anche se spesso li accettava di malavoglia e lanciando imprecazioni. La signora, dopo avergli tolto la sua razione abituale per alcuni giorni, il mattino della domenica successiva gli fece preparare una tazza di latte dolce e cremoso, generosamente arricchito di un veleno mortale, e si trattenne in una piccola anticamera per ammirare il successo della sua geniale macchinazione e per evitare che qualcun altro assaggiasse il velenoso intruglio. Merodach entrò nella stanza e la cameriera gli disse: «Eccoti la tua colazione, creatura».

«Oh! La mia signora è stata generosa questa mattina», egli disse, «ma conosco bene i suoi maneggi. Ecco, piccola Missie, sembri affamata oggi; prendi tu la mia colazione». E così dicendo porse la tazza allo spaniel preferito della signora. Accadde che proprio in quel momento l'unico figlio della signora entrò nell'anticamera, cercando la madre e assillandola con qualche richiesta che distrasse per un certo tempo la sua attenzione da ciò che avveniva nella sala. Quando ella alzò di nuovo lo sguardo, vide Missie che leccava avidamente il latte dolce; allora si precipitò fuori dal vestibolo come una furia, urlando come se la testa le stesse andando a fuoco, diede un calcio alla ciotola, scagliando il resto del suo contenuto contro il muro, e sollevando Missie tra le braccia si ritirò rapidamente, piangendo.

«Ha, ha, ha, te l'ho fatta!» gridò Merodach, mentre ella scompariva dalla sala.

La povera Missie morì subito, e in modo molto discreto; in realtà, sarebbe morta e sarebbe stata sepolta senza che nessuno se ne accorgesse, tranne la sua padrona, se Merodach, con la fortuna che non lo abbandonava mai, non avesse ficcato il naso al di là del muro del giardino proprio nel momento in cui la sua padrona stava deponendo l'amata bestiola in una fossa scavata con le proprie mani. Ella, non accorgendosi della presenza del suo tormentatore, era intenta nel compito, rivolgendosi al corpicino senza vita: «Ah! Povera piccola creatura, che triste destino hai avuto bevendo l'amara pozione che non era intesa per te; ma egli ne berrà tre volte il doppio per quello che ti è successo».

«È quella la piccola Missie?» domandò la voce innaturale del tuttofare, all'orecchio della signora. Ella emise un grido acuto e scivolò sul tumulo di terra. «Ahimè, povera piccola Missie!» continuò la creatura in tono di scherno. «Il mio cuore soffre per Missie. Ma che cosa le è capitato? A chi era destinata la ciotola dalla quale ha bevuto?».

«Vattene, diavolo incarnato!» gridò la signora. «Che diritto hai di intrometterti nella solitudine della tua signora? Ma giungerà anche il tuo turno, o possa io mutare la mia natura di donna».

«L'hai già mutata», disse Merodach, con una smorfia di soddisfazione. «Te l'ho fatta, te l'ho fatta! E se non fosse per dimostrare la mia superiorità su di te, cosa che faccio in ogni momento, preferirei vederti presa a bastonate come una gatta impazzita o una cagna molesta. Che cosa ti inventerai adesso?».

«Ti taglierò la gola, e anche se dovessi morire nel farlo sarò felice lo stesso per questo atto, un atto di carità verso tutti coloro che abitano sulla faccia della terra. Ritorna alle tue faccende».

«Ti ho già avvertita, donna, e ti avverto di nuovo adesso, che tutto il male meditato contro di me ricadrà doppiamente sulla tua testa».

«Non voglio nessun avvertimento e nessun consiglio da te, carogna infernale. Porta lontano da me il tuo volto mostruoso, e fa' molta attenzione!».

Sarebbe troppo disgustoso ed orrendo raccontare o leggere di tutti gli incidenti che coinvolsero questa coppia fuori del comune. Il loro odio reciproco era senza fine e senza tregua, e non passava giorno in cui le azioni e la maligna ingegnosità di lei non avessero un esito fatale per qualcuno o qualcosa che le stava a cuore, senza che tutto ciò mancasse di apparire come opera sua. Non rimaneva quasi nulla di animato o inanimato al quale ella desse valore che non venisse distrutto, eppure ella non riusciva a stare lontano un'ora e nemmeno un minuto dal suo tormentatore, ma unicamente, sembra, allo scopo di tormentarlo a sua volta.

Tuttavia, mentre il resto della casa si godeva la pace e la tranquillità dalle furie della collerica padrona, tra i due incantati contendenti la situazione degenerò ancora. La signora tormentava il servo, allo stesso modo in cui il corvo tormenta l'aquila per attaccare continuamente briga, pur sapendo che ad ogni scontro ne uscirà perdente. E poi di notte iniziarono a udirsi dei rumori sulle scale, e i domestici cominciarono a sussurrare che la padrona andava in cerca del letto di Merodach nel buio per qualche orribile intento. Più di uno avrebbe giurato di averla vista passare e ripassare sulle scale dopo mezzanotte, quando tutto era avvolto nel silenzio; ma analogamente si sapeva bene che Merodach dormiva con le porte ben sprangate, e con un compagno di stanza il cui letto, inoltre, era vicinissimo alla porta. A nessuno importava molto di ciò che sarebbe accaduto al tuttofare, dal momento che era un tipo asociale e sgradevole; ma qualcuno gli riferì ciò che aveva visto, alludendo ai sospetti sulle intenzioni della signora. La creatura, tuttavia, si morsicò il labbro, strizzò gli occhi e disse solo: «Farebbe meglio a starmi lontano; sarà la prima a pentirsene».

Non molto tempo dopo, con sommo orrore della famiglia e di tutti gli abitanti della campagna circostante, l'unico figlio del padrone venne trovato ucciso nel suo letto, in circostanze che evidenziarono la più diabolica crudeltà ed efferatezza da parte dell'assassino. Non appena l'atroce atto venne rivelato, la signora venne presa da convulsioni e perse la ragione, e sarebbe stato meglio per lei non riacquistare mai più l'uso delle facoltà mentali e delle funzioni corporee, poiché vi era sangue sulla sua mano, che ella non si era curata di nascondere, e vi furono pochissimi dubbi che si trattasse del sangue del suo amato e innocente bambino, unico erede e speranza della famiglia.

Il grave colpo privò il signore di ogni capacità di azione. La signora, però, aveva un fratello, un uomo di legge, che arrivò e mise subito in piedi un'indagine su questo inspiegabile assassinio; ma prima che giungesse lo sceriffo, la governante lo prese da parte, dicendogli che sarebbe stato meglio non proseguire con la ricerca, poiché era sicura che il crimine sarebbe stato attribuito alla sua sventurata padrona. E dopo avere esaminato diverse circostanze a conferma di ciò, e prendendo atto dello stato della pazza in preda al delirio, che aveva la mano e il braccio sporchi di sangue, egli fece un'indagine brevissima, dichiarando senza colpa tutti i domestici.

Il signore si recò al funerale del figlio e depose la sua testa nella tomba, ma sembrava un uomo che camminasse in preda a una trance, un automa, senza sentimenti né emozioni, e spesso fissava il corteo funebre come fosse qualcosa che non riusciva a comprendere. E quando la campana della chiesa iniziò i suoi rintocchi funebri, mentre il corpo si avvicinava al sagrato della chiesa, egli gettò un'occhiata di sbieco verso il campanile e disse rapidamente: «Come? Che cos'è? Oh, siamo appena in tempo, appena in tempo». E spesso ripeteva insistentemente tra sé e sé il nome «Crudele Merodach, re di Babilonia». [*Nota del curatore*: Questo è probabilmente un riferimento al re persiano Amel-Marduk, figlio e successore di Nabucodonosor II, che regnò in Babilonia dal 562 al 560 a.C. Si fa riferimento a lui, oltre che in altre fonti, nel Secondo Libro dei Re e nel Libro di Geremia, dove il suo nome viene tradotto, nella versione inglese della Bibbia di Re Giacomo, come «Crudele Merodach».] Egli sembrava avere concepito l'idea che il suo strano tuttofare avesse qualcosa a che fare con la morte del suo unico figlio e con altri disastri di minore gravità, benché le prove a favore dell'innocenza di Merodach fossero come al solito assolutamente decisive.

L'errore atroce di Lady Wheelhope (dal momento che la moglie di un proprietario terriero era allora insignita del titolo di Lady) può essere spiegato solo supponendo che ella si trovasse in uno stato di alienazione mentale, o piuttosto sotto una maligna influenza sulla quale non aveva alcun controllo, e per una persona in quello stato l'errore non fu poi tanto strano. Il maniero di

Wheelhope era vecchio e di struttura irregolare. La scala aveva quattro curve acute, tutte uguali, e quattro pianerottoli, tutti uguali. Nella camera all'ultimo piano dormivano i due domestici – Merodach nel letto più lontano dalla porta – e in quella immediatamente al di sotto, assolutamente identica alla prima, dormivano il giovane signore e il suo tutore, il primo anch'egli nel letto più lontano dalla porta; e fu così, quindi, che nell'agitazione delle sue violente passioni ella aveva ucciso il figlio con le proprie mani.

Merodach venne espulso dalla tenuta senza por tempo in mezzo, ma rifiutò di accettare il suo salario che l'uomo di legge, per timore di ulteriori rappresaglie, gli offriva con insistenza, e se ne andò apparentemente insoddisfatto e risentito, nessuno sa dove.

Quando la sua cacciata fu annunciata alla signora, che era guardata a vista giorno e notte nella sua camera, la notizia ebbe un tale effetto su di lei che tutto il suo corpo parve percorso dall'elettricità; l'orrore del rimorso svanì e un'altra passione, che non riesco a comprendere né a definire, si impossessò completamente del suo spirito sconvolto. «*Non deve* andarsene! … *Non può* andarsene!» esclamò. «No, no, no... non può... non può... non può!» e subito decise di prepararsi a seguirlo, pronunciando al contempo le più diaboliche promesse di vendetta. «Oh, potessi strappargli i nervi ad uno ad uno e ballare in mezzo alle sue budella! Potessi affettare il suo cuore un po' alla volta in piccoli pezzetti e vedere il suo sangue coagularsi e gorgogliare e scorrere via in fiotti purpurei, e poi vederlo contorcersi dal dolore, ancora, ancora e ancora! Oh, oh, oh! Che vista grandiosa e magnifica sarebbe vederlo contorcersi dal dolore, ancora, e ancora!». E continuava su questo tono per ore.

Ella non pensava a nulla, non parlava di nulla, tranne che del tuttofare ormai lontano, che la maggior parte della gente iniziava adesso a considerare come una creatura non umana, soprannaturale. Lo avevano visto mangiare, bere e lavorare come tutti; eppure vi era qualcosa in lui che lo rendeva diverso dagli altri uomini. Aveva il corpo di un ragazzo, e i lineamenti di un essere antidiluviano. Alcuni pensavano che fosse un ibrido, una via di mezzo tra un ebreo e una scimmia, altri un mago, altri ancora uno spirito maligno o un folletto, ma la maggior parte era in realtà convinta che fosse un *brownie*. Cosa fosse io non lo so, e quindi non avrò la presunzione di dirlo, ma ad ogni modo, nonostante serrature e chiavi, veglie e controlli, la signora di Wheelhope riuscì ben presto a fuggire e a mettersi al suo inseguimento. I suoi guardiani avrebbero invero giurato che ella era stata portata via da una mano invisibile, poiché era impossibile che potesse fuggire a piedi come la gente comune; e fu questa versione della storia ad affermarsi nel paese, anche se le persone sensate guardavano alla questione sotto un'altra luce.

Ad esempio, quando Wattie Blythe, il vecchio pastore del signore scese dalla collina una mattina, sua moglie Bessie si rivolse a lui così [*Il dialogo che segue, nell'originale, è in dialetto scozzese. Essendo la vicenda legata indissolubilmente ad una regione geografica precisa, la Scozia appunto, non avrebbe senso sostituirlo con un qualsivoglia dialetto italiano. La scelta si è dunque indirizzata verso un italiano colloquiale, N.d.T.*]: «Che il Signore ci protegga, Wattie Blythe! Hai sentito che cosa è successo alla villa? Lì le cose vanno di male in peggio e sembra che la Provvidenza abbia abbandonato a se stessa la casa degli Sprot. Adesso saranno costretti a darla via, quella bella tenuta, che li ha distrutti tutti».

«Ma no, Bessie, non è la tenuta che ha distrutto loro, sono loro che hanno distrutto la tenuta, e con essa loro stessi. Erano una razza malvagia e degenerata e hanno continuato a peggiorare fino ad arrivare ai limiti estremi della crudeltà umana, ed era ora che il diavolo venisse a riprenderseli».

«Ah, Wattie Blythe, non hai mai detto una verità più vera. Ed è qui che termina la tua storia ed inizia la mia; perché io non so se è stato il diavolo, o i folletti, o i *brownie*, ma la nostra signora è stata portata via e tutto il paese se ne va in giro a piedi e a cavallo alla sua ricerca e ci sono duemila marchi per il primo che la trova e la riporta a casa sana e salva. Se la sono presa carne e ossa, anima e corpo, ti rendi conto, Wattie?».

«Accidenti! Mi metti paura! E dove credono che l'abbiano portata, Bessie?».

«Oh be', lo immaginano da quello che lei ha detto una volta, e credono che l'abbiano portata a quella creatura infernale, che ha causato così tanti guai alla casa. È lui che stanno cercando, perché sanno che dove c'è uno c'è anche l'altra».

«Mamma mia! È andata proprio così, Bessie? E allora, guarda, questa brutta storia non è né più né meno che questo: la signora è fuggita per amore, per così dire, ed è corsa dietro a quella canaglia di tuttofare. Ohimè, umana fragilità! Ma purtroppo è così che va la vita! Se il diavolo ci mette lo zampino, puoi stare certo che, in quattro e quattr'otto, ottiene tutto ciò che vuole. Certo, a lui gli basta un solo capello per metterti il cappio al collo, quando gli pare. Io l'ho vista quando era ancora una gran bella ragazza, ma già sospettavo che finisse male perché si prendeva gioco della religione, Bessie, e quello non è un buon segno per una giovane. E poi si è fatta nemici tutti i domestici, e tu credi che tutte le preghiere di quelle brave persone si sono perse nel vento, senza essere ascoltate? No, no, Bessie, cara mia, considera bene quello che ti dico per i nostri figli e per quelli degli altri: se vedi un giovane che non rispetta il giorno del Signore e prende in giro le regole della religione, saprai che quel giovane non farà mai nulla di buono. Che cosa ci ha guadagnato, eh, con tutto il suo burlarsi e ridere della religione e con il suo disprezzo verso quei poveracci perseguitati che si rifugiano tra le colline? È sprofondata sempre più nel peccato e nella disperazione! È scappata per correre dietro a uno sguattero!».

«Buono, buono, Wattie, ma come fai a dire queste cose? Sapevano tutti benissimo che lo odiava a morte e che ha cercato di farlo fuori più di una volta».

«Ah, Bessie, ma qui da noi in Scozia è così che si corteggia, a morsi e pizzichi; e anche se la cosa più giusta è sospendere ogni giudizio, nessuno mi toglie dalla testa, se la scoprono insieme a quella creatura, che lei gli è corsa dietro nel modo più naturale, con le sue gambe, senza nessun aiuto di folletti o di *brownie*».

«Non crederò mai a una cosa del genere di nessuna donna, figuriamoci poi di una signora già in là con gli anni».

«Che Dio ti aiuti, Bessie! Ma non lo sai fino a che punto può arrivare una natura corrotta? Anche i migliori di noi, se lasciati a se stessi, non sono poi meglio delle pecore smarrite che non riescono a ritrovare la strada per il loro pascolo, e di tutte le cose fatte di carne mortale, la peggiore è certamente una donna malvagia ».

«Povere noi! Ci date la colpa di cose che non meritiamo. Comunque, Wattie, tieni bene d'occhio le gole e le grotte della nostra valle, o forre come le chiami tu, perché la signora le conosce molto bene, e non sarebbe male se intascassimo i duemila marchi: li potremmo usare come dote per le nostre figliole».

«Certo, lo so bene, Bessie, è una bella somma. Ma ora che mi ci fai pensare, che il Signore mi perdoni, questa mattina verso la grotta del tasso ho sentito gridare una creatura come se qualcuno le stesse tagliando la gola. Mi si rizzano tutti i capelli in testa se penso che magari era la nostra signora, e che quella creatura schifosa la stava uccidendo. L'ho presa per una zuffa tra gatti selvatici e speravo che si scannassero tra loro, ma se ci ripenso, erano urla innaturali, come gli strani strilli della nostra signora».

«Che il Signore ci protegga, Wattie! Sbrigati. Mettiti il berretto, prendi il tuo bastone e va' a vedere di che si tratta».

«Ma non mi sogno neanche di andarci, Bessie».

«Su, su, Wattie, abbi fede nel Signore».

«Certo che ce l'ho. Ma uno non deve buttarsi giù da una cascata e aspettare che il Signore lo sostenga adagiandolo su una coperta, o impiccarsi ad una corda e aspettare che il Signore venga a tagliarla per tirarlo giù. E non è molto più sicuro per un vecchio pieno di dolori recarsi in un luogo selvaggio e sperduto dove uno sta ammazzando un altro... Ma lo senti anche tu, Bessie? Frena la lingua e corri alla porta a vedere chi fa questo rumore».

Bessie corse alla porta, ma ritornò ben presto completamente sconvolta, con la bocca spalancata e gli occhi fuori dalle orbite.

«Sono loro, Wattie! Sono loro! Che il Signore ci protegga! Che possiamo fare?».

«Loro? Loro chi?».

«Ma come, quella canaglia di furfante sta venendo qui trascinando la nostra signora per i capelli, e intanto la colpisce con un bastone. Sono terrorizzata! Che facciamo adesso?».

«Vedremo cosa ci dicono loro», disse Wattie, evidentemente non meno terrorizzato della moglie, e per un impulso naturale, o come ultima risorsa, aprì la Bibbia senza sapere cosa stesse facendo, quindi corse a prendere i suoi occhiali; ma prima che avesse girato due pagine i due entrarono, in verità una coppia terribile a vedersi. Merodach, con il viso decrepito e avvizzito e gli occhi da furetto, trascinava la signora di Wheelhope per i lunghi capelli striati di grigio, il volto gonfio per i lividi e le ferite e gli indumenti ricoperti di macchie di sangue.

«Ma che fate... ma che fate, signori», disse Wattie Blythe.

«Chiudi quel libro e te lo dirò, buonuomo», ribatté Merodach.

«Posso sentire quello che ha da dirmi anche con il libro aperto, signore», disse Wattie, girando le pagine come se stesse cercando un brano particolare, ma in apparenza senza sapere quello che stava facendo. «È una cosa vergognosa, e qualcuno ne risponderà. Signora, sono veramente spiaciuto di vederla ridotta così. Di certo ha sofferto, così abbandonata a se stessa…».

La signora scosse il capo ed emise una risata flebile e cupa, fissando i suoi occhi su Merodach. E che occhi! L'anziana e semplice coppia ne fu quasi sopraffatta dal terrore. Non era uno sguardo d'amore, né esclusivamente di odio, e non si trattava nemmeno di desiderio o di disgusto, ma una combinazione di tutto ciò. Era lo sguardo che un demonio getta su un altro desiderandone l'eterna distruzione. Wattie fu lieto di distogliere gli occhi dai loro volti e di fissarlo sulla Bibbia, il solido fondamento di tutte le sue speranze e delle sue gioie.

«Esigo che lei chiuda quel libro, signore», disse l'orrenda creatura, «e se non lo farà lei, lo farò io, e tanto peggio per voi», e così dicendo afferrò il libro e lo scagliò contro il muro. Bessie emise un urlo mentre Wattie rimase paralizzato; e benché sembrasse pronto a precipitarsi a recuperare il suo migliore amico, come lo chiamava, lo sguardo infernale del *brownie* lo intercettò e lo incollò alla sedia.

«Udite ciò che ho da dire, prima», disse la creatura, «poi potrete meditare a vostro piacimento sul vostro prezioso libro. Una preoccupazione alla volta è sufficiente. Sono qui per farvi un favore. Ecco, prendete questa maledetta e misera donna, che chiamate vostra signora, e consegnatela alle autorità ufficiali perché la riconsegnino a suo marito e al suo posto in società. Si è legata ad uno che la odia e che non le ha mai detto una sola parola gentile in tutta la sua vita, e benché io l'abbia picchiata come un cane, lei ancora si stringe a me e non si allontana, tanto è rapita dal lodevole scopo di tagliarmi la gola. Dite al mio padrone, e al fratello di lei, che non intendo accollarmi il peso di questa pazza. L'ho frustata, l'ho respinta e presa a calci, tormentandola di giorno e di notte, eppure non intende allontanarsi dal mio fianco. Prendetela. Tenetevi pure tutta la ricompensa, che farà la vostra fortuna. Addio».

La creatura si inchinò e fece per andarsene, ma non appena voltò le spalle la signora si mise a urlare e a dibattersi come in preda ad un dolore atroce e, nonostante gli sforzi dei due vecchi, sfuggì loro di mano e si precipitò su Merodach che si stava allontanando. Quando egli capì che non vi era null'altro da fare, si girò verso di lei e con un colpo del suo bastone la buttò a terra e, non soddisfatto, continuò a percuoterla con calci e bastonate al punto che sembrava avrebbe potuto uccidere venti persone normali. La poveretta non poteva fare nulla, ma di tanto in tanto lanciava un grido acuto, come un gatto torturato, contorcendosi e strisciando sul prato fino a quando Wattie e la moglie intervennero per impedire ulteriori violenze al suo tormentatore. Egli poi le legò le mani dietro la schiena con una robusta corda e la consegnò di nuovo alle cure dei due vecchi, che riuscirono in tal modo a trattenerla e a riportarla in casa.

Wattie non ebbe il coraggio di riportarla al maniero, ma la condusse in una delle dipendenze adiacenti dove accompagnò poi ad accoglierla il fratello di lei. L'uomo di legge si dimostrò chiaramente contrariato per la sua ricomparsa e non si fece scrupolo di manifestare il proprio malcontento, poiché quando Wattie gli raccontò in qual modo il miserabile aveva percosso la sorella e che, se non fosse stato per l'intervento suo e di Bessie, la signora sarebbe stata indubbiamente uccisa sul colpo, disse: «Ebbene, Walter, è proprio un peccato che non l'abbia fatto davvero. Che giovamento può ella trarre adesso dalla propria vita o che valore ha la sua vita per una qualunque creatura vivente? Quando si vive per gettare il discredito su tutti i membri della propria famiglia, prima si viene eliminati, meglio è».

L'uomo, tuttavia, pagò al vecchio Walter i suoi duemila marchi, una fortuna enorme per uno come lui a quell'epoca, e per non soffermarmi più a lungo su questa storia snaturata, aggiungerò solo, molto brevemente, che la signora di Wheelhope riuscì ben presto a fuggire nuovamente e a correre, come attratta da un'irresistibile malia, dal suo tormentatore. I suoi amici non la cercarono più, e l'ultima volta che ella fu vista viva stava inseguendo la selvaggia creatura mentre risaliva il corso del Daur, stremata, ferita e zoppicante, mentre egli la picchiava, quasi fosse per lui un enorme divertimento. Qualche giorno più tardi il suo corpo venne ritrovato nelle paludi selvagge, in un luogo chiamato Crook-burn, da un gruppo di *Covenanters* perseguitati che vi avevano trovato rifugio; alcuni di questi uomini erano coloro che ella aveva fatto di tutto per eliminare e che erano stati costretti, come Davide nei tempi antichi, a invocare contro di lei la maledizione e una punizione terrena. Essi la seppellirono come un cane presso il passo di Keppel e sulla sua tomba rotolarono tre grandi massi che sono visibili ancora ai giorni nostri. Quando la trovarono, il cadavere era straziato e dilaniato nella maniera più orrenda, indicando che la creatura infernale l'aveva evidentemente tormentata a morte. Egli non fu mai più visto né si sentì mai più parlare di lui, in questo regno, benché i contadini continuarono ad esserne terrorizzati ancora per molti anni; e ancora oggi vi racconteranno del *Brownie delle paludi nere*, nome che sembra aver acquisito dopo la sua scomparsa.

Questa storia mi venne narrata da un vecchio, chiamato Adam Halliday, il cui nonno, Thomas Halliday, fu tra coloro che avevano scoperto e seppellito il corpo. Sono passati molti anni da quando l'ho udita, ma per quanto possa apparire ridicolo, ricordo che fece una tremenda impressione sulla mia giovane mente. Non ho mai ascoltato una storia simile, tranne quella di un vecchio cane da caccia che inseguì una volpe sui monti Grampiani per quindici giorni e quando infine venne scoperto dagli uomini del Duca di Athole, nessuno dei due animali riusciva più a correre, ma il cane continuava ancora a inseguire la volpe, e quando quest'ultima si sdraiava accanto a lui, rimaneva fisso a guardarla, anche se incapace di farle alcun male. La passione di un rancore irriducibile sembra avere influenzato quei due esattamente allo stesso modo. Ma, nel complesso, non credo veramente che la storia possa essere vera.

Janet la Storta

Per i Celti i morti non erano mai lontani. Essi osservavano le vicende dei vivi dall'Aldilà, sempre pronti ad intervenire nella vita dei propri discendenti o nelle comunità che avevano lasciato. Oggigiorno, quando parliamo di fantasmi, ci immaginiamo delle creature eteree, cavalieri e monaci impalpabili, quasi trasparenti nella forma, che vanno in giro con la testa sotto il braccio o scivolano in qualche cimitero abbandonato come fa la nebbia. Non era certamente questa l'idea che i Celti avevano dei morti. Se ritornavano nel mondo dei vivi, i morti avevano una natura estremamente corporea, come avevano avuto in vita. Potevano mangiare e bere e persino, se necessario, intavolare una conversazione. Ed erano i fantasmi di vicini ed amici, ben conosciuti da coloro che li vedevano. In Irlanda e in alcune parti della Scozia, questi fantasmi erano i «marbh bheo», i morti che camminano di notte, «fantasmi» solidi e corporei che potevano a volte fare del male.

Riguardo ai *marbh bheo* la Chiesa si trovò in una strana posizione: non poteva condonarne la diffusa credenza, ma al contempo non poteva negarne l'esistenza, poiché erano una prova della vita dopo la morte. Quindi essa insegnava che questi spettri erano maligni e cattivi, che desideravano solo fare del male al genere umano, e che erano agenti del Demonio. In nessun altro luogo questa credenza era più solida di quanto lo fosse in Scozia.

Il celebre scrittore di Edimburgo Robert Louis Stevenson (1850-1894), autore di classici della letteratura come *L'Isola del Tesoro*, *Il Fanciullo Rapito* e *Lo Strano Caso del dottor Jeckyll e di Mister Hyde*, conosceva bene queste tradizioni. Le aveva probabilmente apprese seduto sulle ginocchia della sua amatissima tata, Alison Cunningham, o «Cummy», che gli raccontava storie terribili di presbiteriani del *National Covenant* (rigidi seguaci della Chiesa presbiteriana scozzese) e del Diavolo che faceva sì che i morti si sollevassero e andassero in giro di notte sotto forma di *marbh bheo*. Si ritiene che questo oscuro racconto di fantasmi e di stregoneria, «Thrawn Janet», (qui l'inglese «thrawn» corrisponde a «storto») sia stato composto all'incirca nello stesso periodo de *Lo Strano Caso del dottor Jeckyll e di Mister Hyde* e riflette la tradizione celtica di una presenza tangibile e maligna, in agguato nell'ombra, appena oltre il pallido bagliore della lanterna.

Janet la Storta

di Robert Louis Stevenson

Il reverendo Murdoch Soulis fu per lungo tempo ministro del culto a Balweary, una parrocchia nella brughiera, nella valle del Dule. Un vecchio severo, dal volto tetro, e terribile con chi lo ascoltava, egli abitava, negli ultimi anni della sua vita, senza alcun parente o domestico e privo della compagnia dei suoi simili nella piccola e solitaria canonica sottostante l'Hanging Shaw. Nonostante la ferrea compostezza dei suoi lineamenti, il suo sguardo era agitato, timoroso e incerto; e quando indugiava, in colloqui privati durante i quali impartiva i suoi ammonimenti, sul futuro dell'impenitente, pareva che i suoi occhi penetrassero i tumulti del tempo per fissare con sgomento l'eternità. Molti giovani, che giungevano per prepararsi alla Santa Comunione, rimanevano colpiti e terrorizzati dai suoi discorsi. Egli teneva un sermone tratto dalla Prima Lettera di Pietro, V, 8 – «Il diavolo si aggira come leone ruggente»– ogni domenica successiva al diciassette di agosto, ed era solito superare se stesso con quel testo sia per la natura spaventosa dell'argomento sia per l'aspetto terrificante che egli assumeva dal pulpito. I bambini venivano colti dalle convulsioni per il terrore, mentre gli anziani assumevano un'aria più oracolare del solito, e per tutto il giorno la loro mente era percorsa da quelle allusioni misteriose che Amleto tanto disapprovava. La canonica, che si ergeva lungo il corso del Dule tra una macchia di alberi rigogliosi, con il Shaw che lo sovrastava da un lato e dall'altro le cime fredde e brulle che si innalzavano verso il cielo, aveva iniziato, all'inizio del ministero del signor Soulis, ad essere evitata nelle ore più buie da tutti coloro che avevano stima della propria prudenza. E i maggiorenti della zona, che sedevano insieme presso la locanda del piccolo villaggio, scuotevano la testa al pensiero di attraversare a tarda ora quel territorio misterioso. Vi era un punto, per essere più precisi, che era guardato con particolare sgomento. La canonica era situata tra la strada principale e le acque del Dule, affacciandosi con un abbaino su entrambi i lati; il retro dava verso la città di Balweary, a circa mezzo miglio di distanza, mentre di fronte vi era uno spoglio giardino delimitato da siepi di biancospino e che occupava lo spazio compreso tra la strada e il fiume. La casa era di due piani, con due grandi stanze per piano. Non si apriva direttamente sul giardino ma su un sentiero, o passaggio, rialzato, che dava da una lato sulla strada e che era delimitato dall'altro dagli alti sambuchi e salici che costeggiavano il corso d'acqua. Ed era questo sentiero elevato a godere tra i più giovani parrocchiani di Balweary una reputazione tanto ignominiosa. Il ministro passeggiava spesso in quel luogo quando era buio, mandando degli alti gemiti nel fervore delle sue preghiere inespresse, e quando si trovava lontano dalla casa e la porta di questa era chiusa, i più arditi tra gli scolari si avventuravano con il cuore in gola giocando a fare gli esploratori attraverso quel luogo leggendario.

L'atmosfera di terrore che circondava, di fatto, un uomo di Dio di immacolata reputazione e ortodossia era comunemente causa di meraviglia e oggetto di curiosità da parte dei pochi stranieri che erano spinti, per affari o per caso, ad addentrarsi in quella regione remota e sconosciuta. Ma anche molti dei parrocchiani ignoravano gli strani eventi che avevano segnato il primo anno del ministero del reverendo Soulis; e tra coloro che erano meglio informati, alcuni erano naturalmente reticenti, altri si mostravano cauti su quel particolare argomento. Solo di tanto in tanto uno dei più anziani, al termine del suo terzo boccale di birra, prendeva coraggio e si metteva a raccontare la causa dello strano aspetto del ministro e della sua vita solitaria. [*Nell'originale il testo seguente, fino alla fine, è in dialetto scozzese. Vista la natura del racconto non è parso opportuno adattarlo ad un qualunque dialetto nostrano, mantenendo invece uno stile narrativo, N.d.T.*]

Cinquant'anni fa, quando il signor Soulis giunse per la prima volta a Balweary, era ancora un giovane – un ragazzo, come dicono qui – pieno di erudizione libresca e abile nell'esposizione dei testi sacri, ma, come era naturale per un uomo così giovane, con nessuna esperienza vissuta della religione. I più giovani erano affascinati dai suoi talenti e dalla sua parlantina, ma gli anziani, uomini e donne seri e riflessivi, erano spinti piuttosto a pregare per il giovane, che giudicavano un illuso, e per la parrocchia che con lui non era certo, con tutta probabilità, in ottime mani. Ciò avveniva prima dell'era dei «moderati» – che vadano al diavolo, ma le cose cattive sono come quelle buone, vengono a poco a poco, un po' alla volta – e anche allora vi era chi diceva che il Signore avesse abbandonato i professori universitari a se stessi, e che i giovani che si recavano a studiare presso di loro avrebbero fatto meglio a starsene seduti in mezzo alla palude, come i loro antenati al tempo della persecuzione, con una Bibbia sotto il braccio e nel cuore uno spirito di preghiera. Non vi era alcun dubbio, comunque, che il signor Soulis avesse frequentato l'università per un tempo molto lungo. Era attento e si preoccupava per molte cose, tranne che per l'unica veramente necessaria. Egli aveva con sé un mucchio di libri – più di quanti quella parrocchia avesse mai visto, e chi li trasportò ebbe un bel da fare, poiché stavano per andare a fondo nella Palude del Diavolo, tra Balweary e Kilmackerlie. Erano ovviamente libri di teologia, o così li chiamavano, ma i più saggi erano dell'opinione che ce ne fossero troppi, dal momento che la Parola di Dio può entrare in una tasca. Là egli sedeva per metà del giorno e metà della notte, il che non era troppo decoroso – nientedimeno che a scrivere; e all'inizio si temeva che avrebbe letto i suoi sermoni, ma poi si scoprì che stava scrivendo un libro, cosa che di certo non si addiceva né alla sua età né alla sua poca esperienza.

Ad ogni modo, era necessario trovargli una governante anziana e rispettabile che gli tenesse in ordine la canonica e gli cucinasse i pasti; gli venne quindi raccomandata una vecchia megera – Janet McClour, così la chiamavano – ed egli non tardò a farsi convincere. Molti, in verità, lo consigliarono del contrario, poiché Janet era più che sospetta alla brava gente di Balweary. Molto tempo prima aveva avuto un figlio con un soldato dei Dragoni, non andava in chiesa da almeno trent'anni e dei ragazzini l'avevano vista borbottare tra sé e sé su al Kelly's Lane all'imbrunire, e si consideri che si trattava di un'ora e di un luogo poco adatti ad una donna timorata di Dio. Comunque, era stato il signore di quelle terre in persona a parlare di Janet al reverendo, e in quei giorni egli avrebbe fatto molta strada pur di fargli piacere. Quando qualcuno gli disse che Janet era parente del Diavolo, secondo lui si trattava solo di superstizioni, e quando gli tirarono fuori la Bibbia e gli parlarono della strega di Endor, egli li rimproverò aspramente, dicendo che quei giorni erano passati e che il Diavolo era stato, per grazia di Dio, posto sotto controllo.

Ebbene, quando al villaggio si sparse la notizia che

Janet McClour avrebbe servito presso la canonica, la gente si arrabbiò molto, sia contro di lei sia contro di lui. E alcune delle donne più in vista del paese non ebbero niente di meglio da fare che radunarsi davanti alla sua porta e rovesciarle addosso tutto ciò che si sapeva di lei, dal bambino avuto dal soldato alle due vacche di John Thomson. Janet non parlava molto, la gente generalmente la lasciava andare per la sua strada, e lei per la loro, senza un buongiorno o un buonasera, ma quando qualcuno la irritava, aveva una lingua da assordare un mugnaio. Ella quindi saltò su e non vi fu vecchia storia circolata a Balweary per la quale non mettesse in ridicolo i loro difetti; non riuscivano a dire una cosa che lei ne diceva due, fino a quando le donne la acchiapparono, le tolsero i vestiti e la trascinarono al villaggio, alle acque del fiume Dule, per vedere se era o no una strega, a seconda che galleggiasse o annegasse. La vecchia megera si mise a strillare al punto che si poteva sentirla fino all'Hanging Shaw, e lottava con la forza di dieci, al punto che molti comari ne portarono i segni il giorno successivo, e altre molto tempo dopo. E proprio al culmine del parapiglia chi comparve (mal gliene incolse) se non il nuovo ministro?

«Donne», disse con voce tonante, «vi ordino nel nome del Signore di lasciarla andare».

Janet corse da lui – quasi impazzita dal terrore – si aggrappò a lui e lo pregò, per amore di Cristo, di salvarla da quelle donne, mentre quelle, da parte loro, gli riferirono tutto ciò che si sapeva su di lei, e forse anche di più.

«Donna», egli disse a Janet, «è vero tutto ciò?».

«Così come il Signore mi vede», ella rispose, «e come il Signore mi ha fatta, non una sola parola è vera.

Eccetto il bambino», continuò, «sono stata una donna onesta tutta la mia vita».

«Vuoi tu», disse il signor Soulis, «nel nome di Dio e di fronte a me, Suo indegno ministro, rinunciare al diavolo e a tutte le opere della sua malizia?».

Ebbene, sembrerebbe che quando egli le pose questa domanda, ella diede uno strillo che spaventò tutti i presenti e si poterono udire stridere i suoi denti. Ma non vi era nulla da fare, se non dare una risposta o un'altra, e Janet alzò la mano e rinunciò al diavolo davanti a tutte loro.

«Ed ora», disse il signor Soulis a quelle brave donne, «andatevene tutte a casa e pregate il Signore affinché vi conceda il Suo perdono».

E porse a Janet il suo braccio, benché ella avesse ben poco addosso, oltre alla camicia, e la riportò al villaggio davanti alla porta di casa sua, come una vera signora, mentre ella mandava risa e grida che era uno scandalo a sentirsi.

Molte persone sensate indugiarono quella notte nelle loro preghiere, ma quando giunse il mattino, Balweary venne percorsa da una tale paura che i bambini corsero a nascondersi e persino gli adulti rimasero rintanati, gettando di tanto in tanto uno sguardo fuori dalla porta. E questo perché Janet stava scendendo giù per il paese – lei o qualcosa che le assomigliava molto – con il collo ritorto e la testa da un lato, come quella di un impiccato, e una smorfia sul viso come quella di un cadavere non ricomposto. Con il passare del tempo si abituarono a lei e giunsero persino ad interrogarla per sapere che cosa le era capitato, ma da quel giorno in avanti ella non riuscì più a parlare da cristiana, ma sbavava e faceva schioccare i denti come delle cesoie; e da quel giorno in avanti il nome di Dio non fu mai più udito sulle sue labbra. Ogni tanto ci provava, ma non le riusciva. Coloro che più sapevano, meno dicevano; ma mai diedero a quella Cosa il nome di Janet McClour, poiché la vecchia Janet, secondo loro, era andata di filato all'inferno quel giorno. Il ministro, però, non intese dare ascolto a nessuno né piegarsi; predicava solamente sulla crudeltà dei paesani che le avevano provocato la paralisi, prendeva a schiaffi i bambini che la tormentavano e quella notte stessa la prese ad abitare con sé nella canonica sotto l'Hanging Shaw.

Ebbene, passò un po' di tempo e i più indolenti iniziarono a preoccuparsi di meno di quella oscura faccenda. Il ministro aveva una buona reputazione, anche se scriveva sempre fino a tardi e la gente poteva vedere la sua candela accesa accanto alle acque del Dule fino a dopo la mezzanotte. Egli inoltre sembrava assai soddisfatto di sé e molto riservato, anche se chiunque avrebbe potuto vedere che stava deperendo. Per quanto riguarda Janet, ella andava e veniva e se prima non parlava molto, vi era adesso motivo perché parlasse ancor meno; non si immischiava con nessuno, ma era una cosa orrida a vedersi e nessuno si sarebbe sognato di ingannarla riguardo alle prebende di Balweary.

Verso la fine di luglio si verificò un periodo di afa come mai vi fu in quella regione, una calura opprimente e arsa; le greggi non riuscivano a salire sulla Black Hill, i bambini erano troppo stanchi per giocare, eppure vi erano anche raffiche di un vento rovente che soffiavano violente nelle vallate e brevi scrosci di pioggia che non alleviavano per nulla la situazione. Ogni volta si pensava che la mattina si sarebbe finalmente scatenato un temporale, ma la mattina veniva, e dopo quella altre mattine, e vi era sempre lo stesso clima impossibile, tormento per uomini e animali. Tra coloro che stavano peggio, nessuno soffriva più del signor Soulis. Non riusciva a dormire, non riusciva a mangiare, così disse agli anziani, e quando non scriveva sfinendosi sul suo libro, andava vagando per la campagna come fosse posseduto, laddove tutti erano lieti di potersene stare rintanati in casa al fresco.

Al di sopra dell'Hanging Shaw, al riparo della Black Hill, vi è un terreno chiuso da un recinto di ferro, e sembra che lì, un tempo, vi fosse il cimitero di Balweary, consacrato dai papisti prima che la vera luce brillasse sul nostro regno. Là accanto il signor Soulis soleva indugiare a lungo, sedendo e meditando sui suoi sermoni, essendo invero quello un luogo assai tranquillo. Ebbene, giungendo un giorno sul lato occidentale della Black Hill, egli vide per prima cosa due, poi quattro e infine sette cornacchie grigie che volavano in cerchio al di sopra del vecchio camposanto. Volavano, gracchiando, basse e pesanti, e fu subito chiaro al signor Soulis che qualcosa le aveva disturbate. Egli non si spaventava con facilità, e si diresse subito verso le mura del recinto; e che cosa vi trovò se non un uomo, o qualcosa che aveva l'aspetto di un uomo, seduto all'interno su una tomba. Era un individuo enorme, nero come l'inferno, e i suoi occhi erano davvero strani a vedersi. Il signor Soulis aveva sentito parlare molte volte di uomini neri, ma vi era qualcosa di misterioso in questo, che lo intimidiva. [*Nota del curatore*: Vi era una diffusa credenza in molte parti della Scozia, specialmente tra i presbiteriani, che il Diavolo assumesse spesso la forma di un uomo nero per poter compiere le sue malefatte nel mondo. Riferimenti a un uomo nero, a volte dai piedi caprini, compaiono in Scozia in numerosi processi alle streghe, dove egli viene descritto come il Maestro del Sabba, il convegno delle streghe]. Per quanto facesse caldo, egli venne percorso da una specie di brivido fino al midollo, ma ciononostante parlò e disse: «Amico, siete forestiero da queste parti?». L'uomo nero non disse una sola parola, si alzò in piedi e si diresse verso l'ovile, nel punto più lontano del recinto. E mentre lo faceva teneva gli occhi fissi sul ministro, e questi li teneva fissi su di lui, e all'improvviso l'uomo nero si mise a correre verso la macchia di alberi in cui era la canonica. Il signor Soulis lo seguì, senza sapere perché, ma era già esausto dalla camminata e dal caldo soffocante e quindi riuscì appena a correre e a scorgere l'uomo nero tra gli alberi, fino a quando giunse ai piedi della collina e là vide nuovamente l'uomo che andava, saltando sulle acque del Dule, verso la canonica.

Il signor Soulis non fu molto lieto che questo terribile vagabondo si prendesse tante libertà con la canonica di Balweary, e si mise a correre più che poté, bagnandosi le scarpe nel corso d'acqua, e poi via lungo il sentiero; ma quel diavolo di uomo nero era scomparso. Allora si recò sulla strada principale, ma non vi era nessuno, ispezionò il giardino ma no, non vi era nessun uomo nero nemmeno là. Alla fine, un po' inquieto com'era naturale, sollevò il saliscendi ed entrò in casa; e là, davanti ai suoi occhi, stava Janet McClour con il suo collo storto, non troppo felice di vederlo. Ed egli si ricordò che, non appena aveva posato i suoi occhi su di lei, aveva avuto lo stesso brivido gelido e mortale.

«Janet», disse, «hai visto un uomo nero?».

«Un uomo nero!» rispose lei. «Dio ci salvi tutti! Non si dimostra saggio, ministro. Non ci sono uomini neri a Balweary».

Ma non parlò in modo chiaro, dovete capire, ma farfugliando, come un cavallino con il morso in bocca.

«Ebbene, Janet», egli disse, «se non ci sono uomini neri io ho parlato con l'Accusatore dei Fratelli in persona».

E si sedette come in preda ad una febbre, con i denti che battevano forte.

«Sciocchezze», ella disse. «Dovreste vergognarvi di voi stesso, ministro», e gli versò un bicchierino di un brandy che teneva sempre con sé.

Poi il signor Soulis si recò nel suo studio in mezzo ai suoi libri. Era una stanza lunga, bassa, tetra, fredda da morire in inverno e non molto asciutta nemmeno in piena estate, dal momento che la canonica sorgeva nei pressi del fiume. Si sedette, quindi, e ripensò a tutto quello che era accaduto a Balweary da quando era arrivato, e alla sua casa e ai giorni in cui era piccolo e correva giocando sulle colline; ma l'uomo nero rimaneva sempre nella sua mente, come un ritornello che continua a ripetersi. E più pensava, più pensava all'uomo nero. Cercò di pregare, ma non riusciva a trovare le parole; poi, si dice, cercò di scrivere qualcosa nel suo libro, ma anche in questo caso non riuscì a concludere nulla. Vi erano momenti in cui gli sembrava che l'uomo nero gli stesse con il fiato sul collo, e un sudore freddo gli scorreva addosso come acqua di pozzo; e vi erano altri momenti in cui ritornava in sé, tranquillo come un bambino appena battezzato, e non si curava di nulla.

Alla fine si mise alla finestra e rimase ad osservare le acque del Dule. Gli alberi erano insolitamente folti e l'acqua scorreva profonda e nera sotto la canonica, e Janet stava lavando i panni con l'abito rimboccato. Ella dava le spalle al ministro e questi, da parte sua, non sapeva nemmeno che cosa stava guardando. Ma quando si girò, ella mostrò il suo viso. Il signor Soulis venne percorso dal medesimo brivido gelido che aveva già provato due volte quello stesso giorno, e gli venne improvvisamente in mente ciò che diceva la gente, che Janet era morta da molto tempo e che questo era uno spettro rivestito della sua fredda carne. Si ritrasse un poco e si mise ad osservarla con attenzione. Ella stava sbattendo i panni e canticchiava sottovoce, e oh! che Dio ci guidi, il suo viso era assolutamente spaventoso. A volte cantava più forte, ma nessun nato da donna avrebbe potuto distinguere le parole della sua canzone, e a tratti lanciava delle occhiate di sottecchi, ma non vi era nulla da vedere. Un fremito di disgusto gli percorse tutto il corpo, fino alle ossa, e si trattò certo di un ammonimento dal cielo. Ma il signor Soulis, invece, rimproverò se stesso, si disse, per avere pensieri così malvagi nei confronti di una povera disgraziata che non aveva un amico al mondo tranne lui stesso; poi recitò una breve preghiera per sé e per lei, bevve un po' di acqua fredda – dal momento che l'idea della carne lo disgustava – e si distese sul suo nudo giaciglio sul far della sera.

Quella fu una notte che non verrà mai dimenticata a Balweary, la notte del diciassette agosto del 1712. Anche prima faceva caldo, come ho già detto, ma quella notte fu più calda che mai. Il sole era tramontato tra nuvole dall'aspetto sinistro, e calò una notte buia come la pece, senza una sola stella nel cielo né un alito di vento, al punto che non sareste riusciti a vedere la vostra mano se l'aveste messa davanti agli occhi; e anche gli anziani scalciavano via le coperte dal letto e rimanevano boccheggianti e senza respiro. Con tutto quello che girava nella sua mente, era assai improbabile che il signor Soulis riuscisse a dormire molto. Si agitava nel suo letto che, per quanto fresco, pareva bruciargli le ossa. Si addormentava ma si risvegliava subito dopo: ora sentiva battere le ore notturne, ora udiva un cane ululare nella brughiera, come se ci fosse un morto; a tratti, credeva di udire gli spettri sussurrargli all'orecchio e a tratti, poi, vedeva i folletti girare nella stanza. Necessariamente, egli pensò, si stava ammalando, e ammalato era veramente, ma ammalato di che cosa, non riusciva a comprenderlo.

Infine la mente gli si schiarì un poco, ed egli si sedette sulla sponda del letto nella sua camicia da notte e si rimise a pensare all'uomo nero e a Janet. Non riusciva bene a capire come – forse era per il freddo che sentiva ai piedi – ma ebbe l'intuizione improvvisa che vi fosse una qualche connessione tra i due e che l'uno o l'altra, se non entrambi, fossero dei fantasmi. E proprio in quel momento, nella camera di Janet che era vicina alla sua, vi fu uno scalpiccio di piedi, poi un colpo forte, quindi una folata di vento attraversò i quattro angoli della casa, e infine tutto ripiombò nuovamente in un silenzio di tomba.

Il signor Soulis non aveva paura né degli uomini né del diavolo. Afferrò la scatola degli acciarini, accese una candela e in tre passi fu alla porta della camera di Janet. Questa aveva il saliscendi alzato, egli quindi l'aprì con una spinta e vi guardò dentro risolutamente. Era una stanza ampia, come quella dello stesso parroco, arredata con mobili imponenti, antichi e robusti, che erano gli unici che aveva. Vi era un letto a baldacchino rivestito con paramenti antichi, un bel mobile di quercia che conteneva tutti i libri di teologia del reverendo, messi lì per toglierli di mezzo, mentre le poche cose di Janet giacevano qua e là sul pavimento. Ma della stessa Janet il signor Soulis non vide traccia, né alcun segno di lotta. Allora egli entrò (e pochi lo avrebbero seguito) guardandosi intorno e tendendo le orecchie. Ma non vi era nulla da udire, né in quella casa né in tutta la parrocchia di Balweary, e nulla da vedere se non le ombre che si ammassavano girando intorno alla candela. E allora, all'improvviso, il cuore del reverendo diede un balzo e quasi si fermò, mentre un vento gelido gli fece rizzare i capelli in testa. Che vista orrenda si presentò davanti agli occhi del pover'uomo! Poiché Janet era là, appesa ad un chiodo accanto al vecchio mobile di quercia, con la testa ripiegata su una spalla, gli occhi vuoti, la lingua penzoloni dalla bocca e i calcagni sollevati a due piedi da terra.

«Che Dio ci protegga!» pensò il signor Soulis, «la povera Janet è morta».

Fece un passo verso il cadavere e il suo cuore si mise a battere furiosamente nel petto. Poiché, per quale incantesimo nessun uomo dabbene potrebbe dire, ella era appesa ad un solo chiodo e con un unico filo da rammendo.

È terribile trovarsi soli di notte accanto a tali prodigi delle tenebre, ma il signor Soulis era forte della sua fede nel Signore. Egli si girò e uscì dalla stanza, chiudendo a chiave la porta dietro di sé; quindi discese le scale, gradino dopo gradino, con un passo pesante come il piombo e appoggiò la candela sul tavolo ai piedi della scala. Non riusciva a pregare, non riusciva a pensare, mentre un sudore freddo gli scendeva lungo la schiena, e nulla riusciva ad udire se non i colpi violenti del proprio cuore. Rimase così forse un'ora, forse due, la cosa non gli importava, quando all'improvviso udì uno strano e sommesso trambusto al piano di sopra. Qualcuno camminava avanti e indietro nella camera dove si trovava il cadavere; poi la porta si aprì, benché egli ricordasse bene di averla chiusa a chiave; quindi vi fu un rumore di passi sul pianerottolo e gli sembrò che il cadavere si sporgesse dalla ringhiera per guardare in giù, dove egli si trovava.

Egli afferrò nuovamente la candela – poiché non poteva fare a meno di una luce – e con il passo più leggero che poté uscì subito dalla canonica dirigendosi all'estremità del sentiero rialzato. Era sempre buio come la pece, e la fiamma della candela, quando la depose al suolo, bruciava ferma e luminosa come fosse in una stanza; nulla si muoveva eccetto le acque del Dule che scivolava singhiozzando lunga la vallata, e quello strano passo maledetto che scendeva pesantemente le scale nella canonica. Conosceva quel passo molto bene, era quello di Janet, e ad ogni passo che sentiva più vicino, le sue viscere erano attanagliate sempre più da un terrore gelido. Egli raccomandò la sua anima a Colui che lo aveva creato e lo proteggeva, e «Oh, Signore», disse, «dammi la forza questa notte di combattere contro le forze del male».

E adesso il passo era ormai arrivato alla porta di casa; poté udire una mano strisciare contro il muro, come se l'orrenda creatura stesse procedendo a tentoni. I rami degli alberi si agitarono e frusciarono l'uno contro l'altro, un lungo sospiro attraversò le colline, e la fiamma della candela si contorse freneticamente. E là, sulla soglia della canonica, stava ritto il cadavere di Janet la Storta, nella sua camicia da notte e avvolta nella sua coperta nera, con la testa sempre ripiegata sulla spalla e il ghigno maligno sempre stampato sul volto – viva, avrebbero detto tutti – morta, come il signor Soulis ben sapeva.

È una cosa strana che l'anima dell'uomo sia tanto solidamente aggrappata al suo corpo mortale, ma il reverendo vide tutto ciò e il suo cuore non si spezzò.

Ella non rimase lì ritta a lungo; iniziò a muoversi di nuovo, e lentamente, verso il signor Soulis che si trovava sotto i rami. Gli occhi di lui mandavano bagliori e dal suo corpo sprizzava tutta la sua vitalità. Parve poi che ella volesse parlare, ma non trovasse le parole, e fece allora un cenno con la mano sinistra. Un colpo di vento, come il soffio di un gatto, spense la candela, e i rami stridettero come fossero vivi e il signor Soulis seppe, per la vita o per la morte, che quella era la fine.

«Strega, fattucchiera, demonio!» gridò. «Ti ordino, nel nome di Dio, vattene. Se sei morta, torna nella tomba e se sei dannata all'inferno!».

E in quel momento la mano stessa del Signore, dall'alto dei Cieli, colpì l'Orrore dove questo si trovava. Il vecchio, morto e sconsacrato corpo della strega, tanto a lungo lontano dalla tomba e tormentato dai demoni, prese fuoco come stoppia e ricadde al suolo in cenere. Subito dopo vi fu un potente rimbombo, seguito da un fragore di tuoni e da una pioggia scrosciante, e il signor Soulis fece un balzo oltre la siepe del giardino e corse, lanciando forti grida, fino al villaggio.

Quella stessa mattina, John Christie vide l'Uomo Nero passare il Muckle Cairn allo scoccare delle sei; prima delle otto era nei pressi della locanda di Knockdown; e non molto tempo dopo Sandy McLellan lo vide scendere dai pendii dopo Kilmackerlie. Pochi dubitano che fosse stato lui a infestare tanto a lungo il corpo di Janet, ma alla fine se n'era andato e da allora il diavolo non ci ha mai più dato fastidio, qui a Balweary.

Ma per il reverendo fu un'esperienza terribile; rimase a delirare nel suo letto a lungo, molto a lungo e da quel momento in poi è stato l'uomo che tuttora conosciamo.

Lo spettro di Botathen

La maggior parte di noi, oggigiorno, ha un'idea quasi stereotipata dei fantasmi. Per noi gli spettri appartengono alle dame e ai gentiluomini dei tempi passati – che a volte portano la testa sotto il braccio – oppure sono quelli di monaci eterei, che scivolano senza meta in una qualche dimora cadente o in un'abbazia decaduta, avendo apparentemente come unico scopo quello di terrorizzare gli incauti. Queste concezioni appartengono alla cultura inglese di epoca vittoriana, e assomigliano molto poco ai fantasmi degli antichi Celti. Per questi ultimi gli spettri non erano necessariamente le ombre disincarnate di aristocratici o monaci che andavano in giro gemendo e comportandosi in maniera assolutamente bizzarra; erano piuttosto gli spiriti riconoscibili degli amici e dei parenti che facevano ritorno dall'Aldilà per un tempo determinato e che si comportavano quasi sempre come quando erano in vita. In un famoso racconto della contea irlandese di Tyrone, il fantasma di un eccentrico «personaggio» locale, Frank McKenna, diventa esso stesso una figura caratteristica di dimensioni ancora più mitiche, comparendo a mezzanotte per raccontare barzellette e storielle ad un gruppo di persone, analogamente a quanto farebbe un odierno cabarettista. In alcuni casi, i fantasmi non erano necessariamente creature da temere.

Tuttavia, quando la Chiesa iniziò ad interessarsi dei fantasmi, questi assunsero un aspetto assai più minaccioso, alla luce degli insegnamenti religiosi. Gli uomini di chiesa si trovarono in una posizione abbastanza scomoda: non potevano di fatto negare l'esistenza dei fantasmi, poiché ciò avrebbe voluto dire negare l'aspetto soprannaturale sul quale si fondavano le loro convinzioni fondamentali, ma non potevano approvarne la presenza, dal momento che questa metteva in dubbio la natura conclusiva della morte per gli esseri umani e la cessazione di ogni coinvolgimento dei defunti nella vita terrena, anche queste cose nelle quali la Chiesa credeva. I fantasmi, quindi, divennero agli occhi dei giusti esseri terrificanti e minacciosi, sempre pronti a fare del male. Eppure, in un certo senso, gli stessi uomini di chiesa non erano poi così distanti dagli antichi druidi celtici, in quanto erano gli interpreti dei fenomeni soprannaturali e venivano spesso chiamati a tenerli a freno. Questa prospettiva si inserì nel folklore e negli scritti basati sulla tradizione celtica, particolarmente in Cornovaglia, dove sono assai numerosi i racconti che parlano dei «parroci» (i locali uomini di chiesa) che ora invocavano ora scacciavano fantasmi e spiriti.

Il reverendo Robert Stephen Hawker (1803-1875) fu vicario di Morwenstow in Cornovaglia; si attribuisce a lui la composizione di quello che viene ampiamente considerato l'inno nazionale della Cornovaglia, «Men of the West» (Uomini dell'ovest). Era anche un collezionista di antichità e studioso di folklore, e nutriva interesse nel raccogliere racconti di fantasmi e di magia risalenti all'antica tradizione della sua regione. Di tanto in tanto Hawker scrisse anche racconti di fantasia, basati sulle leggende popolari e sulle storie di fantasmi a lui note. «The Botathen Ghost» (Lo spettro di Botathen) fa parte di queste ultime, e riflette le lotte della Chiesa contro i fantasmi delle epoche passate nel corso del diciassettesimo secolo in Cornovaglia. Gran parte del testo, si sospetta, deriva dalle leggende popolari che lo stesso Hawker aveva raccolto girando per tutta la Cornovaglia.

Lo spettro di Botathen

di R. S. Hawker

Vi era qualcosa di molto doloroso e bizzarro nella condizione del clero nell'Ovest dell'Inghilterra durante il diciassettesimo secolo. In quei giorni la Chiesa si trovava in uno stato transitorio, e i suoi ministri, come il suo rituale, incarnavano una strana mescolanza di vecchie credenze e nuova interpretazione. [*Nota del curatore*: In alcune parti della Cornovaglia alcune pratiche celtiche pagane continuarono ad esistere fino al sedicesimo e al diciassettesimo secolo e anche oltre, e alcune di esse vennero persino incorporate nei rituali della Chiesa. La religione celtica aveva radici particolarmente profonde in Cornovaglia, e non sorprende quindi che alcune delle antiche usanze sopravvissero. Tuttavia, all'incirca nella metà del 1600 si cercò in vari modi di eliminare tutte quelle pratiche religiose che potevano avere delle connotazioni pagane, ed è per questo che in Cornovaglia la Chiesa si trovò in uno stato di transizione.] La grande distanza che li separava da quella metropoli, centro pulsante della vita e della moda, che era la città di Londra – che in quei giorni rappresentava la civiltà in Inghilterra, proprio come attualmente la rappresenta Parigi in Francia – privava nello specifico il clero della Cornovaglia di ogni accesso personale alle migliori menti dell'epoca e della loro professione. Inoltre l'ostacolo interposto dalle strade rudimentali e accidentate della regione, e dalle abitazioni situate in zone remote e quasi inaccessibili rendevano l'esistenza del vescovo una dottrina suggerita dalla fede piuttosto che un fatto rivelato dalla visione effettiva di ciascun individuo nella sua generazione. Avvenne quindi che in Cornovaglia l'uomo di chiesa, isolato nell'ambito della propria sfera limitata, spesso senza nemmeno l'assistenza di un signorotto di campagna – ed esente dal controllo e dall'influenza del Quarto Stato, poiché fino agli inizi del diciannovesimo secolo il *Flindell's Weekly Miscellany*, distribuito di casa in casa a dorso di mulo fu l'unica luce dell'ovest –, sviluppava, raggiunta la mezza età, una mentalità originale, unica ed assoluta nell'ambito dei confini della parrocchia, eccentrica se paragonata ai suoi confratelli delle regioni più civilizzate e purtuttavia, secondo un detto tedesco, «completa e al contempo rara» nel suo dominio delle anime. Egli era «il parroco» secondo la definizione canonica, o meglio Il parroco, qualcuno che contava tra la sua gente. Questi individui, tuttavia, non uniformavano la loro vita e le loro usanze alla monotonia di un'esistenza isolata e solitaria. Essi assorbivano, ciascuno nella sua cerchia particolare, il colore degli elementi che li circondavano e si permeavano di una tonalità e di un carattere distintivo grazie al loro contatto con ambienti e persone di genere assai diverso l'uno dall'altro. Vi era la «luce di altri giorni», il curato delle zone costiere, che dichiarava di poter limitare il disordine degli «sbarchi dei contrabbandieri» grazie alla sua presenza sulla spiaggia, e che «teneva alta la lanterna» per guidare il suo gregge quando la notte era oscura, essendo questo l'unico ruolo ecclesiastico propriamente detto che poteva avere negli avvenimenti. Egli veniva placato e messo a tacere dal dono di un barilotto di gin fabbricato in Olanda o di una cassa di tè. Vi era l'allegro ministro delle miniere, la cui parrocchia era popolata in prevalenza da uomini che lavoravano nel sottosuolo. Doveva essere necessariamente un poeta e un artista, a modo suo, dal momento che aveva il compito di rallegrare la sua gente tre o quattro volte all'anno allestendo un «Mistero», o una sacra rappresentazione, che veniva messo in scena in vasti anfiteatri ricavati all'interno di conche naturali in cima a collinette verdi, di cui molti sopravvivono ancora oggi, e che potevano contenere fino a duemila spettatori su sedili scavati nel tappeto erboso. Si trattava di opere classiche come «La Creazione» o «Il Diluvio Universale», che esistono ancora nell'originale celtico oltre che nella versione inglese e che suggeriscono fino a che punto il curato della Cornovaglia, direttore di scena in questi spettacoli, doveva possedere doti da critico e da studioso di antichità, dal momento che la lingua nativa della Cornovaglia non cessò di esistere fino alla fine del diciassettesimo secolo. [*Nota del curatore*: Ciò può non essere strettamente vero, dal momento che l'ultimo parlante in cornico, la lingua celtica della Cornovaglia, viene tradizionalmente identificato con Dolly Pentreath, la pescivendola di Mousehole, la cui data di morte viene fissata al 1777. È possibile che Dolly non fosse realmente l'ultima parlante di questo tipo, poiché, all'epoca della sua morte, si fa menzione di un altro nativo della Cornovaglia, parlante la lingua del luogo, John Nancarrow di Marazion, allora dell'età di 45 anni. Tuttavia è anche possibile che egli parlasse cornico solo come seconda lingua rispetto all'inglese. La lingua della Cornovaglia, quindi, sopravvisse fino a dopo la fine del diciassettesimo secolo.] Inoltre, ogni tanto, poteva succedere che un ministro del culto avesse una conoscenza più accurata rispetto ai suoi confratelli dei misteri di una cultura profonda ed emozionante, dal fascino peculiare. Si trattava spesso di un individuo distintosi grandemente in università per le sue doti naturali e la sua conoscenza di testi eruditi che nessun altro era in grado di leggere e che, dopo aver preso gli ordini sacri, aveva ricevuto dal vescovo un mantello di seta scarlatta da mettere sulle spalle in chiesa; il mantello aveva un potere particolare, conferitogli dal presule, e quando il parroco lo avesse indossato avrebbe potuto «tenere a bada ogni fantasma o spirito maligno» e persino «fermare un terremoto».

Tra questi ministri tanto potenti da poter ingaggiare una lotta contro i pericoli soprannaturali vi fu un certo parroco Rudall di Launcetown, del quale apprendiamo la vita e le imprese dalle tradizioni locali del tempo, da lettere e memoriali giunti sino a noi e, di fatto, dal suo diario personale, finito casualmente in mano a chi scrive. Invero saranno molti gli abitanti della Cornovaglia che riconosceranno la leggenda del parroco Rudall e dello Spettro di Botathen come uno dei ricordi della propria infanzia.

Sembra, quindi, dal diario di questo dotto maestro della scuola secondaria – poiché era questa la sua occupazione, oltre a quella di curato a vita della parrocchia – «che una pestilenza scoppiò nella nostra città agli inizi dell'anno 1665; sì, il morbo invase anche la mia scuola, al punto che alcuni degli studenti più anziani si ammalarono e morirono. Tra coloro che caddero sotto la maligna influenza vi fu John Eliot, figlio maggiore e devoto erede di Edward Eliot, Cavaliere di Trebursey, un giovane di soli sedici anni, ma di intelligenza non comune e promettente abilità. Su sua speciale richiesta e per suo ardente desiderio, acconsentii a pronunciare io il suo sermone funebre». Bisogna qui ricordare che, per quanto strano e singolare possa sembrare a noi che un semplice ragazzo debba formalmente richiedere l'adempimento di tale compito da parte del suo maestro, ciò era perfettamente in linea con le usanze dell'epoca. Gli antichi riti funebri per i morti erano stati aboliti per legge, e al posto di sacramenti e cerimonie, stantii e fuori moda, l'unico sostituto che sopravvisse fu il desiderio generale «di partecipare», come si diceva, ad un discorso postumo, carico di elevate espressioni di elogio e di ricordi lusinghieri dei vivi e dei morti. Il diario continua così:

«Assolsi al mio dovere e predicai davanti alla bara alla presenza di un'assemblea numerosa composta da parenti in lutto e amici in lacrime. Un anziano gentiluomo, che si trovava in quel momento in chiesa, un certo signor Bligh di Botathen, rimase assai colpito dal mio discorso e qualcuno lo udì ripetere tra sé alcuni passaggi di questo, specialmente un'espressione tratta da Virgilio Marone che io avevo attribuito al giovinetto defunto: *Et puer ipse fuit cantari dignus*.

«La ragione per cui l'anziano signore fu tanto commosso dalla mia citazione era questa: egli aveva un figlio unico – un ragazzo che, solo pochi mesi prima, non sarebbe stato indegno della descrizione da me fatta del giovane Eliot ma che, per uno strano caso, aveva da poco deluso tutte le speranze deposte in lui dai genitori ed era divenuto capriccioso, cupo e disperato. Al termine delle onoranze funebri ero appena uscito dalla chiesa quando fui avvicinato dall'anziano genitore, che mi supplicò in modo ossessivo e con notevole energia di recarmi immediatamente con lui presso la sua dimora di Botathen quella stessa sera; e non sarei riuscito a sbarazzarmi della sua insistente presenza se il signor Eliot non avesse insistito nel volermi avere suo ospite. Riuscii quindi a liberarmi, ma non senza avere promesso solennemente di fargli visita al mattino presto il giorno successivo».

La «Villa», com'era chiamata, di Botathen, dove il vecchio signor Bligh risiedeva, era un palazzo del quindicesimo secolo dalle spesse mura, con un basso tetto a doppio spiovente, finestre a bifora e una serie di comignoli in pietra grigia proveniente dalle vicine miniere di Ventor-gan. Adiacente all'edificio vi era un piccolo parco recintato e tutto intorno correva un solenne boschetto di alberi frondosi. La casa aveva un aspetto tenebroso, datole dal tempo e dalla solitudine, e appariva lo scenario ideale di eventi strani e soprannaturali. Ogni cupa radura circostante avrebbe potuto dare origine a una leggenda sinistra e si sarebbe potuto credere tranquillamente che all'interno delle sue mura vi fosse un stanza infestata dai fantasmi. Qua, fedele al suo appuntamento, il parroco Rudall si presentò il giorno dopo. Era stato invitato anche un altro sacerdote che gli andò incontro e subito dopo il suo arrivo gli propose una passeggiata nel parco, con il pretesto di mostrare al nuovo arrivato i sentieri che correvano tra gli alberi, fino a quando il suono della campana non li avesse convocati per il pranzo. Là, con enorme dovizia di particolari e con molte pause solenni, il confratello si impegnò a «svelare il mistero.

Un'insolita infelicità, egli dichiarò, era calata sul giovane Bligh, un tempo il promettente erede delle ricchezze dei suoi genitori e delle terre di Botathen. Se sin da fanciullo era stato un ragazzo allegro e spensierato, «la gioia», come l'Isacco biblico, della vecchiaia di suo padre, egli era improvvisamente divenuto, di recente, silenzioso e scontroso – anzi, persino austero e severo – rimanendo perennemente in disparte, sempre con un'aria cupa, spesso in lacrime. Il ragazzo aveva inizialmente respinto ogni domanda riguardo all'origine del suo grande cambiamento, ma ultimamente aveva ceduto alle pressanti richieste dei genitori e ne aveva svelato la causa segreta. Sembra che ogni giorno egli si recasse, attraverso un sentiero nei campi, dal sacerdote in questione, incaricato della sua istruzione, che gli impartiva gli insegnamenti adatti alla sua età. Nel corso della sua passeggiata quotidiana doveva passare per un tratto impervio, dove il sentiero si snodava attraverso alti blocchi di granito inframmezzati da prati aperti. Là, in un determinato luogo, e sempre nel medesimo, il ragazzo affermò di incontrare una donna dal viso pallido e afflitto, che indossava una lunga veste di ratina e protendeva in avanti una mano mentre con l'altra si teneva un fianco. Il suo nome, egli disse, era Dorothy Dinglet; la conosceva bene sin da quando era fanciullo, poiché ella veniva spesso in visita dai genitori. Ma ciò che lo turbava era che la donna era morta da tre anni e lui stesso si era recato con i vicini alla sua sepoltura; di conseguenza, sosteneva il giovane con grande semplicità, dal momento che aveva assistito personalmente alla deposizione del corpo della donna nella bara, ciò che egli vedeva doveva necessariamente essere la sua anima o il suo fantasma.

«"È stato interrogato più e più volte", disse il sacerdote, "il ragazzo non si contraddice mai; ma narra sempre la stessa semplice storia come una cosa che non possa essere confutata. Di fatto la descrizione che fa è precisa e pacata nonostante la sua giovane età. I capelli dell'apparizione, egli sostiene, non sembrano quelli di una persona viva, ma sono così morbidi e leggeri che paiono svanire quando li si guarda; ella tiene gli occhi fissi e non batte mai le palpebre, no, nemmeno quando il sole le colpisce il viso. Non muove alcun passo, ma sembra fluttuare sull'erba, mentre la mano che è sempre protesa in avanti pare indicare qualcosa in lontananza, invisibile alla vista. È il suo continuo riapparire, poiché ella non manca mai all'appuntamento, che ha prosciugato il suo spirito; e anche se non la vede mai di notte, egli non riesce a trovare naturalmente riposo".

«E qui il sacerdote terminò il suo racconto; in quel momento la campana che ci annunciava il pranzo suonò ed entrammo in casa. Dopo pranzo, il giovane Bligh si ritirò con il suo tutore per una lezione e i genitori mi domandarono immediatamente che cosa pensassi del figlio. Quindi dissi cautamente: "Il caso è strano ma per nulla impossibile. Mi applicherò a studiarlo e non avrò paura di affrontarlo, se il ragazzo sarà aperto con me e farà tutto ciò che gli chiederò". La madre fu felicissima, ma mi accorsi che il vecchio signor Bligh era impallidito e parve afflitto da un qualche pensiero che, tuttavia, non espresse. Poi essi ordinarono che il giovane Bligh si incontrasse subito con me nel parco. Il fanciullo arrivò e mi ripeté il suo racconto con un'espressione sincera e, nel complesso, una gradevole modestia nel parlare. In verità sembrava *ingenui vultis puer ingenuique pudoris*. Quindi gli comunicai le mie intenzioni.

«"Domani", dissi, "ci recheremo insieme in quel luogo; e se, come non dubito, la donna apparirà, sarà mio compito procedere secondo le mie conoscenze e fedele alle regole esposte nei miei libri".

Lo scenario della leggenda sopravvive ancora inalterato e, come il campo dei quaranta passi di un altro racconto, viene tuttora visitato da tutti coloro che hanno interesse nelle antiche storie di eventi soprannaturali. La strada serpeggia attraverso una landa desolata, dove grandi ammassi rocciosi si ergono qua e là tra zolle erbose e cespugli di erica e di ginestrone intessono i loro ricami d'oro e di porpora ad ogni lato. In mezzo a tutto ciò si trova un sentiero naturale che si snoda tra le colline, tracciato dai rari passi degli abitanti del villaggio. A metà strada si apre uno spazio erboso un po' più ampio, fiancheggiato dal sentiero, che viene tuttora identificato come la tana leggendaria dello spettro, conosciuto con il nome di Fantasma del parroco Rudall.

Ma traiamo la testimonianza del primo incontro tra Dorothy e il parroco dalle parole di quest'ultimo. «Ci incontrammo», egli scrive, «nel parco molto presto, prima che chiunque altro in casa fosse sveglio, e insieme, il ragazzo ed io, ci incamminammo attraverso il campo. Egli era molto tranquillo e portava la sua Bibbia sotto il braccio, dalla quale mi leggeva dei versi, che mi disse di avere individuato di recente, per averli sempre in mente. Erano tratti da Giobbe, VII, 14: "Tu allora m'atterrisci con sogni e con spettri mi spaventi", e da Deuteronomio XXVIII, 67: "La mattina tu dirai: Oh, fosse già sera! E la sera: Oh, fosse già mattina! Per lo spavento di cui sarà pieno il tuo cuore e per lo spettacolo che si offrirà agli occhi tuoi".

«Mi compiacqui molto per la bravura del giovane in queste pie citazioni, ma per parte mia ero decisamente ansioso e di pessimo umore. Per quanto ne sapevo io, quello poteva essere un *daemonium meridianum*, lo spirito più testardo e difficile da controllare e dirigere che uomo possa incontrare, oltre che il più pericoloso. Avevamo appena raggiunto il luogo d'incontro abituale quando all'improvviso entrambi la vedemmo scivolare verso di noi, puntualmente fedele alla rappresentazione fatta dagli antichi autori quando parlano dei «lemuri, che si muovono impalpabili sul terreno, senza lasciare tracce sulla sabbia o piegare i fili d'erba". L'aspetto della donna era identico a quello descritto dal fanciullo. Lo stesso volto cereo e inespressivo, gli stessi capelli strani ed evanescenti, e gli occhi sbarrati e fissi che guardavano, non noi, ma qualcosa che vedevano solo loro, in lontananza, con il braccio e la mano protesi in avanti e l'altra mano stretta alla cintura. Ella galleggiava sul campo come una vela sulla corrente, e ondeggiava leggera attorno al luogo dove noi eravamo, esitante. Ma così profondo fu lo sgomento che mi invase, mentre stavo lì nella luce del giorno, faccia a faccia con un'anima umana separata dalle sue ossa e dalla sua carne, che il coraggio e la determinazione mi vennero meno. Avevo deciso in precedenza di rivolgermi allo spettro usando le formule necessarie, ma non lo feci. Rimasi lì stupefatto e senza parole, fino a quando la visione non scomparve dalla nostra vista. Avvenne una cosa notevole. Lo spaniel preferito del giovane Bligh ci aveva seguito e – meraviglia – quando la donna si avvicinò a noi la povera creatura iniziò ad abbaiare e guaire penosamente, quindi fuggì via, sgomenta e atterrita. Rientrammo alla villa e dopo aver detto tutto quanto era in mio potere per tranquillizzare il ragazzo e consolare gli anziani genitori, mi congedai da loro per quella occasione, con la promessa che una volta risolte alcune questioni altrove, che portai come pretesto, sarei ritornato e avrei fatto in modo di placare i loro turbamenti e le cause degli stessi.

7 gennaio 1665 – A casa mia scopro, grazie allo studio dei libri, ciò che è opportuno fare, e poi: Vade retro, Satana!

9 gennaio 1665 – Oggi ho preso congedo da mia moglie e dalla mia famiglia, con il pretesto di un impegno altrove, e mi sono recato segretamente presso la sede

diocesana, dove abita il bravo e venerabile vescovo.

10 gennaio – *Deo gratias*, giunto sano e salvo ad Exeter; chiesta e ottenuta udienza immediata con sua Eccellenza, per ottenere da lui consiglio e ammonizione riguardo ad una causa pressante e gravosa; ammesso alla sua presenza; fatto atto di sottomissione; allora e per suo ordine presentai il mio caso – l'enigma di Botathen – che esposi con dichiarazioni sincere e oneste, e solenni asserzioni di ciò che avevo visto e udito di persona. Sua Eccellenza mi domandò quale fosse l'aiuto che ero venuto a chiedergli. Risposi, una licenza per fare esorcismi, in modo da potere, grazie al mio ministero, placare questo spirito vagabondo e liberare in tal modo i vivi e i morti da un tale prodigio.

«Ma», disse il vescovo, «in base a quale autorità lei suppone che io abbia la facoltà di farlo? La nostra Chiesa, come ben si sa, ha abiurato alcune sue antiche prerogative a motivo della loro perversità e dell'uso improprio che se ne faceva».

«No, mio signore», risposi umilmente, «con il suo permesso, il settantaduesimo canone ratificato e nuovamente attribuito a noi, i membri del clero, del 1604, stabilisce espressamente che nessun ministro, *a meno che non abbia avuto* la licenza dal vescovo della sua diocesi, può tentare di esorcizzare uno spirito, buono o malvagio». Quindi, dichiarai a questo punto umilmente: «Non avevo certamente la pretesa di poter intraprendere una tale impresa senza una prerogativa legale ottenuta dalla mano e dal sigillo di Vostra Eccellenza». Di conseguenza il nostro saggio e dotto vescovo, seduto sulla sua sedia, accondiscese alla fine a dilungarsi sull'argomento con molte graziose spiegazioni tratte dai testi antichi e dalla Sacre Scritture, alle quali io ribattevo con modestia, finché alla fine egli chiamò il suo segretario e gli ordinò di redigere, immediatamente e senza ulteriori indugi, un documento che mi assegnasse tale privilegio, consegnandogli anche un formulario da ricopiare, tanto che la faccenda venne sbrigata senza por tempo in mezzo; e dopo che ebbi versato nella mani del segretario una certa somma a fini amministrativi, com'è abitudine comune con tali funzionari, il vescovo affisse personalmente la sua firma sotto il marchio del suo sigillo, consegnando il documento nelle mie mani. Quando mi inginocchiai per ricevere la benedizione egli mi sussurrò: «Che ciò rimanga segreto, signor R. Deboli fratelli! Deboli fratelli!».

Questo colloquio con il vescovo e l'entusiasmo con il quale egli aveva vinto gli scrupoli di quest'ultimo sembrarono rafforzare notevolmente il parroco Rudall nelle sue convinzioni e riempirlo di quel coraggio che gli era evidentemente mancato al momento del suo primo incontro con il fantasma.

Il diario procede così:

11 gennaio 1665 – Dopo di ciò mi affrettai a casa per preparare i miei strumenti e progettare le mie mosse per il giorno successivo. Tirai fuori il mio anello di ottone e me lo posi sull'indice destro, con lo *scutum Davidis* inciso su di esso.

12 gennaio 1665 – Entrai al galoppo dai cancelli di Botathen, armato di tutto punto, ma non con la corazza di Saul, e pronto a combattere. Il pericolo viene dai demoni ma anche dall'aria che ci circonda ogni giorno. Al mattino presto, da solo – poiché così comanda il rituale – mi diressi verso il campo. Non c'era nessuno ed ebbi quindi il tempo necessario per prepararmi. Innanzitutto, feci, un passo dopo l'altro, un cerchio sull'erba. Poi nel centro vi tracciai un pentacolo e all'inter-

sezione dei cinque angoli posi e fissai il mio bastone di sorbo rosso. Infine mi collocai a sud, lungo la linea del meridiano, e rimasi in piedi con lo sguardo verso nord. Rimasi a guardare a lungo. Infine vi fu un sommovimento nell'aria, un suono leggero accompagnato da un mormorio, e improvvisamente si materializzò una forma, che si diresse lentamente verso di me. Aprii il mio rotolo di pergamena e lessi ad alta voce il comando. Ella si fermò e parve vacillare dubbiosa; rimasi immobile, quindi ripetei nuovamente la frase, pronunciando ogni sillaba come fosse una melodia. Ella si avvicinò al cerchio ma si arrestò inizialmente all'esterno, sul bordo. Declamai ancora la formula, e la terza volta la pronunciai in siriaco, il linguaggio che, si dice, viene usato laddove dimorano tali creature, che comunicano attraverso silenziosi pensieri.

Alla fine ella obbedì e scivolò all'interno del cerchio, e là rimase ferma, e all'improvviso notai anche che stava ritraendo la mano protesa in avanti. Confesso che, per tutto questo tempo, le mie ginocchia tremavano e gocce di sudore mi bagnavano le membra come fosse pioggia. Ma adesso, benché mi trovassi faccia a faccia con lo spirito, il mio cuore era calmo e la mia mente serena. Sapevo che il pentacolo l'avrebbe tenuta a bada e che il cerchio l'avrebbe trattenuta fino a quando io avessi dato un comando. Poi ricordai la regola stabilita anticamente, che nessun angelo o diavolo, spirito buono o malvagio, parlerà mai se prima non gli viene rivolta la parola. N.B.: Questa è la grande legge della preghiera. Dio non darà risposta fino a quando l'uomo non avrà nuovamente innalzato ad alta voce la sua preghiera. Quindi continuai a porle domande, come consigliano i libri, e lo spettro rispose di buon grado. Le chiesi perché non trovasse quiete. Era turbata a causa di un peccato commesso. Essa me lo rivelò, ma è *sub sigillo*, e quindi *nafas dictu* [*Nota del curatore*: Gli venne comunicato nel segreto del confessionale e il sacerdote, quindi, non ne può parlare]; di più tra breve. Le chiesi quale segnale potesse dare per indicare che fosse uno spirito di verità e non un demonio menzognero. Dichiarò che, prima del prossimo Natale, una spaventosa pestilenza avrebbe devastato il paese e miriadi di anime si sarebbero separate dai corpi, fino a quando, ella disse pietosamente: «Tutte le nostre vallate ne saranno riempite». Quando le domandai nuovamente perché terrorizzasse a quel modo il fanciullo, ella rispose: «È la legge; dobbiamo cercare un ragazzo o una ragazza dalla vita pura, e in giovane età, per comunicargli messaggi e avvertimenti». Parlammo ancora di molte cose, ma non mi è consentito metterle per iscritto. La penna e l'inchiostro degraderebbero e profanerebbero i pensieri che ella espresse e che la mia mente ricevette quel giorno. Ruppi il cerchio ed ella poté passare, ma ritornò nuovamente il giorno successivo. Al vespro, lunga conversazione con quell'antico peccatore, il signor B. Grande orrore e rimorso; totale espiazione e penitenza; tutto quello che io gli comanderò; piena ammissione prima del perdono.

13 gennaio 1665 – All'alba, mi recai nuovamente nel campo. Ella comparve subito e, mi parve, in grande libertà. Quando le chiesi se conoscesse i miei pensieri e ciò che le avrei riferito, rispose: «No, sappiamo solo ciò che percepiamo e udiamo, non possiamo vedere nei cuori». Quindi le riferii le parole di contrizione dell'uomo che ella era venuta a denunciare e gli atti di espiazione che avrebbe compiuto. Ella allora disse: «Sia pace in mezzo a noi». Ripetei le corrette formule di commia-

to ed eseguii tutto ciò che era scritto e ordinato nei miei appunti, poi, con i rituali stabiliti, mi congedai da questo spirito turbato ed ella si ritirò acquietata, scivolando verso Occidente. Non ricomparve mai più, poiché rimarrà in pace fino al momento in cui tornerà nella seconda carne nella valle di Armageddon, il giorno del Giudizio.

Questi particolari bizzarri e curiosi tratti dal diario di un ingenuo curato del diciassettesimo secolo sembrano denotare la sua personale convinzione riguardo alla verità di ciò che aveva visto e detto, benché le affermazioni siano fortemente caratterizzate da ciò che alcuni potrebbero definire superstizione, e altri, credenze incontrollate di quei tempi. È un fatto singolare, tuttavia, che il canone che autorizza l'esorcismo su licenza episcopale faccia ancora parte della legge ecclesiastica della Chiesa Anglicana, benché potrebbe esercitare uno strano effetto sui nervi di alcuni dei nostri vescovi se il clero dovesse rivolgersi ad essi per ricevere il privilegio ottenuto dal parroco Rudall. I fatti generali descritti nel suo diario sono ancora oggi oggetto di fede in quella regione; e si considera una forte prova a favore della veridicità del Parroco e dello Spettro il fatto che la peste, fatale a migliaia di persone, sia scoppiata a Londra alla fine di quello stesso anno. Possiamo così giustificare un commento trionfale, nella pagina successiva di quel diario, in data 10 luglio 1665.

Quale enorme stupore dovranno provare gli eretici e gli infedeli della nostra generazione sapendo che questa Morte Nera, che sta inghiottendo migliaia di persone nelle strade della grande città, era stata predetta sei mesi fa, a seguito degli esorcismi di un prete di campagna, da uno spettro visibile e supplichevole! E quali piaceri e miglioramenti negano a se stessi coloro che disprezzano ed evitano ogni opportunità di relazione con le anime separate dal corpo e con gli spiriti, lieti e afflitti, che popolano il mondo invisibile.

SULL'AUTORE

Il dottor Bob Curran è nato in una zona rurale della contea di Down, nell'Irlanda del Nord. Terminato il liceo ha ricoperto molti impieghi, tra i quali giornalista, musicista, camionista e becchino. Ha visitato l'America, il nord Africa e l'Olanda prima di fare ritorno definitivamente nell'Irlanda del Nord, dove si è laureato in Storia e Pedagogia e ha conseguito il dottorato in Psicologia dell'Educazione. Sin da giovane si è molto interessato alle leggende e al folklore, svolgendo ricerche in questi campi, pubblicando libri e collaborando con varie riviste. Le sue opere sono state pubblicate nella natia Irlanda e in Gran Bretagna, Francia, Germania e Giappone. Attualmente svolge la professione di insegnante e conferenziere e vive nella contea di Derry con la moglie e i figli.

INDICE

344-1679-1

Le creature della notte

di Eddie Lenihan
e Carolyn Eve Green

Pagg. 352 – € 16,50

Una raccolta, frutto di un lavoro quasi trentennale, di testimonianze tratte sia dalla tradizione scritta sia da quella orale, sulle misteriose creature che popolano l'isola di smeraldo, l'Irlanda.

344-1730-5

IL POPOLO DEL BOSCO

di Marjorie Johnson

Pagg. 384 – € 17,50

Un'insolita documentazione sulle apparizioni e sulle peculiarità degli esseri del mondo invisibile: l'autrice ne descrive le caratteristiche fisiche e rivela le località in cui le creature del "piccolo popolo" sono solite apparire.

344-1857-3

LE FATE, SOGNO O REALTÀ?

di Marcia Zina Mager

Pagg. 160 – € 15,50

Questo volume, splendidamente illustrato da Tom Cross, è il dono ideale per tutti gli adulti che hanno perso il tocco magico della fanciullezza, un libro scritto per gli adulti che hanno bisogno di ritrovare la fantasia.

344-1707-0

IL LIBRO DEI DRAGHI

di Ditte & Giovanni Bandini

Pagg. 288 – € 16,50

I draghi nel tempo e nello spazio, nelle antiche leggende e nelle fiabe moderne, nei miti indiani come nella cultura messicana, alla luce della psicanalisi junghiana e della tradizione popolare.

344-1816-6

Il fantastico mondo dei nani

di Ditte & Giovanni Bandini

Pagg. 288 – € 16,00

Gli autori descrivono il piccolo popolo in ogni aspetto: l'origine, i tratti somatici, l'indole, la vita amorosa, l'alimentazione, le varie famiglie in cui si suddivide.